Anja Abens, geboren 1953 in Krefeld, war in ihrem ersten Leben Speditionskauffrau und Mutter von vier Kindern. 1983 holte sie das Abitur nach, studierte Sprachen und Literatur und ist heute Lehrerin an einer Kölner Schule.

Meike Abens, geboren 1988 in Köln, brach ihre Schullaufbahn am Gymnasium nach der Mittleren Reife ab und absolvierte ein Praktikum in einem Beerdigungsinstitut. Danach entschloss sie sich, doch lieber die gymnasiale Oberstufe zu besuchen und bestand das Abitur als Beste ihrer Jahrgangsstufe. Inzwischen studiert sie im 5. Semester Biologie in Marburg.

Einer der Gründe dieses Buch nicht zu schreiben:

Während es geschieht fragt man sich fortwährend, was habe ich, was haben wir falsch gemacht? Es schmerzt schlimmer als eine offene Wunde und man lebt in dunkler Hilflosigkeit – das liegt hinter uns, Gott sei Dank!

Einer der Gründe dieses Buch zu schreiben:

Während es geschieht fragt man sich fortwährend, was habe ich, was haben wir falsch gemacht? Es schmerzt schlimmer als eine offene Wunde und man lebt in dunkler Hilflosigkeit – …

Anja Abens

ANJA ABENS
MEIKE ABENS

SCHNITT STELLEN

WARUM ICH MICH IMMER WIEDER SELBST VERLETZEN MUSSTE

BASTEI LÜBBE
TASCHENBUCH

BASTEI LÜBBE TASCHENBUCH
Band 61670

1. Auflage: September 2010

Bastei Lübbe Taschenbuch
in der Bastei Lübbe GmbH & Co. KG

Originalausgabe

Das Buch beruht auf wahren Begebenheiten.
Zum Schutz der Rechte der Personen wurden Namen, Orte und Details verändert.

Lektorat: Susanne Haffner
Textredaktion: Sylvia Gredig, Köln
Titelbild: © SuchBild
Umschlaggestaltung: Birgit Schwarz
Autorenfoto: © Meike Abens
Satz: hanseatenSatz-bremen, Bremen
Gesetzt aus Adobe Caslon Pro
Druck und Verarbeitung: GGP Media GmbH, Pößneck
Printed in Germany
ISBN 978-3-404-61670-8

Sie finden uns im Internet unter
www.luebbe.de
Bitte beachten Sie auch: www.lesejury.de

Der Preis dieses Bandes versteht sich einschließlich
der gesetzlichen Mehrwertsteuer.

PROLOG

Ich würde gern tot sein, ohne vorher sterben zu müssen. Ich stelle mir vor, dass ich, wenn ich tot bin, ganz tief und ohne Träume schlafe. Dann gibt es mich nicht mehr. Dann seid ihr mich los. Dann bin ich euch los und mich auch. Ich kann es nicht mehr ertragen. Wieso könnt ihr mich nicht einfach in Ruhe lassen? Meike tu dies, Meike tu das, Meike das war noch nicht gut genug, Meike, Meike, Meike … Mir platzt fast der Kopf auf meinem hässlichen Körper, am liebsten würde ich mich verhungern lassen, um endlich aus diesem Gefängnis herauszukommen. Tot sein, fort sein … Das Fenster aufreißen und springen. Aber ich kann es nicht. Wie feige von mir. Ich nehme eine Rasierklinge aus der Schreibtischschublade, ganz hinten, unter den Briefen und Zettelchen ertaste ich sie und nehme sie vorsichtig zwischen Daumen und Zeigefinger. Ich lege sie an. Dort, wo noch Platz ist zwischen den anderen Schnitten finde ich eine schöne, weiche Stelle, und ich ritze mir in die Haut. Ein kleiner Schnitt. Noch ein Schnitt. Ein bisschen Blut. Es tut nicht weh, nicht in dem Moment. Das Blut fließt. Es fühlt sich nach Freiheit an.

I. TEIL

SCHWEIGEN UND VERLUST

Gib Worte deinem Schmerz: Gram, der nicht spricht, presst das beladne Herz, bis dass es bricht.

(Shakespeare, Macbeth)

Ich finde, dass Latein eine sehr coole Sprache ist, ihre Wörter und Sätze klingen besser und sind irgendwie eindrucksvoller als Englisch, Deutsch oder geschweige denn Französisch. Hier ein paar Sprüche bzw. Zitate:

Non omnia possumus omnes. – Wir können nicht alle alles. Altum silentium. – Tiefes Schweigen.

Pulvis et umbra sumus. – Staub und Asche sind wir.

Dum spiro, spero. – Solange ich atme, hoffe ich.

1. KAPITEL

Meike

Ständig werde ich bewertet. Von morgens bis abends. Ob von meiner Familie, von Freunden oder Lehrern oder wildfremden Personen. Sie haben alle Kriterien zur Bewertung meiner Person. Kriterien zu Äußerlichkeiten, Leistungen bis hin zu meinem Selbst. Zu dick, zu dünn, zu normal, zu hässlich, zu schwach in Mathematik, zu viel Furcht, vom Kunstrad zu fallen, zu viel Angst, um einen Fortschritt machen zu können, zu verwöhnt, zu aggressiv. Sie bewerten mich nicht nur, sie stellen zudem Anforderungen. Würde ich ihre Erwartungen erfüllen, würde ihre Bewertung besser ausfallen.

Am schlimmsten sind die Erwachsenen. Meine Eltern, vornehmlich meine Mutter. Sie hat die Erwartung, ich müsse süß sein, nett, freundlich, höflich, ich soll ein Püppchen sein und mich brav hersetzen bei Familienfeiern, lieb ausschauen, ein Gedicht aufsagen, einen Sketch aufführen, Geige vorspielen. Ich soll eine Leistung erbringen, was sollte ich sonst auf einem Familienfest, wenn nicht mich und die Familie anständig präsentieren? Familienfeste scheinen für sie nur dazu da, den anderen zu zeigen, wie wundervoll alles ist: meine kleine perfekte blonde Tochter neben meinen anderen Kindern, allesamt ebenfalls perfekt. Versteht sich.

Neben meiner Mutter ist mein Vater kaum zu bemerken. Meine Mutter ist aussagekräftig in ihrer Person, wenn meine

Mutter da ist, ist nur sie da, meinen Vater nehme ich nicht wahr.

Neben meiner Mutter stehen an meines Vaters Stelle die Lehrer. Allen voran meine Deutsch- und Französischlehrerin. Gute Noten zu schreiben ist eine Voraussetzung für gesellschaftliche Akzeptanz. Ich kann nicht immer gute Noten schreiben. Aber ich brauche die Akzeptanz und die Anerkennung der Gesellschaft, anderer Menschen. Für meinen Trainer im Sportverein, Heinz Steffen, ist es sein Job, mich zu kritisieren. Seit meinem achten Lebensjahr fahre ich Kunstrad. Damals hat es mir noch Spaß gemacht. Ich konnte die Übungen oft schon beim ersten Mal fehlerfrei fahren. So, als würden Kunstradfahren und ich zusammengehören.

Jetzt bin ich älter und langsamer darin, neue Dinge zu erlernen. Aber das geht nicht! Ich muss kontinuierlich besser werden. Denn es gibt Pokalfahren, ich muss mein fünfminütiges Programm vorführen und es muss schwieriger sein als beim vorherigen Turnier. Sonst bekomme ich Stress, Stress mit Herrn Steffen, der auf mich baut, weil ich in unserem Verein die beste Fahrerin meiner Altersklasse bin. Mein Trainer erwartet von mir, dass ich stets konzentriert und ohne Angst bei der Sache bin und dass ich nicht immer wieder die gleiche Abfolge fahre, selbst wenn Routine gut ist; ich soll neue Kunststücke versuchen. Aber diese Übungen will ich nicht machen, sie funktionieren nicht, und einige machen mir regelrecht Angst. Vor allem der Lenkerstand. Dazu muss ich auf den Lenker klettern und schließlich mit den Füßen auf den Griffen stehen. Wenn man mir nur Zeit ließe. Ich gehe nicht mehr gern zum Kunstradfahren. Ich kann das Pokalfahren nicht nur nicht leiden. Ich hasse es. Ich habe Angst davor, Fehler zu machen, mir ist es peinlich, vor anderen Leuten überhaupt auf meinem Rad zu sitzen, und wenn ich dann auch noch hinunterfalle … Ich kann es nicht leiden, wenn diese Menschen mich anstarren und mir nichts anderes übrigbleibt, als in ihren Augen zu lesen, dass ihre Bewertung schlecht ausfällt, dass ich mies bin und doch lieber absteigen sollte, um dem Trauerspiel ein Ende zu machen. Ich hasse Pokalfahren auf den Tod. Und nein, Mama, du hast unrecht, wenn du sagst, dass es mit jedem Mal besser wird, dass die Aufregung mit jedem Mal etwas schwächer sein wird. Mama, es wird schlimmer, ich ertrage es kaum noch und habe eine höllische Angst vor diesen Wettkämpfen. Hörst du mir nicht zu, wenn ich mit dir rede? Nein? Wieso auch? Du siehst nur meine Leistungen, du hörst nur, wie die anderen Menschen über mich urteilen. Mich siehst und hörst du nicht. Und natürlich muss ich am Wochenende zum Turnier.

Anja

»Das wird nichts, wir blamieren uns!«, höre ich Meike auf der Rückbank zischen. Im Rückspiegel sehe ich ihren erbosten Blick. Sie sitzt zwischen Marvin, unserem Pflegesohn, der mit seinem Gameboy beschäftigt ist, und Carina, ihrer besten Freundin.

»Aber ist doch nicht so schlimm«, versucht Carina sie zu beruhigen. »Wir versuchen es und gut.«

»Nein, es ist peinlich!«

Darauf erwidert Carina nichts mehr. Sie weiß anscheinend auch, wann es bei Meike besser ist, den Mund zu halten. Karl und ich äußern uns nicht zu dem Thema. Warum auch Öl ins Feuer gießen? Meike ist einfach nicht davon zu überzeugen, dass man Fehler machen darf. Dabei ist sie eine der besten auf dem Kunstrad und patzt nur selten. Ich versuche, mich auf das Fahren zu konzentrieren.

Wir sind unterwegs zum dritten Pokalfahren der Saison.

Diesmal nach Duisburg. Insgesamt finden sechs Turniere statt, am Ende steht dann der Landespokalsieger jeder Altersklasse fest, die besten machen später bei den Wettkämpfen um den Bundespokal mit. Bei jedem der Turniere ist ein anderer Verein Ausrichter der Veranstaltung. Das bedeutet, die Eltern der Aktiven backen und kochen und sorgen für das leibliche Wohl der Gäste. Heute sind wir Gäste und können gemütlich zuschauen, herumspazieren und Kaffee trinken. Schon die ganze Woche habe ich mich auf unseren Familienausflug gefreut. Sonst machen wir nur noch selten etwas zu viert. Aber zu Meikes Turnieren kommt selbst Marvin mit, der sich seit einiger Zeit von uns abschottet. Er kennt die Leute aus dem Verein, denn die Jugendfreizeiten für die Sportler sind auch für die Geschwisterkinder offen, und bei Festen feiern die ganzen Familien zusammen. Außerdem sind Marvin und Karl seit letztem Sommer in der Radballabteilung des Sportclubs aktiv. Ich hoffe, dass Marvin sich Karl anvertraut, wenn ihn etwas bedrückt, denn mit mir scheint er zurzeit seine Probleme zu haben. Genau wie Meike.

Aber war das mit Jonas und Anna, meinen Kindern aus erster Ehe, nicht ähnlich? Ist das nicht ganz normal in der Pubertät? Marvin ist fast fünfzehn und Meike zwölf. Das sind nun mal die schwierigen Jahre ... Die Großen, Jonas und Anna, sind elf und acht Jahre älter als Meike und beide bereits ausgezogen. Noch vor wenigen Jahren waren wir eine richtige Großfamilie. Wie lange hat es früher bei einem Ausflug gedauert, bis alle Kinder und Sachen im Wagen verstaut waren und wir endlich abfahren konnten ... Mit Kindern leben, diese Lebensvorstellung hat Karl und mich von Anfang an verbunden.

Wie glücklich waren Karl, Jonas, Anna und ich, als Meike, unser Nesthäkchen, geboren wurde. Für Jonas war es das reine Wunder, er hatte gerade Sexualkunde in Biologie gehabt, und mit der Entstehung des neuen Lebens im Schulunterricht kam zeitgleich Meike zur Welt. Zu Hause wollte jeder zuerst an ihrem Bettchen sein, wenn sie brüllte. Am siegreichsten ging aus diesem Wettstreit meist Anna hervor, worüber Jonas oft richtig ärgerlich war. »Immer nimmt Anna Meike!«, schimpfte er sichtlich entrüstet, wenn Anna das kleine Schwesterchen stolz auf dem Arm herumtrug. In den wenigen ruhigen Momenten wunderte ich mich wie schon damals bei meinen beiden Großen, dass da plötzlich ein neues Leben ist. Man sitzt in seinem Sessel, und ganz unvermittelt fällt einem ein, dieser neue kleine Mensch gehört zu einem. Dieses glückliche Gefühl bringt einen dazu, an die Wiege zu treten, sanft die zarte, helle Babyhaut zu berühren und sich zu versichern, dass auch alles in Ordnung ist. Meike war von Anfang an ein neugieriges und aufgewecktes Baby, das die meisten Entwicklungsschritte ein wenig schneller als die anderen Kinder machte. Natürlich gab es wieder die durchwachten Nächte, und die Bewegungsfreiheit, die wir sechs Jahre mit Jonas und Anna genossen hatten, wurde mit einem Baby naturgemäß etwas eingeschränkt, aber rückblickend kann ich uns nur als eine glückliche Familie bezeichnen. Als dann vor neun Jahren Marvin zu uns kam, dachte ich, dieses Glück würde perfekt, wenn wir es mit einem Kind teilen dürften, das sich vor allem das wünschte: eine Familie.

Meike

Warum versteht mich denn niemand? Merkt denn gar keiner, dass ich dem Druck beim Kunstradfahren nicht mehr standhalten kann? Stattdessen sehen mich alle erwartungsvoll an. Zu allem Überfluss habe ich gestern auch noch meine Tage bekommen, zum dritten Mal überhaupt. Dabei war ich im ersten Moment froh, andere Mädchen hatten ihre Menstruation längst. Aber es war auch ein Schock. Ich war so überrascht, dass ich nach meiner Mutter gerufen habe. Beim Anblick der blutigen Unterhose hat sie kurz das Gesicht verzogen, mich dann aber beruhigt. Ein verschmutztes Höschen ist kein schöner Anblick, klar. Aber ihr Blick hat mich gestört. Selbst wenn sie nachher gesagt hat, dass es völlig normal sei, so hat sie doch zuerst das Gesicht verzogen. Was kann ich dafür, dass ich anfange da unten zu bluten. Ich kann nichts für meinen beschissenen Körper. Aber ich muss mich damit abfinden, es gehört eben zum Erwachsenwerden dazu.

Beim Sport ist das etwas anderes, da gehören blutige Unterhosen nicht hin. Und ich verzweifle, wenn ich trainieren muss und meine Tage habe, ich will sie nicht dabei haben. Ich muss auf dem Fahrrad sitzen und Kunststücke versuchen, während ich da unten blute und mir mein Trainer zuruft, was ich zu tun habe. Ich weiß nicht, woher das Gefühl kommt, aber seitdem ich blute, ist es schlimmer, nicht einfach schlimmer in einer Weise, in der es vorher schon schlimm war, sondern zusätzlich auf eine andere Weise schlimm, wodurch das Ganze eben schlimmer wird. Schlimm + Schlimm = Schlimmer, um es kurz auszudrücken. Ich fühle mich ekelhaft. Neben dem Gefühl, unter Druck gesetzt zu werden, Leistung zu erbringen, fühle ich mich auch noch ekelhaft.

Anja

Wir sitzen erwartungsvoll auf der Tribüne – Karl, Marvin und ich. Wir sitzen zwischen Ulla, der Mutter von Carina, und den Müttern von Sine und Tanita, den beiden Mädchen, die mit Meike und Carina den Vierer fahren. Nur wenige Vereine stellen in dieser Altersklasse einen Vierer im Kunstradfahren. Das heißt, Meike und ihre drei Mitfahrerinnen erreichen in jedem Fall eine Platzierung. Das ärgert Meike, sie will einen Preis nur, wenn sie ihn verdient hat, und nicht, weil nur so wenige Teilnehmer da sind. Der Trainer und die anderen Kinder sind stolz, dass sie in so kurzer Zeit ein Programm zusammenstellen und einüben konnten. Aber Meike unkt weiter herum. »Das wird eine Riesenblamage!«, prophezeit sie noch einmal, bevor sie mit ihren Kameradinnen hinunter in die Halle muss. Die Startnummer des Teams steht bereits auf der Anzeigetafel, als die vier Mädchen ihre Räder holen und sich auf dem Startfeld in Position bringen. Gleich wird die Musik anfangen, und bei der ersten Bewegung der Kinder setzen die Zeitnehmer die Uhren in Gang. Start! Die ersten Runden laufen wunderbar. Keine Fehler bei den Einzelübungen und ziemliche Harmonie beim Kreisen und Parallelfahren. Aber dann! Wie schade! Sine setzt einen Fuß auf den Boden, und dieser Augenblick zieht eine Kettenreaktion nach sich wie beim *Domino Day*. Die Gruppe kommt völlig durcheinander, eine nach der anderen strauchelt und eiert herum. Erst kurz bevor die Zeit ganz abgelaufen ist, finden die vier wieder zusammen und können ihre Kür ordnungsgemäß abschließen. Ich sehe Meike an, wie zornig sie ist. Mit steifen Schritten verlässt sie das Feld, stellt ihr Rad ab und verschwindet aus der Halle. Nachdem sie gar nicht mehr auftaucht, beuge ich mich über die Brüstung und winke Carina heran.

»Wo ist denn Meike?«, frage ich.

»Auf der Toilette. Wir waren schon da und haben an der Tür geklopft, aber sie kommt nicht raus.« Carina zuckt hilflos die Achseln.

Ich reibe mir die Stirn, etwas Ähnliches habe ich befürchtet. Ich sage Karl Bescheid und will zu Meike, aber Karl hält mich zurück. »Lass mal, ich mach das schon. Ihr geratet doch nur wieder in Streit.« Ich muss ihm recht geben. In letzter Zeit reagiert Meike oft empfindlich, selbst wenn ich ihr nur gut zureden möchte. Also setze ich mich und warte, was Karl ausrichten wird.

Meike

Ich wusste doch, dass alles schiefgeht! Ich könnte schreien. Ich wusste, dass Sine das nicht rafft. Warum hört keiner auf mich? Ich möchte nicht gemein zu Sine sein, aber ein guter Trainer muss doch sehen, dass das alles nicht funktioniert. Ich fühle mich schlecht, schlecht, schlecht! Und einfach aus der Halle rennen. Wie peinlich ist das denn? Jetzt sagen, dass ich meine Tage habe, hört sich an wie eine blöde Ausrede. Eine blöde, hinterhergeschobene Entschuldigung für mein Benehmen.

Ich hocke auf der Toilette und weiß, dass die Binde in meiner Unterhose mit Blut getränkt ist. Ich fühle mich zum Kotzen. Auf einmal höre ich dumpf die Stimme meines Vaters. Er will mit mir sprechen, fragt, was los sei. »Ich höre auf Kunstrad zu fahren«, sage ich. Aber er versteht mich nicht. »Ich höre auf Kunstrad zu fahren!«, sage ich noch einmal lauter. Das hat er verstanden. Er bittet mich endlich herauszukommen, damit wir besser reden können. Widerwillig schließe ich die Toilettentür auf. Mein Vater lehnt im Rahmen der Tür, die nach draußen führt und sieht ganz traurig aus. »Wieso willst du denn so plötzlich nicht mehr fahren? Du warst doch immer so gut … Heute hattet ihr Pech.« Ich kann ihm nicht sagen, warum ich es nicht mehr will, und ich will es auch nicht sagen. »Du bist doch immer so gern zum Training gegangen und hast dich auf die Turniere gefreut. Warum ist denn plötzlich alles anders?«

Ich zucke mit den Schultern. Insgeheim bin ich dankbar,

dass mein Vater da ist und nicht meine Mutter, denn sonst säße ich nächstes Jahr noch in der ungemütlichen Toilettenkabine der Sporthalle und würde mir anhören müssen, aus welchen Gründen ich gern weiter Rad fahren würde.

Ich höre also mit dem Kunstradfahren auf, und das ist einfach nur gut.

Anja

Warum meint Meike immer, dass sie perfekt sein muss? Allein, dass sie Kunstrad fahren kann, ist doch bemerkenswert. Aber nein, der Misserfolg vom letzten Sonntag hat ihr jede Motivation genommen. Ist ja wunderbar gelaufen das Gespräch zwischen Karl und Meike. Nach dem Turnier eröffnet Karl mir, Meike wolle den Sport aufgeben. Genauso, wie sie das Geigespielen aufgegeben hat. Ich verstehe es nicht. Wieso hat sie keinen Spaß mehr an den Dingen, die sie mit so viel Freude begonnen hat und für die sie nach Aussage von Trainer und Musiklehrerin eindeutig Talent mitbringt?

Ich bin ratlos. Ich selbst habe als Jugendliche den Sport auch geschmissen, aber mit sechzehn. Meike ist gerade mal dreizehn. Wie soll das denn weitergehen? In die Schule geht sie auch nicht gern ... Aber Meike wird schon nicht so dumm sein wie ich und sich durch Schwänzen das Abi vermasseln. Damals, das waren auch ganz andere Umstände. Ich hatte immer das Gefühl, mein Vater liebt mich nur, wenn er stolz auf mich sein kann. Seine Erwartungen haben mir die Luft zum Atmen genommen. Meinen Bruder, der an den Rollstuhl gebunden war und eine Hauptschule besuchte, hat er ignoriert. Und so habe ich meine bewundernswerten Aktionen irgendwann abgebrochen und die Aufmerksamkeit meines Vaters von mir genommen.

Aber bei Meike ist doch alles anders. Ihr Vater liebt sie ohne Einschränkung. Familie und Freundeskreis meinen einhellig, er verwöhne unsere Jüngste, wenn es auch nicht immer lobend gemeint ist. Außer den Großeltern und unseren besten Freunden halten die meisten Verwandten und Bekannten Meike für ein verzogenes Mädchen. Sie kann aber auch bockig sein …

Ach, was mache ich mir so viele Sorgen um Meike, unser Problemkind zurzeit ist eindeutig Marvin. Seit nicht mehr Frau Lange, sondern Frau Bast unsere Betreuerin im Jugendamt ist und bei Marvin die Pubertät offenbar voll durchschlägt, steckt Karls und meine Beziehung zu ihm eindeutig in der Krise. Meike hält nach wie vor in schwesterlicher Solidarität zu ihm. Dabei hat sie oftmals zurückstecken müssen, seit er bei uns ist. Die meisten kennen Marvin nur als stillen und hilfsbedürftigen Jungen, sodass man eher ihm als Meike die Stange hielt, wenn es zum Streit kam. Meist hatte bei Familienfeiern Meike den Schwarzen Peter. »Nun lass doch den Marvin in Ruhe Klavier spielen!«, fuhr die wohlmeinende Tante Marianne Meike an, als diese ebenfalls auf dem Klavier in einer Gaststätte klimpern wollte.

Marvin muss auch tatsächlich viel durchgemacht haben, bevor er im Alter von sechs Jahren zu uns kam. Er wollte jedoch nie darüber sprechen und wir wissen nicht viel über seine ersten Lebensjahre. Ich hatte gehofft, dass ihm unser Zusammenleben Halt gibt und er sich irgendwann öffnet. Stattdessen macht er seit einiger Zeit in der Schule und zu Hause nur noch, was er will, genau genommen seit dem ersten Hilfeplangespräch mit Frau Bast vom Jugendamt. Seitdem ist er verändert.

»Gewonnen!« Ich setze mein Figürchen auf den Zielpunkt und grinse Marvin an. Der sitzt wie meist im Schneidersitz und räumt gleichmütig das *Verrückte Labyrinth* zusammen. Das finde ich gut an meinem Bruder, Verlieren macht ihm nichts aus, obwohl er sich natürlich mehr freut, wenn er gewinnt, genau wie ich. Ich ziehe mir das Handtuch vom Kopf, das ich immer als Turban aufsetze, wenn ich mir die Haare gewaschen habe.

»Was machen wir denn noch, bis Lena kommt?«

Marvin zuckt die Achseln. »Ist doch nicht mehr viel Zeit.«

»Also, ich föhn mir die Haare und dann … dann spielen wir Lena einen Streich.«

»Deiner Freundin?«

»Na, nichts Schlimmes, irgendwas Lustiges.«

Während ich mir die Haare föhne, habe ich eine Idee.

»Weißt du was«, rufe ich aus dem Badezimmer, »wir verkleiden uns!«

»Okay!«, ruft Marvin. Ich wusste, dass er dazu Lust hat. Verkleiden war eins unserer Lieblingsspiele, als wir kleiner waren. Das haben wir schon lange nicht mehr gemacht.

»Also«, erkläre ich, als ich zurück in Marvins Zimmer bin, »wir spielen du bist ich und ich bin du.«

»Wie soll das denn gehen?«

»Na, du ziehst einfach ein paar Klamotten von mir an und bindest ein Handtuch um den Kopf. Lena weiß doch, dass ich das nach dem Haarewaschen immer mache.«

Marvin findet Gefallen an der Vorstellung: »Au ja, und weil ich mit dem Rücken zur Tür am Schreibtisch sitze, merkt sie erst mal nix.«

»Und ich ziehe etwas von dir an und setze vor allem eine

Baseballkappe auf. Gut, dass die Schreibtische zum Fenster stehen …«

Ich muss richtig lachen bei der Vorstellung, was Lena wohl macht, wenn Marvin sich dann umdreht. Marvin springt auf und wir wühlen im Schrank nach den passenden Sachen. Er bekommt eine schicke Schlaghose mit Stickerei am Hosenbein und ein langärmliges graulila Hemd.

»Ah, wunderschön. Steht mir das nicht toll?«, fragt er mit hoher Stimme. Ich muss schon wieder lachen und ziehe einfach die Klamotten an, die er gerade auf den Boden geworfen hat, dazu schnapp ich mir ein Käppi von der Garderobe und verstecke meine Haare darunter. Marvin holt sich ein Handtuch und versucht es kunstvoll um seinen Kopf zu schlingen, es gelingt aber nicht ganz, beim ersten Versuch rutscht es von seinem Kopf und beim zweiten sieht er nichts mehr; wir lachen beide.

»Warte mal, also … Kopf runter … so …«

»Wunderbar!«, ruft er aus wie Cruella De Vil aus *101 Dalmatiner*, als er sich im Spiegel bewundert. Da klingelt es.

»Schnell, setz dich hin, ich mach die Tür auf.« Ich flitze zur Korridortür und drücke auf, dann sprinte ich zurück in Marvins Zimmer und lasse mich auf seinen Schreibtischstuhl fallen. Es kann ganz schön spannend sein, darauf zu warten, dass jemand die Treppen bis zu uns in der 3. Etage hinaufkommt. Ich muss so aufpassen, dass ich nicht jetzt schon lache. Ob Lena den Schwindel wohl gleich bemerkt?

»Hallo!«, höre ich Lena rufen, als sie in der Korridortür steht. Ich tue so, als schreibe ich gerade etwas.

»Ich bin in meinem Zimmer«, höre ich Marvin mit verstellter Stimme sagen.

Lena geht durch den Flur in mein Zimmer.

»Hey, Meike, alles klar?«, fragt sie Marvin.

»Ja, klar, alles super und bei dir?«

»O mein Gott!«, höre ich als Nächstes und muss sofort anfangen zu lachen. Auch Marvin höre ich losprusten. Kurz drauf, als ich zur Tür meines Zimmers gehe, stimmt auch Lena mit ein. »O mein Gott!«, wiederholt sie nur und lacht. »Oje, o Mann, ich hab mich total erschrocken!«

Marvin und ich gucken uns mit breitem Grinsen an, wir hätten beide nicht gedacht, dass der Plan so gut funktioniert. »Ich dachte wirklich, du würdest dort sitzen, Meike«, sagt Lena kopfschüttelnd. »Marvin, ich meine du, er saß ja auch in seinem Zimmer am Schreibtisch, ich dachte echt, dass du er …« Sie zeigt abwechselnd auf mich und auf Marvin, der sie immer noch breit angrinst.

»Du hast total entsetzt ausgesehen«, sagt er.

»Ja, das war ich auch! Ich hab den Schock meines Lebens bekommen. Wie in einem Horrorfilm. Wenn jemand einer bekannten Person von hinten die Hand auf die Schulter legt, und dann dreht die sich plötzlich um und man schaut in ein ganz anderes Gesicht. Total gruselig, ihr Doofen, ihr!«

Marvin ist mein Bruder. Er gehört zu mir. Er gehört zu mir, wie Jonas zu Anna und Mama zu Papa gehört. Er ist zwei Jahre älter als ich, er ist MEIN großer Bruder, nicht Jonas', nicht Annas und schon gar nicht Mamas oder Papas. Ich liebe meinen Bruder, wir spielen miteinander und wir streiten miteinander. Meistens spielen wir, und dabei entsteht der Zank, aber das macht nichts, das gehört dazu. Ich bin dreizehn und gehe aufs Gymnasium, mein Bruder besucht die Realschule. Er hat andere Freunde als ich und manche seiner Freunde finde ich doof. Ich habe viele Freundinnen und wir machen Mädchensachen, und mein Bruder macht mit seinen Freunden Jungensachen, da gibt es nun einmal nicht viele Gemeinsamkeiten. Ich finde das nicht schlimm. Nur weil er andere Freunde hat und mit denen mehr macht als mit mir, bleibt er ja immer noch mein Bruder – und das ist die Hauptsache.

Mama und Papa haben in letzter Zeit vermehrt Streit mit Marvin. Ich halte mich meist raus, bin sowieso lieber für mich, außer wenn ich mich vorher mit Marvin gestritten habe, dann versuche ich, ihm noch eins reinzuwürgen, oder wenn es vorher Zoff mit meinen Eltern gab, dann verteidige ich meinen Bruder.

Anja

Dieses erste Hilfeplangespräch mit Frau Bast steckt mir jetzt noch in den Knochen. Alles hatte ich ihr vorher am Telefon erzählt: Marvins körperliches Unwohlsein dem Jugendamt gegenüber, denn Jugendamt bedeutete für Marvin fort von der Mutter und ins Kinderheim, fort von seiner Oma, die ihn aus dem Heim herausholte und sich später überfordert fühlte, also immer aus seiner gewohnten Umgebung herausgerissen zu werden. Brüche. Ich hatte Frau Bast auch erzählt, dass alle Angebote von unserer Seite, seine Mutter zu suchen, von Marvin abgewehrt worden waren. Gut, dachten wir, das hat dann Zeit, bis dieser Wunsch von ihm ausgeht. Und was fragt ihn diese Frau bei dem ersten Gespräch unvermittelt: »Möchtest du deine Mutter sehen?«

Ich sehe Marvin jetzt noch vor mir, abwechselnd rot und blass werdend, bis er zögernd antwortet: »Jjjja, vielleicht.« Dabei kannte Frau Bast den Aufenthaltsort von Marvins Mutter zu diesem Zeitpunkt nicht einmal.

Seit diesem Gespräch im Herbst geht alles schief. Vor dem Treffen mit Frau Bast hatte Marvin keinen einzigen Fünfer in seinem Versetzungszeugnis, danach, auf dem Halbjahreszeugnis, waren es neun! Neun Fünfer. In seinem Zimmer finde ich seitdem genau wie früher, als er gerade zu uns gekommen war, ständig kaputte Sachen. Zerbrochene Bleistifte und Lineale, zerfetzte Hefte, zerstörtes Spielzeug. Und er vernachlässigt seine Ratte Nelly, der er sonst viel Zärtlichkeit entgegenbrachte. Zu allem, was wir sagen, sagt er zwar ja, aber es scheint nichts wirklich zu ihm durchzudringen. Vor dem zweiten Hilfeplangespräch schreibe ich deshalb einen Brief an das Jugendamt zu Händen Frau Bast. Ich schildere die Situation und weise vorsichtig auf den Zusammenhang hin, den ich zwischen dem ersten Gespräch und Marvins Talfahrt sehe. Es kommt keine Antwort auf den Brief. Beim nächsten Termin im Amt meint Frau Bast ironisch zu ihren Kollegen: »Frau Abens ist ja der Ansicht, wir wären schuld an Marvins schlechten Schulleistungen. Ich denke, die Realschule war von Anfang an eine Überforderung für ihn. Was meinst du, Marvin?«

Marvin zuckt die Achseln, und ich bin sprachlos.

Meike

Diese Frau Bast hat sie doch nicht mehr alle. Die tut so, als wären wir gar nicht da. Frau Lange hat immer mit uns allen gesprochen. Aber Frau Bast will nur mit Marvin sprechen. Mama, Anna und ich sitzen auf dem Balkon und warten, während Frau Bast und ihre Kollegin mit Marvin in seinem Zimmer sind. Was wollen die überhaupt von ihm? Mama meint, das sei in Ordnung, die wollten eben auch mal allein mit ihm sprechen. Na, dann hätte ich zu Carina gehen können. Oder möchte Frau Bast später noch mit uns sprechen? Nee, von wegen.

»Wir sind jetzt fertig.« Marvin steht in der Balkontür. »Die wollen sich verabschieden.«

Ich sehe, wie erstaunt Mama ist.

»Sie wollen keinen Kaffee trinken?«, fragt sie.

Marvin zuckt die Schultern. »Weiß nicht.«

Mama steht auf und geht in die Wohnung. Marvin lässt sich auf die Bank fallen.

»Was wollten die denn?«, fragt Anna.

»Ach, wie's mir so geht und so …« Marvin grinst schief, genauso wie immer, wenn er nicht wirklich weiß, was er sagen soll. »Weiß auch nicht, total überflüssig …«, murmelt er noch. Ich verstehe ihn kaum, ist mir jetzt aber auch egal, den Nachmittag kann man voll vergessen.

Anja

Ich kann nicht mehr. Herrn Sänger, Marvins Klassenlehrer, geht es ähnlich. Er steht kurz vor der Pensionierung und wirft das Handtuch. Mit Tränen in den Augen gesteht er: »Das hätte ich nicht gedacht, dass ich das vor dem Ruhestand noch erleben muss. Marvin ist der erste und einzige Schüler, bei dem ich aufgebe. Ich weiß nicht mehr weiter.« Mir ist übel. Herr Sänger ist einer der verständnisvollsten und hilfsbereitesten Lehrer, die mir in der Schullaufbahn unserer vier Kinder begegnet sind.

Was ist mit Marvin bloß los? Nichts geht mehr, weder in der Schule noch zu Hause. Vom Jugendamt ist keine Hilfe zu erwarten. Im Gegenteil, Frau Bast ist generell für die Rückführung von Pflegekindern in ihre Kernfamilien, die Pflegefamilien interessieren sie nicht. Nur leider hat Marvins leibliche Mutter keinerlei Lebensperspektive und damit auch keine Möglichkeit, ihn bei sich aufzunehmen. Ich mache mir schreckliche Sorgen um die anderen Teile des völlig aus dem Gleichgewicht geratenen Familienmobiles. Ich wache schon mit Magendrücken auf, Karl hat Horror, nach der Arbeit nach Hause zu kommen, in der Erwartung immer neuer Katastrophenmeldungen. Die Großen verstehen die Situation nicht mehr, wenn sie uns besuchen, und Meike hält sich im Hintergrund, obwohl sie die Auseinandersetzungen zwischen Marvin und uns hundertprozentig mitbekommt. Was sollte sie auch machen? Sie liebt uns und ihren Bruder. Das Schlimmste ist, dass ich Marvin nichts mehr glauben kann. Das ist auch für Herrn Sänger das große Problem. Die Unwahrheit ist Marvins Schutzschild. Wenn er etwas angestellt hat, kommt es nur auf Umwegen ans Tageslicht und wiegt dann umso schwerer. Selbst sein engster Freund meldet sich nicht mehr bei uns. Mein Vertrauen ist dahin. Inzwischen geht es so weit, dass ich und Karl nicht mehr in Ruhe das Haus verlassen können, obwohl Marvin und Meike in einem Alter sind, wo andere Eltern selbstverständlich ausgehen. Seine Zerstörungswut macht uns Angst. Es ist kein Zustand mehr, weder für uns noch für ihn. Ich bin keine Psychologin, aber ich glaube, er ist mit unserer Art emotionaler Bindung überfordert. Er wirkt wie die berühmte Walnussschale, die auf dem Meer treibt. Ohne eigene Steuerung und ohne jede Bindung. Immer wieder versuche ich, mit Marvin zu reden, doch er weicht mir aus. Und dann frage ich ihn eines Abends, was mir schon seit einigen Wochen auf der Seele brennt.

»Kann es sein, dass du dich bei uns nicht mehr wohlfühlst?«

Marvin schaut mich schweigend an.

»Ich meine, du bist hier nicht im Gefängnis. Du bist freiwillig hier. Wenn du es nicht mehr aushältst, gibt es andere Möglichkeiten.«

Zum ersten Mal seit langer Zeit leuchten Marvins Augen. »Welche denn?«, fragt er.

»Du wirst sechzehn. Da gibt es die Möglichkeit des betreuten Wohnens.«

Marvin verlässt nicht wütend den Raum, sondern wendet sich mir interessiert zu. Ich muss schlucken. Die Bleikugel in meinem Magen wird nicht leichter. So wenig fühlt er sich bei uns zu Hause, dass er mit wehenden Fahnen davongeht? Ich versuche, meine Enttäuschung nicht zu zeigen.

»Es ist dort nicht wie auf Burg Schreckenstein«, erkläre ich, »aber auch nicht wie in einer Jugendherberge. Die meisten Jugendlichen in diesen Häusern haben ähnliche Schwierigkeiten wie du.«

Vielleicht ist es gerade dieser Umstand, der Marvin reizt.

Meike

Marvin wird gehen. Was soll ich dazu sagen? Wenn Mama, Papa und Marvin sich einig sind, dann wird das seine Gründe haben. Ich hinterfrage nicht, wieso Marvin fort will, einige Gründe sind offensichtlich.

Für mich steht fest, dass mein Bruder trotzdem mein Bruder bleibt. Wir werden uns treffen können und miteinander reden und etwas miteinander unternehmen, wenn wir es möchten. Das wird nicht ständig passieren, denn wir haben ja unterschiedliche Freunde und Interessen. Aber wenn wir einander brauchen, können wir uns bei dem anderen melden, Marvin bleibt in Köln, und wir wissen beide, wo wir uns finden.

Mein Bruder zieht aus und wird eigenständig, so wie ich eines Tages sicher auch, das ändert nichts an unserer Beziehung. Dass ich diese Sache voraussetze, verhindert, dass ich traurig über seinen Abschied bin. Es ist schließlich kein Abschied für immer.

Marvin packt seine Sachen, als ginge es in den Urlaub. Am Morgen des Umzugs beladen wir zusammen unseren Kombi. Dem Jungen scheint der Abschied leichtzufallen. Oder tut er nur so? Ich habe den ganzen Tag einen Kloß im Hals und muss mich ständig räuspern.

»Also, du weißt, dass du dich jederzeit melden kannst?«, frage ich, nachdem wir die letzte Kiste im Wagen verstaut haben.

»Ja.« Marvin nickt. Mehr sagt er nicht, und ich weiß auch nichts mehr zu sagen. Karl schweigt ebenfalls. Vielleicht sind solche Momente zum Schweigen da, aber mir fehlt dann immer etwas. Wenn man keine Worte wechselt, bleibt doch alles unklar. Warum habe ich nur immer das Bedürfnis, Schwierigkeiten durch Reden aufzulösen? Die Stille im Auto während der Fahrt bedrückt mich, und so bin ich erleichtert, als wir auf dem Parkplatz hinter dem Jugendheim ankommen, in dem Marvin von heute an leben wird. Jetzt gibt es wieder etwas zu tun. Auspacken, das Heim begutachten. Die Erzieher machen einen freundlichen und hilfsbereiten Eindruck. Marvin teilt das Zimmer mit einem Jugendlichen. Er bekommt Bett, Schrank und Tisch gezeigt, und wir machen uns ans Einräumen. Schließlich ist alles getan. »Du kommst zurecht?«, frage ich noch einmal. Und Marvin nickt. Steif umarmen wir uns. Karl klopft Marvin zum Abschied auf die Schulter. Marvin hat ein Gespräch mit der Gruppenleiterin, und wir verlassen das Haus.

Meike

Ich weiß nicht wirklich, wie ich es finden soll, dass Marvin ausgezogen ist. Ich kann gar nichts fühlen. Deshalb bin ich froh, dass unsere Ratten da sind. Vor allem Pollyanna, meine Ratte. Wenn ich in mein Zimmer komme, klettert sie sofort am Käfiggitter hoch, schaut mich mit ihren Knopfaugen an und blinzelt mit dem rechten Auge. Total süß. Es kommt mir immer vor, als blinzle sie mir tatsächlich zu, als stimme sie mir in all meinen Gedanken zu. Sie gibt mir recht.

Ich hole Polly aus dem Käfig und setz sie mir auf die Schulter. Polly schnuppert mir dann jedes Mal am Ohr, und dabei kitzeln mich ihre Schnurbarthaare, das ist ein angenehmes Gefühl. Als würde sie mir etwas zuflüstern. Wenn sie hin und her läuft und über mein Dekolleté von einer Schulter zur anderen klettert, hinterlässt sie ganz feine Kratzspuren, sonderlich angenehm ist das nicht, aber es sieht schön aus. Ihre Spuren auf meiner Haut zu haben, finde ich cool, die verblassen nur viel zu schnell.

Anja

Merkwürdig. Es ist so ruhig in der Wohnung, seit Marvin ausgezogen ist, nur ich vibriere. Eine große Familie, das war immer mein Traum gewesen. Menschen, die einander vertrauen und sich wohlfühlen im gemeinsamen Raum. Aber ganz schön steinig und mit Ecken, Spitzen und Kanten gespickt ist dieser Weg. Es ist so schwierig zu erkennen, was andere wirklich wollen. Dabei habe ich es immer besser als meine Mutter machen wollen. Sie war berufstätig und ich fühlte mich oft einsam. Deshalb habe ich die Aufgaben für mein Studium, das ich neben Haushalt und Kindern absolvierte, am Abend erledigt, wenn die Kinder im Bett waren. Ich wollte für sie da sein.

Karl hat mich dabei unterstützt, er fand es richtig, dass ich neben Mutter- und Hausfrausein noch etwas für mich tue, aus meinen verschiedenen Talenten etwas mache. Merkwürdigerweise erlebe ich diese Großzügigkeit bis heute oft als Anforderung, noch mehr zu tun, und finde doch eigentlich, ich tue genug. Hin und wieder gehen mir deshalb die Nerven durch. Wenn die Kinder das mitbekommen, meinen sie, ich sei unglücklich. Das finde ich schlimm, ich kann ihnen nicht klarmachen, dass ich nicht unglücklich bin, denn alles, was ich tue, ist mir wichtig; es ist das, was ich will, aber manchmal ist es etwas viel. Vier Kinder und Studium, das war nicht einfach zu schultern, vor allem in Prüfungsphasen. Außerdem ist mir auch mein Schreiben wichtig. Ich schreibe seit ich dreizehn bin. Meine erste Geschichte war eine Abenteuergeschichte für meinen jüngeren Bruder. Er war begeistert, dass er und seine Freunde darin vorkamen.

Durch meine Scheidung und die zweiten Ehen meiner Eltern gibt es vier Eltern- und Stiefelternpaare; und meine Großmutter, die mir sehr viel bedeutet, lebt auch noch. Deshalb geht mir hin und wieder die Puste aus. Manchmal komme ich mir vor wie eine Reisende in Sachen Familienangelegenheiten. Aber was ist eine Beziehung ohne persönliche Begegnung?

Ob ich Marvin bald einmal wieder begegne? Warum konnten Karl und ich ihn nicht als ausgeglichenen jungen Menschen ins Leben entlassen, wie wir es uns einmal vorgestellt hatten? Marvin hat mir deutlich gezeigt, dass auch ich meine Grenzen habe. Eine wichtige Erfahrung, auf die ich vielleicht besser verzichtet hätte. Aber alle Kinder entwachsen einem, und man muss sie gehen lassen. Auch im Verhältnis zu Jonas herrscht zurzeit eine Fremdheit. Er hat sich sehr der Familie seiner Freundin angeschlossen. Da ich aber sehe, dass ihm das gut bekommt, denke ich, es muss richtig sein, auch wenn ich meine, dass wir uns zu selten sehen und unsere Gespräche merkwürdig steif verlaufen. Anna lebt mit Andreas zusammen, den sie als ihre große Liebe bezeichnet. Das mag sein, aber ich finde ihn unselbstständig und unzuverlässig. Anna macht alles, Ausbildung und Haushalt, und er kommt gar nicht in die Gänge. Anna sitzt heute häufiger mit mir bei einem Kaffee zusammen als früher. Sie erscheint mir überfordert zu sein, aber immer bekräftigt sie, dass alles gut sei. Und ich denke, Jonas, Anna und Meike waren so liebe Kinder, dass ich mich mit ihnen wie in Ferien und untätig gefühlt habe, trotz des Studiums. Weil ich mich seit meiner Jugend immer gern mit Kindern beschäftigt habe, nahmen wir dreimal die Woche ein Tageskind in Meikes Alter zu uns. Meike hatte noch keinen Kindergartenplatz, und die kleine Lara und sie verstanden sich auf Anhieb. In meiner Erinnerung gehört das Jahr mit den beiden Mädchen zu den schönsten Zeiten …

Seit dem Abschied von Marvin komme ich manchmal aus dem Nachdenken nicht heraus, darum bin ich froh, als mich Conny, die Mutter von Meikes Klassenkameradin Lena und selbst Lehrerin, darauf aufmerksam macht, dass Quereinsteiger in Schulen gute Chancen haben. Englischlehrer etwa werden händeringend gesucht. Und durch mein Magisterstudium in den Fächern Englisch und Deutsch erfülle ich die Voraussetzung, um an Haupt- und Realschulen unterrichten zu dürfen. Eine pädagogische Ausbildung kann ich nebenbei in einem Zusatzseminar nachholen. Als ich nach dem Abendgymnasium mit meinem Studium anfing, hatte ich mir eingebildet, für das Lehramt schon viel zu alt zu sein, und deshalb auf Magister studiert. Sollte ich doch noch das Glück haben, als Lehrerin arbeiten zu können? Damit hätte ich nie gerechnet. Da ich als Achtzehnjährige nur Fachabitur hatte, war ich damals als Auszubildende im kaufmännischen Bereich gelandet, zur Zufriedenheit meiner Eltern. Erst später stellte sich heraus, dass ich mit meinem Schulabschluss an einer Fachhochschule hätte studieren können … Ach, all das ist Schnee von gestern. Jetzt bin ich aufgeregt, denn man hat mich an einer der Schulen, bei denen ich zu einem Bewerbungsgespräch eingeladen war, angenommen.

Meike

Meine Mutter will Lehrerin werden. Das ist wunderbar, sie soll machen, was ihr guttut. Sie macht das viel zu selten. Und ab und zu, wenn sie sagt, sie mache alles nur noch so, wie es ihr passe und kümmere sich nicht mehr darum, was die anderen für Probleme haben, denke ich mir, ja, mach endlich was *du* willst. Aber sie kann nicht aus ihrer Haut. Sie erzählt von ihren Plänen, schwingt große Reden zur Selbstverwirklichung und verfällt dann doch wieder in den alten Trott und nimmt sich selbst zurück. Die Schuld dafür gibt sie uns, sie meint, dass wir das fordern würden, wir wollten, dass sie sich für uns aufopfert, aber in Wirklichkeit wollen wir alle, dass sie ihr Ding macht, sie soll zufrieden sein mit dem, was sie tut, auch wenn wir dann hintenanstehen und sicherlich mal meckern, weil man eben nicht gern entwöhnt wird. Aber wir würden darüber hinwegkommen. Nur sie nicht. Sie würde nicht darüber hinwegkommen, losgelassen zu haben, sie sperrt sich selbst in ein Gefängnis und behauptet dann, wir hätten sie dort hineingezwungen. Wenn sie nicht loslassen kann, wenn sie Angst davor hat, dass sie uns vernachlässigen oder verlieren könnte, nur weil sie einmal etwas für sich tut, dann kann ihr niemand helfen.

Ich bin froh, dass meine Mutter sich endlich traut, einen Schritt allein zu gehen, ohne vier Kinder und einen Mann bei der Hand mitzuführen. Natürlich ist meine Freude nicht ganz unegoistisch. Ich freue mich auf meine Ruhe, ich bin gern allein. Wenn meine Mutter als Lehrerin arbeiten geht, werde ich sicherlich mehr von dieser wunderbaren Stille haben, die mich mit mir allein lässt. Ich werde mehr von dieser Stille haben, von dieser Stille, die nicht fordert, die keine Erwartungen hat und mich nicht bewertet.

Anja

Marvin ist nicht mehr bei uns, aber die Sorgen um ihn sind geblieben. Immer mal wieder erreicht uns irrtümlich Post, die eigentlich an seinen Vormund, die Stadt Köln, hätte gehen müssen. Diesmal die Benachrichtigungen der Staatsanwaltschaft, weil Marvin in einem Laden CDs gestohlen haben soll. Was macht er nur? Dreht er jetzt völlig durch? Hätte er unter unserer Obhut Ähnliches angestellt? Ladendiebstahl ist ja kein seltenes Jugenddelikt. Wir können nichts tun, außer die Post weiterzuleiten.

Das Einarbeiten in den Schuldienst lenkt mich zum Glück ab: Neben meinen Fächern Deutsch und Englisch unterrichte ich Geschichte, Erdkunde, Schwimmen, Sport und Physik. Es ist an der Hauptschule nicht ungewöhnlich, dass man eingesetzt wird, wo Mangel herrscht. Aber die Vorbereitung, vor allem in den Fächern, die ich fachfremd gebe, ist sehr anstrengend.

Mit den Schülern komme ich klar, auch wenn einige Härtefälle dabei sind. Kinder, die ständig aufspringen und herumlaufen im Unterricht. Kinder, die nicht einmal die Ahnung von Ordnung haben. Kinder, die sich gegenseitig mit

Worten verletzen und prügeln. Die Erfahrungen mit Marvin haben mich vorbereitet. Oder ist es nur der gefühlsmäßige Abstand, der mir den Umgang mit den Jugendlichen in der Schule erleichtert? Ja, ich glaube, das Berufsleben gibt Abstand zu häuslichen Problemen. Für eine Weile ist man in einer anderen Welt. Und so anstrengend es ist, es zehrt nicht so an der inneren Substanz wie die Auseinandersetzungen mit denen, die man liebt. Wenn ein Schüler lügt, gehe ich sachlich damit um. Wenn mich ein Familienmitglied belügt, bin ich schwer getroffen. Ehrlichkeit ist für mich die Basis des Zusammenlebens. Und Vertrauen. Vertrauen bedingt Ehrlichkeit. Also, warum verstehen die anderen nicht, wie wichtig es ist, ehrlich zu sein? In dieser Beziehung habe ich vor allem die Pubertät unterschätzt. Bis Anna zwölf, nein, bestimmt vierzehn war, hatten wir eine wunderbare Mutter-Tochter-Beziehung. Eine befreundete Psychologin meinte, das sei ungesund. Ein Mädchen muss sich von der Mutter abnabeln. Okay, aber wie sieht denn das in der Praxis aus? Keine Ahnung. Anna ist meine ältere und damit erste Tochter. Da habe ich zum Beispiel nicht sofort bemerkt, wie es im Gymnasium bergab ging. Sicher habe ich diese und jene schlechte Note mitbekommen, aber wenn ich mich mit Anna unterhalten habe, hat sie mich immer überzeugt, dass sie das noch hinkriegt. Die Lehrer haben uns leider erst spät informiert. Ich glaube, die waren selbst überrascht. Na ja, Annas Umweg über die Realschule bis zur Fachhochschulreife auf einem anderen Gymnasium war die Rettung. Aber die Phase mit ihr hat mir gezeigt, dass man in der Pubertät auf alles gefasst sein muss, auch darauf, dass Kinder einen anlügen, die vorher sehr wahrheitsliebend waren. Ich muss zugeben, mit der Wahrheit nehme ich es sehr genau. Bei Lügen könnte ich ausrasten.

Wie es nun bei Meike wird, kann ich nicht einschätzen.

Sie hat sehr strenge Prinzipien. Sie verachtet Jugendliche, die trinken und rauchen. Aber das hat Anna mit vierzehn auch noch getan, und später hat sie selbst damit angefangen. Außerdem findet Meike sich selbst schrecklich, da kann ich sagen, was ich will. Jetzt hat sie ihr wunderbares hellblondes Haar schwarz gefärbt. Das war ein Schock. Aber wenn Meike dadurch zufriedener wird … und im Kontrast zu ihren hellen Augen sieht es interessant aus.

Aber Meike wird nicht zufriedener mit sich. Ich kenne das. Ich selbst fand mich auch hässlich in dem Alter. Bei Anna war es auch nicht anders. Wüsste ich doch bloß, wie man ein Mädchen vor diesem Schmerz bewahrt. Ich kann alle Vorzüge aufzählen, ich kann sagen, du bist wunderbar, so wie du bist. Meike glaubt mir nicht. Meine Eltern haben mir nie gesagt, dass ich in Ordnung bin, so wie ich bin. Meine Mutter half mir nicht mit dem Frausein. Bis zur Pubertät wollte ich immer ein Junge sein, der Übergang war nicht so einfach. Ich habe meine Mutter bewundert und gedacht, da komm ich sowieso nie heran. Für meinen Vater war ich die größte Enttäuschung, das hat er mir gesagt, als ich neunzehn war, da saß ich gerade mit meinem damaligen Verlobten in meinem Zimmer. Also habe ich gedacht, wenn ich meinen Kindern vermittele, dass ich sie mag, so wie sie sind, müssten sie eine andere Art Selbstbewusstsein aufbauen als ich zu meiner Zeit. Aber so einfach ist das nicht. Sie gehen durch die gleiche Hölle und ich verstehe nicht wieso. Warum ist es leichter, meinen Schülern und Schülerinnen mit Rat und Tat zur Seite zu stehen als meinen eigenen Kindern?

Lange schwarze Haare! Zugegebenermaßen sind meine Haare nicht pechschwarz, denn eine Packung Tönungsmittel war wohl doch nicht ausreichend für meine Haarlänge. Aber das macht nichts, sie sind nun immerhin eher schwarz als irgendetwas anderes, und das reicht mir. Meine Mitschüler fragen, wieso ich meine Haare gefärbt habe und scheinen es weniger gut zu finden. Was geht die das an, was ich mit meinen Haaren mache? Und warum machen die sich bloß alle über eine Haarfarbe solche Gedanken? Nach spätestens sechs Wochen sind meine Haare ohnehin wieder blond. Auch meine Mutter war gegen diese Aktion. Aber ich habe gar kein Interesse daran, mir immer wieder sagen zu lassen, wie ich mich kleiden, schminken oder mit welcher Haarfarbe ich herumrennen soll. Ich verstehe nicht, weswegen Eltern sich immer einmischen müssen und einen nicht einfach machen lassen können. Meine Mutter hat mich in diese dämliche Welt gepresst und will nun weiterhin über mich bestimmen? Dann hätte sie mich in ihrem Bauch behalten müssen.

Die Frage nach dem Warum nervt mich am meisten. Sie ist so unglaublich überflüssig.

»Warum willst du deine schönen blonden Haare schwarz färben?«

»Na, ich will es nun mal.«

»Ja, aber warum denn?«

Meine Güte! Warum ist die Banane krumm? Was soll der Quatsch, wenn ich etwas will, ist der Grund, warum ich es will, irrelevant! Das geht niemanden etwas an. Selbst wenn es ein Scheißgrund wäre, selbst wenn ich sagen würde: »Na ja, weil ich Satanistin werden will«, dann würde das nichts an der Tatsache ändern, dass es mein Wille ist.

Ich will weder Satanist noch Grufti noch sonst etwas werden. Ich mag Schwarz, ich mag keine Klischees, aber ich mag Schwarz. Ich möchte nicht mit Menschen in eine Schublade gesteckt werden, die meinen, sie würden sich von der Gesellschaft abgrenzen, und dann plötzlich, siehe da, selbst eine Gesellschaft bilden. Eine Gesellschaft mit vielleicht anderen, aber ebenso dämlichen Normen und Werten. Ich will in gar keine Kackgesellschaft, ich will nur meine Ruhe. Und wenn ich mir meine Haare schwarz töne, weil ich es schön finde, und ich dabei den wunderbaren Nebeneffekt genießen darf, dass die anderen anfangen zu denken, ich wolle mich von ihnen abgrenzen und mich daher von selbst in Frieden lassen, dann nehme ich das dankend hin. Dumme kleine Gesellschaft, ich belächle dich.

2. KAPITEL

Anja

Meike hat ein schönes Zeugnis. Ich habe allen meinen Kindern versucht zu vermitteln, dass eine gute Ausbildung wertvoll ist, aber dass sie sich damit nicht unter Druck setzen müssen. Sie sollen arbeiten, um das zu erreichen, was in ihnen liegt. Wenn sie das Gymnasium besuchen, gut, aber es gibt auch noch andere Möglichkeiten. Trotzdem war Schule für die beiden Älteren ab der Mittelstufe ein Stressfaktor, wenn es nach Aussage der Lehrer auch nicht an Begabung mangelte. Die Frage, ob es an den Kindern, uns Eltern oder der Schule lag, konnte ich mir bisher nicht wirklich beantworten. Bei Marvin waren die Voraussetzungen anders, vieles, was andere als Kleinkinder lernen, hat er erst als Schulkind und im Zusammenleben mit uns nachgeholt. Trotzdem schaffte er die Realschule. Wir alle, auch Marvin selbst, waren stolz darauf. Erst als Frau Bast sich einmischte, fingen die Probleme an.

Meikes Durchschnitt liegt bei einer glatten Zwei, aber sie wirkt nicht so zufrieden, wie ich es erwarten würde. Oder vertue ich mich? Ich bin froh, dass der Urlaub bevorsteht, er wird uns allen dreien guttun.

Ein Urlaub nur mit Meike. Und wir wollen etwas Besonderes machen, denn zu dritt sind wir noch nie unterwegs gewesen. Unsere Wahl fällt auf Italien. Nachbarn empfehlen uns den

Lido de Jesolo. Von dort aus können wir auch Venedig gut erreichen. Meike freut sich. Ihr derzeitiges Lieblingsbuch, *Der Herr der Diebe*, spielt in Venedig und sie will die Orte besuchen, die im Buch beschrieben werden.

Bevor wir starten, gehen Karl und ich noch einmal ums Auto herum, überlegen, ob wir auch wirklich nichts vergessen haben. Meike sitzt schon auf der Rückbank, den Discman auf den Beinen, Bücher, Notizblöcke und Stifte um sich herum. Als sie uns sieht, nimmt sie die Hörknöpfe aus den Ohren und lässt die Scheibe hinunter. »Geht's jetzt los, oder was?« Karl und ich müssen lachen, wir steigen ein und es stellt sich dieses Gefühl von Freiheit ein, das man oft am Beginn einer Ferienreise verspürt. Selbst der Stau vor dem Tauerntunnel verdirbt uns nicht die Laune. Wir fahren erst mal ab und machen ausgiebig Rast in wunderbarer Luft und Natur. Nachdem wir uns wieder in die stehende Blechlawine eingeordnet haben, steigen wir immer mal wieder aus, klettern die grünen Abhänge hinauf und genießen die Aussicht. Die Berglandschaft beeindruckt uns, obwohl wir typische Meerurlauber sind. Alle unsere Kinder lieben das Meer. Selbst Marvin, der zu Anfang ängstlich mit Wasser umging, lernte schnell schwimmen und wurde eine Wasserratte, obwohl er bei seinem mageren Körperbau viel schneller fror als die anderen drei. Aber dem wundervollen Anblick der mächtigen Berge können wir uns nicht entziehen. Ergriffen setzen wir uns wieder ins Auto und setzen die Fahrt fort. Am Ende der Tour bin ich erschöpft, wie immer auf den Ferienfahrten, denn Karl hat nie einen Führerschein gemacht. Doch alles geht glatt. Wir finden die Touristeninformation des Ferienortes und das Hotel auf Anhieb. Es ist das erste Mal, dass wir ein Hotel gebucht haben. Als Großfamilie haben wir meist Ferienhäuser oder -wohnungen gemietet oder Camping gemacht. Leider stelle ich recht schnell fest, dass ich weder ein

Hoteltyp bin noch ein Fan von überlaufenen Ferienorten. Ich liebe Ruhe – und Ruhe gibt es an diesem Ort nicht. Natürlich machen wir das Beste daraus. Wir mieten uns unseren Sonnenschirm am Strand, der so überfüllt ist, wie ich es bisher nur aus den Medien kannte: Jeder hat seine Liegestuhlbreite Platz. Gott sei Dank lesen wir gern, und dazu reicht der Platz. Aber das Wasser des Mittelmeers bietet keine Abkühlung. Es ist, als gehe man über eine zu hoch gestellte Fußbodenheizung in eine ziemlich laue Badewanne. Wir sind wohl doch eher nordische Typen. Der Atlantik, die Nordsee, die Ostsee, das sind Gewässer, in denen wir es gut aushalten, na ja, Karl mag es auch ein wenig wärmer, aber diese hellblaue Badewanne fand selbst er nicht wirklich erfrischend. Wir bestaunen auch die Touristenattraktionen, zum Beispiel die Flugschau mit ihren Manövern und Figuren, in der am Schluss die italienische Flagge am Himmel erscheint, oder mischen uns unter die Nachtschwärmer, denn bei den Temperaturen lustwandelt man bis in den frühen Morgen hinein durch die Fußgängerzonen und über die Promenade des Ortes. Viel früher sollte man nicht ins Bett gehen, denn die Musik der Discos hallt bis zum Morgen durch den Ort. Schlecht für Karl und mich, wir sind Tagmenschen und Naturliebhaber, aber wir haben uns nun einmal nicht ausreichend informiert. Dennoch gibt es jede Menge heitere und erinnerungswürdige Erlebnisse. Am Strand retten wir einen Salamander vor ein paar Jugendlichen, die ihn erschrecken, bis der Schwanz abfällt. Meike und ich sind stolz auf uns, dass wir dem armen Tier die Flucht ermöglichen, und wir schimpfen die Jungen aus. Mindestens sechzehn sind sie und finden so etwas noch immer spaßig ... Auch unser Ausflug nach Venedig ist ein Erfolg. Die Überfahrt mit dem kleinen Motorschiff, die Gassen, die Kanäle, die vielen Plätze und Orte, die wir bisher nur aus Filmen und Büchern kannten. An einer der unzähligen Brücken winkt uns ein Gondoliere zu, der zwar nicht die große Tour fährt, aber dafür wesentlich preisgünstiger ist als die vom Canal Grande. Wir lassen uns überreden. Ich fühle mich entspannt wie schon lange nicht mehr. Meikes langes schwarzes Haar weht im Wind und sie trägt den schwarzen Rock und das bunte Top, das ihr so gut steht. Sie selbst findet diese Dinge nicht schön an sich. Sie findet sich zu groß und zu dick. Auch darum ist Italien nichts für uns, da sind die meisten Menschen eben kleiner als wir. Solche Anmerkungen fallen aber eher beiläufig. Meike beklagt sich nicht. Sie nimmt alles auf, wie es ist, schön, interessant, stressig, lästig, neu ... ohne groß Kommentare abzugeben. Und in einem sind wir uns einig: Touristen, die in Strandkleidung und Badelatschen zu den Mahlzeiten erscheinen, gehen gar nicht.

Meike

Musik. Musik. Ich liebe lange Autofahrten. Wir fahren nach Italien, und es gibt nichts Besseres, als im Auto zu sitzen, die Musik zu hören, die man mag und irgendwelchen Gedanken nachzuhängen, die nichts oder nur wenig mit der Realität zu tun haben. Ich mag es, wenn die Landschaft am Fenster vorbeizieht. Einfach nach draußen schauen und träumen. Ich bin froh, aus der gewohnten Umgebung rauszukommen, an einen anderen Ort, die Sonne scheint, meine Eltern sind gut gelaunt. Wir sind nur zu dritt. Das ist besser, besser zu dritt als zu viert oder zu zweit. Zu dritt haben meine Eltern einander und nerven mich nicht, wenn ich meine Ruhe will. Ist man zu zweit unterwegs, muss man den anderen ständig unterhalten. Wenn meine Eltern zusammen sind, bin ich allein, das ist gut so.

Ich freue mich, dass wir nach Italien fahren. Ich habe vor

Kurzem *Der Herr der Diebe* gelesen und möchte das Kino suchen, in dem sich Scipio und seine Bande immer treffen. Ich wäre auch gern ein Dieb. Irgendwo, in einer großen Stadt, wo mich niemand kennt. Über Häuserdächer springen, über Zäune und Mauern klettern, in fremde Wohnungen einsteigen und Leute ausrauben, ohne bemerkt zu werden. Ich stehle nicht. Ich würde es auch nicht tun, um mich auf Kosten anderer zu bereichern. Ich will nur kämpfen, um zu überleben. Ich will Einzelgänger, Draufgänger sein, mich frei und unabhängig fühlen und auf dieses dumme System Gesellschaft verzichten.

In Italien ist es schön. Es ist nicht schön, dass ich mir nicht den Wintermantel überziehen kann, wenn ich mich nicht danach fühle, mich draußen zu zeigen, aber ansonsten ist es in Ordnung. Ich schwimme gern! Es ist herrlich im Wasser zu sein. Es ist eine ganz andere Art, sich fortzubewegen. Außerdem kann man im Wasser fast nackt sein und sich dennoch nicht so fühlen. Das ändert nichts daran, dass ich den Weg zum Wasser oder vom Wasser zurück zum Handtuch nicht leiden kann, aber ich komme darüber hinweg.

Ich mag den Sommer so, weil man spät in der Nacht rausgehen kann und es warm ist. Es ist dunkel, aber warm. Mit meinen Eltern bei Nacht durch die Straßen zu spazieren ist mal etwas anderes, ich fühle mich wohl dabei. Außerdem ist das Eis in Italien einfach das Beste. Ich dachte, das sei ein Gerücht, aber meine Güte, es ist wahr. Einfach göttlich!

Meine Eltern suchen mit mir das Kino *Stella* aus dem Buch. Wir laufen schon die ganze Zeit durch die Gegend, diese kleinen Gassen in Venedig können einen echt wahnsinnig machen! Aber es ist lustig. Hin und her. Ein Zeitungsverkäufer lacht, weil wir mindestens viermal an seinem Büdchen vorbeirennen, ich mit dem Stadtplan in der Hand vornweg, meine Eltern dicht hinter mir. Endlich finden wir die Straße mit dem richtigen Namen. Das Kino gibt es nicht, wie schade. Aber so schlimm ist es auch wieder nicht, ich hatte ja wohl nicht erwartet, die Charaktere des Buches hier zu treffen. Auch wenn das schön gewesen wäre. Wie spannend es ist, durch die Stadt zu laufen und ein unbekanntes Ziel zu haben. Ich bin froh, mal wieder an etwas denken zu können, das nicht mit mir zu tun hat.

Trotz der hohen Preise fahren wir Gondel. Es ist super! Ich finde, jeder sollte mit einer Gondel fahren, wenn er schon in Venedig ist, das gehört doch einfach dazu. Zum Abschluss der Fahrt muss meine Mutter es natürlich wieder vergeigen. Ich hasse diese ewige Fotoknipserei. Kann man nicht einfach einen Ausflug machen und dabei gut gelaunt sein, ohne dass dieser glorreiche Moment auf einem Bild festgehalten wird? Was will sie immer mit diesen Mistfotos? Zeigen, was für eine tolle Familie wir sind, dass wir so viel Spaß im Urlaub haben können? Immer dieses Zur-Schau-Stellen. Dazu kommt außerdem, dass ich scheiße aussehe. Da brauch ich nicht noch ein Foto von diesem doofen Gesicht, ich will mir diese bescheuerten Fotos einfach nicht ansehen müssen, macht sie das eigentlich absichtlich? Mir meine hässliche Visage vorhalten, damit ich mich mies fühle? Ich habe überhaupt keine Lust, für dieses dämliche Foto zu lächeln. Hübsch wird es sowieso nicht.

Anja

Das neue Schuljahr hat begonnen. Ich fühle mich aufgeräumt. Jeder von uns geht seinem Tagewerk nach, und das scheint mir erfrischend gegenüber den Streitereien, die im letzten Jahr häufig unser Familienleben bestimmten.

Anna hat Marvin zum Essen eingeladen. In ihrer gemütlichen kleinen Wohnung richtet sie für ihn ein Essen ganz nach seinem Geschmack her. Ein paarmal haben die beiden telefoniert, um den Termin abzusprechen. Marvin telefoniert mit seinen Schwestern, nicht mit uns. Ein halbes Jahr ist er nun schon von uns weg. Zwischendurch war Karl mal bei ihm im Jugendheim und hat seinen Computer repariert, und vor wenigen Wochen hat Marvin sein Fahrrad bei uns abgeholt. Er hatte einen Freund mitgebracht, sodass wir nicht viel Persönliches sprechen konnten. Ich habe mich sehr gefreut, ihn zu sehen, aber es schmerzt auch zu erleben, wie distanziert Marvin ist. Ich denke oft an ihn und bin mit Anna und Meike gespannt, wie es ihm inzwischen geht. Abends um zehn Uhr ruft Anna an. Marvin ist nicht gekommen. Er hat auch nicht abgesagt. Später fällt mir ein, dass Frau Henning, seine Nennoma, immer gesagt hat, Anna wäre Marvins Mutter äußerlich ähnlich. Sie war erst achtzehn, als Marvin auf die Welt kam. Und ich überlege, ob er jetzt mit Anna macht, was seine Mutter mit ihm gemacht hat … ihn einfach im Stich lassen? Auch früher war Anna oft Ziel seiner Attacken. Ich wusste immer, wie schwierig Marvin war, und überließ Anna deshalb nicht die Aufsicht über die beiden jüngeren Geschwister, so wie früher, als sie hin und wieder auf Meike achten musste. Anna, die acht Jahre älter ist als Meike, war eine perfekte kleine Mama gewesen. Sie hatte Meike mit Leidenschaft gewickelt und gefüttert und mit ihr gespielt, und sie hatte sich auf den kleinen Bruder gefreut. Aber die Freude wandelte sich mit der Zeit in Unsicherheit. Marvin war nicht froh wie Meike, wenn die Großen sich mit den kleinen Geschwistern beschäftigten. Das wurde mir ganz klar, als ich es einmal gewagt hatte, Anna mit Meike und Marvin vorzuschicken auf den Spielplatz gegenüber unserem Wohnhaus – damals war Marvin schon über ein Jahr bei uns. Ich hatte noch zwei, drei Handgriffe im Haushalt zu erledigen. Als ich fünf Minuten später auf dem Spielplatz ankam, war Anna völlig aufgelöst. Nach und nach bekam ich heraus, dass Marvin laut brüllend auf den Spielplatz gestürmt war, die Schuhe von sich geschmissen und Anna mit einem großen Stock geschlagen hatte. Aber ob das damit zu tun hatte, dass Anna seiner Mutter ähnlich sieht? Vielleicht etwas weit hergeholt.

Jedenfalls ist Marvin nicht gekommen. Anna ist natürlich enttäuscht, Meike nimmt die Nachricht gleichmütig hin. »Er hätte ja wenigstens absagen können«, meint sie nur und zieht sich in ihr Zimmer zurück.

Ich fühle vor allem mit Anna.

Die Welt ist eine Baustelle. Als ich nach den Ferien die Klasse 7 übernahm, hielt ich eine kleine Antrittsrede an meine Schüler und Schülerinnen. Ich wies darauf hin, dass wir zusammen Lernerfolge erzielen wollen, dass Leistung auf jeden Fall eine Forderung ist, der wir uns stellen müssen. Ich betonte aber, dass es auch um unser soziales Miteinander geht. Dass es an uns liegt, wie wir miteinander umgehen und ob wir uns auf den Schulbesuch freuen oder er uns Bauchschmerzen oder sogar Angst beschert. Zum Schluss fügte ich noch hinzu, dass keiner mit Schwierigkeiten allein sein sollte, die ihm über den Kopf wachsen, dass ich als Klassenlehrerin in solchen Fällen ebenso zur Verfügung stände, wie die Verbindungslehrer oder die Vertrauenslehrerin der Schule.

Drei Tage später kam Leslie, eine Schülerin, die aus dem Kongo stammt, in Begleitung ihrer besten Freundin auf mich zu. Ich merkte deutlich, dass Leslie etwas Schwerwiegendes auf dem Herzen hatte. Sie druckste lange herum. Mit Unterstützung der Freundin vertraute sie mir endlich an, dass sie von ihrem Pflegevater, der zugleich ihr Onkel ist, geschlagen werde. Ich war baff. Der Onkel hatte sich mir als kultivierter Herr vorgestellt, der äußersten Wert darauf lege, dass seine Kinder, ebenso wie seine Nichte, eine gute Ausbildung genießen und dass er sich für Leslie nach der Festigung ihrer Deutschkenntnisse einen gymnasialen Abschluss wünscht. Und dieser Herr soll Leslie schlagen? Ich finde heraus, dass das Pflegeverhältnis offenbar eine private Abmachung zwischen der Mutter des Mädchens, die keine Aufenthaltserlaubnis für Deutschland hat, und ihrem Bruder ist. Leslie und ihre Freundin bleiben bei ihrer Darstellung, und ein Arzttermin ergibt, dass das Mädchen tatsächlich misshandelt wird. Neben neuen Verletzungen zeigt der Rücken alte Vernarbungen von Schlägen mit einem Gürtel. Nun ist die Frage, wie Leslie unbeschadet aus der Familie herauskommt, denn sie steht unter ständiger Kontrolle, nicht einmal telefonieren darf sie ohne Aufsicht. Mit dem Jugendamt wird vereinbart, dass sie in den nächsten Tagen wie gewohnt zur Schule gehen soll, um dann von einer Betreuerin in eine Jugendwohngruppe begleitet zu werden. Die Aktion soll übermorgen starten, und ich hoffe, dass alles gut geht.

Meike

Meine Mutter erzählt immer wieder und wieder von irgendwelchen schwierigen Fällen in der Schule. Manchmal hängt mir das zum Hals raus. Ich komme nach Hause und sie fängt an, davon zu quatschen, was X und Y und Z gemacht haben. Dabei setzt sie voraus, dass ich X, Y und Z total gut kenne. Sie kommt gar nicht auf den Gedanken, dass mir diese Namen absolut nichts sagen und ich ihren Geschichten nicht folgen kann, schon gar nicht, wenn sie mich so derart aufgeregt zutextet. Oft, wenn sie nach Hause kommt und ich ihr etwas erzählen oder sie etwas fragen möchte, motzt sie mich an, sie hätte jetzt keine Zeit, sie wolle sich erst einmal ausruhen; wenn ich ihr dann entgegne, dass sie mich auch immer vollquatscht, wenn ich zur Tür hereinkomme, überhört sie das. Sie wird wütend und beginnt zu brüllen.

»Immer wollt ihr irgendwas von mir! Seht ihr nicht, dass ich so viel für euch tue! Warum nimmt niemand auf mich Rücksicht? Ich muss immer auf alle Rücksicht nehmen, aber mich nutzt ihr aus, wo es nur geht!«

Mir bleibt da nicht viel anderes übrig, als zurückzuschreien. »Dann mach halt nicht so viel! Lass uns doch mal allein machen, niemand zwingt dich dazu, für uns einzukaufen, zu kochen und zu waschen! Tu nicht immer so, als seiest du das arme Opfer und wir die anstrengenden Barbaren, du kannst genauso nervig sein!«

»Dann mach ich jetzt gar nichts mehr! Dann könnt ihr mal sehen, wo ihr bleibt!«

»Dann mach halt nichts mehr! Aber mach auch wirklich mal nichts und droh es nicht immer nur an!« Meine Mutter kann mich so wütend machen wie kein anderer. Ihre Opferrolle, was soll das? Ich fühle mich auch überfordert, die Schule überfordert mich, mich überfordern andere Menschen, und mit denen werde ich ständig konfrontiert. Sie soll nicht so tun, als ob sie die Einzige ist, die so viel zu bewältigen hat. Außerdem hat sie sich dieses Leben doch ausgesucht. Wenn es nach mir ginge, würde ich nicht in die Schule gehen. Aber ich werde gezwungen. Wer hat meine Mutter gezwungen, eine Familie zu gründen, die ihr scheinbar nur auf die Nerven geht? Wer hat sie gezwungen, sich ihren Schülern gegenüber auch noch wie eine Mutter zu verhalten? Wer hat sie gezwungen, zu den drei Kindern noch ein viertes anzunehmen? Wer zwingt sie denn, sich um meine Unordnung zu kümmern? Niemand. Sie selbst macht das und meint dann wir seien schuld daran, dass sie sich schlapp fühlt. So ein Unsinn! Manchmal kotzt mich diese soziale Ader meiner Mutter an. Meine Schwester ist genauso, keine Ahnung, warum ich so ein egoistisches, kleines Arschlochkind geworden bin, wie es meine Mutter wahrscheinlich liebend gern mal sagen würde, wenn sie sich trauen würde, solche Ausdrücke zu benutzen. Na und? Ich bin egoistisch. Ich bin mir selbst der Nächste. Jeder ist sich selbst der Nächste. Das ist meine Meinung. Damit sage ich nicht, dass man ohne Rücksicht auf Verluste sein Ding durchziehen soll, dass man anderen schaden sollte, um seinen Willen durchzusetzen. Ich meine nur, dass mein Wohl bei mir an erster Stelle steht, und das halte ich für gesund. Meine Mutter stempelt das immer als schrecklich egoistisch ab, das nervt. Sie redet manchmal mit mir, wenn ich solche Aussagen treffe, als sei ich kriminell, als sei ich irgendein Massenmörder, dabei sage ich nur, dass ich mich gut fühlen will. Sie ist schrecklich. In solchen Momenten denke ich, sie dreht durch. Sie hat dann überhaupt keinen Bezug mehr zur Realität, es gibt nur gute Menschen und schlechte, und jeder der sich selbst wichtig ist, der ist ein schlechter Mensch, und zu dieser Gruppe stellt sie dann auch ihre eigene Tochter. Dann spricht sie so, als wolle sie ein Todesurteil über mich verhängen. Ich verstehe nicht, wie man sein Kind so böse anschauen kann. Als ob sie mich, ohne mit der Wimper zu zucken, für eine bessere Welt opfern würde. Und wer ist dann das Opfer?

Anja

Es hat geklappt. Gott sei Dank. Leslie ist wohlbehalten im Jugendwohnheim gelandet. Und sie hat sogar Aussicht auf eine neue Pflegefamilie. Es ist die Familie ihrer besten Freundin und Sportkameradin, die sich als Einzelkind freut, Leslie als Pflegeschwester zu bekommen.

Die Klasse hat Vertrauen zu mir. Ich wünschte, meine Kinder hätten auch erwachsene Bezugspersonen, denen sie anvertrauen, was sie mir nicht sagen können. Aber weder unsere besten Freunde noch die Großeltern wissen mehr, als ich über sie weiß. Nur ihre Altersgenossen werden in alles eingeweiht, aber wirklich weiterhelfen können sie auch nicht immer. Jonas hat in der Familie seiner Freundin Ansprechpartner gefunden. Auch die Familie von Andreas ist begeistert von Anna; aber für Anna ist die Beziehung mit Andreas vor allem kräfteraubend, wie mir scheint. Anna nimmt ihm alles ab. Und Karl und ich haben zweimal miterlebt, wie er sich in volltrunkenem Zustand benimmt. Er beschimpft Anna dann auf übelste Weise, dass er nicht die Hand gegen sie erhebt, ist alles. Ich verstehe nicht, warum sie sich das bieten lässt. Und ich habe Angst, dass sie ähnliche Erfahrungen machen muss wie ich mit ihrem leiblichen Vater. Anna liebt Karl heiß und innig, aber als Partner hat sie nun jemanden, der ein starkes Suchtverhalten an den Tag legt. Alkohol bekommt Andreas gar nicht. Anna gibt uns recht, auch ihre beste Freundin äußert ihr Unverständnis. Aber Anna kann nicht von Andreas lassen. Sie liebt ihn, und deshalb möchte sie Diskussionen über dieses Thema gar nicht mehr führen. Sie ist ein starkes Mädchen, denn trotz privatem Stress führt sie ihre Ausbildung als Rechtsanwaltsfachangestellte erfolgreich zu Ende und macht nun nebenberuflich ihr Abitur nach. Es ist unglaublich, wie sehr ihre Biografie meiner ähnelt. Meike meint nur, dass sie ein solch anstrengendes Leben, wie ich und Anna es haben, niemals führen möchte.

Manchmal bin ich verblüfft über Meike.

Sozial sein, sozial sein. Gib alles, nimm nichts. Mach es allen recht, nur dir selbst nicht. Das meint meine Mutter. Und meine Schwester hält es ähnlich, nur dass sie eher zu bemerken scheint, dass Selbstlosigkeit oft Nachteile hat. Für meine Mutter scheint diese Selbstlosigkeit, sich einfach von allen in Stücke reißen zu lassen und selbst an sich nichts mehr zu haben, der Lebensinhalt zu sein. Irgendetwas Erleuchtendes muss das für sie sein. Ich weiß nicht wieso, wahrscheinlich ist es ihr angeboren. Ich bin anders. Ich reiße mich selbst zur Genüge in Stücke, da brauch ich nicht noch andere Menschen, die an mir herumzerren und irgendwas von mir verlangen, was mich nur noch schwächer macht. Meinetwegen ist Selbstlosigkeit nichts Negatives, wenn man außer Acht lässt, dass der Selbstlose selbst daran zugrunde geht. Wenn meiner Mutter alles über den Kopf wächst, weil man eben nicht immer nur geben kann, dann brüllt und motzt und tobt sie und würde wahrscheinlich am liebsten alle fertig machen und alles hinschmeißen. Wie sozial! Wenn alle Menschen so wären, würde es dementsprechend eine ganze Weile Friede, Freude, Eierkuchen geben, platzte dann aber doch mal jemandem der Kragen, würde sich die Menschheit vermutlich einer Kettenreaktion ähnlich selbst auslöschen, also schneller, als sie es jetzt bereits tut. Wunderbar.

Letztlich ist es so, dass selbst der Selbstloseste der schlimmste Egoist ist. Warum sonst ist der Mensch rücksichtsvoll und hilfsbereit und aufopfernd, wenn er sich davon nicht irgendetwas verspricht? Manche Menschen fühlen sich gut dabei, gute Dinge zu tun, wollen dann aber bitte schön auch dafür gelobt werden. Hallo? Wenn ihr es doch gern macht, und sei es nur auf irgendeine verquere masochistische Weise, dann müsste doch euer Hochgefühl nach der guten Tat Lob genug sein.

Ich werde Meike nichts mehr erzählen. Kann es das denn sein? Aber so, wie sie reagiert, wenn ich etwas aus der Schule erzähle, hat es tatsächlich keinen Sinn. Ich werde angebrüllt, dass mir die Ohren wegfliegen – und mache manchmal auch noch den Fehler zurückzubrüllen. Bei Meike ist es das Beste, wenn ich mich schweigend zurückziehe. Neidvoll denke ich an die Erzählungen einer Kollegin, deren Kinder immer neugierig waren, welche Story sie heute wieder aus der Schule mitbringen würde. Allerdings ist das eine Weile her. Ihre Kinder sind so alt wie Jonas und Anna und ich denke schuldbewusst, dass diese Kinder wesentlich ruhiger aufgewachsen sind. Weder waren sie Scheidungskinder, wie die Großen, noch hatten sie einen stressigen Pflegebruder zu verdauen wie Meike. Aber schweigen? Erziehung kommt mir vor wie tausend Fäden, die unentwirrbar verschlungen sind. Man denkt, wenn man ein Ende fasst, könnte man das Knäuel entwirren, aber plötzlich löst sich der Faden, man hat ein Stück in den Händen, das mit dem Rest nichts zu tun hat und muss von vorn anfangen. Zum Beispiel der Faden *Kommunikation*. Ich habe es unendlich vermisst, mit meinen Eltern reden zu können. Gespräche über unser Innenleben kann ich an einer Hand abzählen, und selbst die sind dann eher enttäuschend verlaufen. Ich wusste, dass meine Eltern Probleme hatten, und immer wieder bat ich um Aufklärung, aber sie sprachen nicht darüber. Streit, Traurigkeit, Hochgefühl, Enttäuschung, Freude und wieder Streit wechselten, ohne dass ich diese Stimmungen auf irgendetwas in unserer wahrnehmbaren Realität zurückführen konnte. Es gab etwas nicht Greifbares. Und so entwickelte ich mit der Zeit ein Angstgefühl. Eine Angst, deren konkreten Ursprung ich nicht benennen konnte. Einmal habe ich geträumt, ich stehe in Rufweite vor meinem

Elternhaus und sehe eine brennende Rakete darauf zurasen. Ich versuche zu schreien und meine Eltern zu warnen, aber ich habe meine Zahnspange im Mund und ihre Drähte winden sich so um meine Zähne, dass ich den Mund nicht öffnen kann. Ich muss zusehen, wie die Rakete auf unser Haus stürzt. Geheimnis und Schweigen waren der Fels, der sich in meiner Jugend auf meine Brust legte, und ich wollte natürlich nicht, dass dieser Fels auch meine Kinder bedrückt. Bin ich deshalb versessen auf Gesprächskultur und Austausch? Keinesfalls will ich das Gespräch zwischen den Kindern und mir abbrechen lassen. Auch mit Karl unterhalte ich mich gern und viel, und er mag das ebenfalls.

Na ja, diesen Faden *Kommunikation* halte ich nun in der Hand. Einerseits habe ich das Gefühl, Meike fühlt sich vernachlässigt, wenn ich nicht mit ihr rede – unabhängig vom Thema. Andererseits habe ich den Eindruck, sie fühlt sich gestört, wenn ich mit ihr rede – gleichgültig, worum es geht.

Für mich weiß ich, was richtig ist: reden, bis die letzte Ungereimtheit vom Tisch ist. Aber das ist anstrengend. Denn obwohl man redet und man denkt, man hätte sich klar ausgedrückt, hören die anderen etwas ganz anderes.

Und was ist wohl für Meike richtig?

Meike

Reden. Reden. Reden. Ich soll reden und sagen, was los ist, aber wenn ich dann sage, was los ist, werde ich angemotzt. Was soll ich auf die Frage »Wie geht es dir?« antworten, wenn ich »Mir geht es scheiße« nicht sagen darf? Mir soll es gut gehen, also müsste ich lügen. »Mir geht es super!«, soll ich sagen. Da sage ich lieber gar nichts, bevor ich lügen muss.

Bei meiner Mutter ist es so und bei meinen Lehrern auch,

bei meinen Freundinnen vielleicht nicht ganz so extrem. Aber die Erwachsenen wollen, dass man ihnen sagt, man habe ein kleines Wehwehchen, dann können sie ein Pflaster darüberkleben und stolz auf sich sein, stolz darauf, die Welt ein kleines bisschen besser gemacht zu haben. Wenn ich aber nicht von einem kleinen Wehwehchen rede, das sich schnell beheben ließe, sondern die Wahrheit äußere, sage, dass ich, wenn ich eine Waffe hätte, in so vielen Momenten meines Lebens bereits Tausenden von Menschen ihren blöden Schädel weggeschossen hätte, dann wissen sie nicht weiter. Deshalb soll ich so etwas nicht sagen. Dann ist Schweigen eben doch wieder Gold. Ich soll sagen, was sie hören wollen. Das ist aber nicht meine Art. Zu lügen ist einfach nicht mein Ding.

Jetzt nervt meine Mutter auch noch damit, dass ich doch etwas an die frische Luft gehen könnte, ich ginge so selten raus und sicher kämen meine ganzen Probleme nur daher, dass ich zu wenig Sonne und zu wenig Bewegung bekäme. Bestimmt, das wird es sein. Ich bin schließlich auch immer total ausgeglichen, wenn ich rausgehen muss und habe nie das Bedürfnis, dem Nächstbesten, der an mir vorbeiläuft, ins Gesicht zu schlagen. Dummes Gelaber. Dummes Gequatsche, sie soll mir einfach meine Ruhe lassen.

»Ich werde was lesen und heute nicht mehr rausgehen, ich hab meine Tage!«, rufe ich meiner Mutter zu, bevor ich die Tür von meinem Zimmer hinter mir schließe. Meine Mutter versteht anscheinend nicht, warum ich mich so mies fühle, wenn ich meine Periode habe. Seltsam, sie müsste doch wissen, wie das ist. Ich finde es absolut grausam, es tut weh. Und wenn es nicht weh tut, dann merkt man trotzdem, wie das Blut aus einem hinausläuft. Ich fühle mich fetter und hässlicher als noch vor drei Tagen, ich fühle mich, als hätte ich in den letzten zwei Tagen zwanzig Kilo zugenommen, und so sehe ich auch aus. Ich hab das oft, wenn ich meine Tage habe, dass ich mich noch abstoßender finde als sonst. Mir bringt die Begründung, dass dieses Gefühl durch meine Menstruation kommt, nicht viel. Meine Schwester und meine Mutter meinen, bei ihnen wäre das ähnlich, aber auch diese Aussagen helfen mir reichlich wenig. Wenn ich mich fett und widerlich, schweineähnlich und zum Kotzen finde, dann hilft es mir nicht weiter, den Grund dafür zu kennen oder zu wissen, dass es anderen Mädchen und Frauen genauso geht. Das ändert ja einfach nichts. Ich bin so froh, dass ich Polly habe, vor ihr ist es mir egal, hässlich und dreckig und fett zu sein, sie blinzelt mir auch zu, wenn ich aussehe wie die letzte fette Schwabbelpennerin. Ich fühl mich von ihr akzeptiert und angenommen. Menschen vermitteln mir das Gefühl nie, nicht wenn ich mich gut fühle und erst recht dann nicht, wenn ich mich schlecht fühle. Menschen schauen einen nicht nur an, sie mustern und bewerten einen. Am liebsten würde ich all diesen Gaffern eine reinhauen, wenn sie meinen, ihre abschätzenden Blicke auf mich richten zu müssen.

Ich bin auf meinem Hochbett, hier ist es gemütlich und geschützt und ruhig. Ich liege auf dem Bauch, *Harry Potter* vor mir, und Polly läuft mir über den Rücken, bis sie hinunterrutscht und sich über das Bett davonmacht. Es sieht immer lustig aus, wenn sie über das Bettzeug hüpft. Wenn sie dann schnell sein möchte, macht sie lustige Sprünge, so wie diese Antilopen aus keine Ahnung wo. Nach den ersten drei Seiten kommt Pollyanna und beschnuppert das Buch, sie läuft darüber und hinterlässt ein paar Pipitröpfchen auf dem Papier. Es stört mich nicht. Soll sie mein Buch ruhig markieren. Wenn sie etwas mit ihrem Urin gekennzeichnet hat und nach einiger Zeit wieder dahin zurückläuft, schnuppert sie immer ganz aufgeregt an ihrem eigenen Duft, als ob sie ihn nicht wiedererkennen würde. Das sieht komisch aus, und ich muss jedes Mal über diese niedliche vergessliche Ratte lachen.

Es ist wunderbar hier zu liegen, Polly im Bettzeug wuseln zu hören und zu lesen. Nach ein paar weiteren Seiten kommt sie wieder angehüpft, diesmal stoppt sie unter meinem Kinn und reckt sich nach oben. Sie mag gern meinen Speichel trinken. Kann sie auch ruhig, wobei ich mich ab und zu frage, ob das so gesund für sie ist. Ich sammele immer ein kleines bisschen Spucke und biete sie ihr mit gespitzten Lippen an. Pollys Zunge ist ganz winzig und samtig. Meine Mutter findet das unappetitlich. Keine Ahnung warum, vielleicht denkt sie, dass Pollyanna dreckig ist oder hält es für pervers, Mund an Mund mit einem Tier zu sein. Ich find beide Gründe schwachsinnig. Für mich ist es einfach Vertrautheit oder ein Vertrauensbeweis von meiner Ratte an mich und einer von mir an meine Ratte. Ich würde alles dafür geben, dass Polly für immer und ewig bei mir sein könnte. Die Vorstellung, dass sie eines Tages sterben wird, lasse ich nicht an mich heran. Sie ist etwas Besonderes, sicher irgendein fantastisches Wesen, das mich niemals verlassen wird. So einfach ist das. Ohne sie könnte ich nicht sein, sie macht die Welt und mein Leben liebenswert, weil sie es ist.

3. KAPITEL

Meike

Ich will meinen Bruder besuchen, schließlich weiß ich, wo er wohnt, und er hat nichts gegen einen Besuch von mir. Er hat mich allerdings auch nicht darum gebeten. Ich habe seine Telefonnummer nicht, er wollte sie mir nicht geben. Er sagte nur, dass er sich melde. Ich fahre also einfach nach Bonn, ohne ihm das vorher mitzuteilen, wie auch.

Es tut mir gut, Bahn zu fahren und dabei Musik zu hören. Ich brauche die Musik, und ich brauche die Bewegung der Bahn. Ich hasse es, wenn die Bahn zu lange steht, dann werde ich nervös und aggressiv, genauso ist es, wenn mein Discman nicht funktioniert. Ich hasse den Stillstand; das Fahren hingegen beruhigt mich, weil ich mich von einem schrecklichen Ort an einen besseren oder zumindest an einen Ort, von dem ich erwarte, dass er besser ist, bewege. Fortbewegung ist wichtig für mich, sie gibt mir das Gefühl wegzukommen aus diesem ekelhaften Zustand einer ungewollten Rast. Die Musik unterstützt meine Gedanken an eine andere Welt. Ich tagträume von einer besseren Welt. Keiner friedlichen, rosaroten Welt, in der die Menschen einander lieben und mit Blumenkränzen auf den Köpfen im Kreis umhertanzen. Ich träume von einer Welt, in der es MIR gut geht, in der ICH lachen kann und glücklich bin, es geht nur um mich.

Ich fahre zu meinem Bruder, weil er mein Bruder ist. Ich kann nicht einmal genau sagen, was ich von ihm will. Will ich wissen, wie es ihm geht? Wie es bei ihm läuft? Will ich, dass er sich erkundigt, wie es mir geht? Nein. Ich möchte mich vergewissern, dass mein Bruder da ist. Sicher sein, dass es ihn gibt. Worüber wir reden ist mir egal.

Anja

Wenn Meike sich nicht wohlfühlt, fährt sie oft mit der Straßenbahn und hört Musik. Im Anfang habe ich mir darüber Sorgen gemacht. Wo fährt sie hin, so ziellos? Wer weiß, wem sie begegnet, vor allem, wenn die Touren gegen Abend stattfinden. Aber sie kommt immer wie versprochen zurück. Sie sagt, das Bahnfahren mit Musik entlaste sie. Und wenn sie dabei ein Ziel habe, gehe es ihr noch besser.

Heute will Meike Marvin besuchen. Sie macht sich auf den Weg nach Bonn, der mindestens eine Stunde in Anspruch nimmt, nur um Marvin zu treffen.

Wie schon so oft überlege ich, ob ich auch den Kontakt zu Marvin suchen soll, aber wir hatten ausgemacht, dass er sich meldet, wenn er möchte. Und wenn ich ehrlich bin, erleichtert es mich zurzeit, es nicht notwendig zu finden, gegen diese Mauer zu laufen. Immer wieder rätsele ich, ob seine Gefühle verschüttet sind und man eben immer weiter graben muss oder ob er einfach ist, wie er ist: distanziert. Vielleicht Distanz als Selbstschutz. Egal, ich bin froh, dass er diese Distanz Meike gegenüber offenbar nicht hat.

Allerdings mache ich mir um Meike ernsthaft Sorgen. Sie isst zu wenig, ist blass und schrecklich dünn. Außerdem kapselt sie sich immer mehr ab. Nur die zwei besten Freundinnen lässt sie noch an sich heran. Wenn ich sage, diese oder jene Mitschülerin hat angerufen, wirkt sie gleichzeitig überrascht und ablehnend. So als glaube sie nicht an ein echtes Interesse der Mädchen. »Ich möchte sie aber nicht treffen!«, sagt sie in einem Ton, den ich immer häufiger zu hören bekomme. So voll unterschwelliger Aggression. So aufgebracht. Ich weiß nicht, womit die Mitschülerinnen oder ich diese Ablehnung heraufbeschworen haben. Deshalb bin ich erleichtert, dass sie sich auf den Weg zu Marvin macht. Nach Gesprächen mit ihm wirkte sie meist gelöster.

Diesmal ist es anders. Karl ist schon zu Hause, als die Wohnungstür aufgestoßen wird und Meike an der offenen Küchentür vorbei in ihr Zimmer stürzt. Mein Mann und ich schauen uns an. Bei Meike weiß man nicht, was besser ist, sie allein zu sich kommen zu lassen oder zu ihr zu gehen. Da ihr Verhalten in dieser Situation aber völlig ungewöhnlich ist, beschließe ich, ihr ins Zimmer zu folgen. Meikes Gesicht ist kalkweiß, die Augen rot unterlaufen, und sie scheint keine Luft mehr zu bekommen.

»Was ist passiert?«, frage ich und nehme sie in den Arm. Aber sie beruhigt sich nicht und ringt immer heftiger nach Luft und mir fällt ein Film ein, in dem ein Kind hyperventiliert, und ich versuche, sie zu beruhigen und rufe Karl, dass er mir eine Plastiktüte bringen soll, aber kurz darauf geht die Atemlosigkeit in haltloses Weinen über, das nicht aufhören will. Ich wiege Meike im Arm, küsse ihr Haar und ihre Wangen, die salzig schmecken von den vielen Tränen. Endlich wird sie ruhiger.

»Er hatte keinen Bock, mich zu sehen«, bringt sie heraus und muss wieder weinen.

»Ach, Kind«, sage ich nur und nehme sie wieder in den Arm, denn sonst gibt es für sie keinen Trost.

Mein Bruder ist angeblich nicht da. Mein Ausflug endet in der ungemütlichen Halle, in der ich an der Rezeption stehe und mit einer Frau rede, die nur deshalb noch einmal zum Telefonhörer greift, weil mir die Tränen die Wangen hinunterlaufen. Nach dem Wählen reicht sie mir das Telefon, damit ich selbst mit Marvin sprechen kann.

»Ich habe keinen Bock, dich zu sehen.«

Ich kann nichts anderes tun, als zu gehen. Ich kann nichts anderes tun, als zu weinen und nicht zu verstehen, was falsch an mir ist. Was ist falsch an mir, dass ich meinen Bruder nicht verdiene? Dass ich den Menschen nicht verdiene, der für mich und für den ich da sein sollte? Was hat mich zu einem Menschen gemacht, der nicht verdient hat, geliebt zu werden? Warum bin ich unwürdig? Ich verstehe das nicht! Warum bin ich wertlos? Wie kann der letzte Halt einfach so verschwinden, die Sicherheit so über einem zusammenbrechen. Wie kann die Erkenntnis über die eigene Person so plötzlich kommen, dass es einen innerlich auseinanderreißt und doch gleichzeitig der ganze Körper so schmerzhaft in sich zusammenfällt, sich zusammenzieht und so stark verkrampft, dass sich die Lunge nicht mehr weiten lässt und man hofft, dass der nächste Atemzug der letzte ist.

Meikes Tagebuch

Ich brauche meinen Bruder. Ich brauche ihn als meinen Menschen auf der Welt, der für mich da ist und für den ich da sein kann. Ich brauche Halt in dieser Welt und Sicherheit. Ich kann mir selbst Freiheit geben, ich kann mir Selbstständigkeit und Unabhängigkeit verschaffen, aber ich kann mir nicht, aus mir selbst heraus,

Sicherheit und Akzeptanz vermitteln. Ich sehe mich wie ich mich sehe, ich kann mich nicht sehen, wie ein anderer Mensch mich sieht. Ich bin darauf angewiesen, dass jemand anders mir Zuneigung gibt und mir zeigt, dass ich wert bin zu leben, ich kann doch schlecht mein eigener Spiegel sein. Für mich ist mein Bruder der Mensch meines Vertrauens, der Mensch, dem ich vertraue und dem ich zutraue, mir das Gefühl von Gewolltsein zu vermitteln. Wie sich herausstellte, habe ich damit einen Fehler begangen. Mein Bruder ist nicht für mich da, das weiß ich jetzt, und ich muss damit leben. Aber nicht immer ist Erkenntnis der erste Schritt zur Besserung.

Anja

Ich habe mich getäuscht. Meike vermisst Marvin viel mehr, als ich es jemals erwartet hätte. Ich kann ihn nicht zurückholen, ich kann auch nicht dafür sorgen, dass er die Beziehung zu Meike wichtig findet. Und mir fällt ein, wie sehr mir mein Bruder gefehlt hat, als er wegen seiner Körperbehinderung zur Ausbildung nach Vollmarstein kam. Ich war sechzehn und er vierzehn. Immer hatte ich gedacht, wieso bin ich der Psycho mit den tausend Selbstzweifeln, der so viel auszusetzen hat an der Welt? Wieso nicht Mattes, den eine voranschreitende Muskelkrankheit mit dreizehn in den Rollstuhl zwang? Mir tut heute noch weh, wie sehr er sich dagegen gewehrt hat. Mit dem Fahrrad habe ich ihn zur Schule und bis ins Klassenzimmer geschoben, ehe er schließlich aufgab und sich in sein Schicksal fügte. Und trotz dieses Handicaps war er dem Leben zugewandt und einer der humorvollsten Menschen, die ich je kennen gelernt habe. Ich hingegen war voller Ängste. Und mit ihm konnte ich darüber sprechen. Und dann war er weg. Und mein Alleinsein nahm eine Dimension an, die mein Leben verdunkelte. Mit meinen Eltern konnte ich nicht reden.

Kann Meike nicht mit uns reden? Ich dachte immer, Karl und ich hätten alles getan, damit unsere Kinder uns vertrauen. Was haben wir versäumt?

Ich erinnere mich, wie Jonas als Teenager einmal nach Hause kam und aufgebracht äußerte: »Mama, wir sind viel zu moralisch. Draußen die Welt ist nicht so. Du weißt gar nicht, wie es in der Welt aussieht!«

Ich habe ruhig geantwortet: »Natürlich weiß ich, wie es in der Welt aussieht, aber ich will es so nicht haben!«

Und ich denke an Anna, welche Sorgen ich mir gemacht habe, wenn sie am Wochenende ausging. Und an ihr übersteigertes Helfersyndrom. Immer wieder schleppte sie junge Leute an, denen es schlecht ging. Die freuten sich über eine Mahlzeit und ein offenes Ohr. In diesem Punkt sind Karl und ich uns ähnlich. Fremde Personen vertrauen uns alles Mögliche an. Soweit es in unseren Kräften steht, helfen wir auch. Und Anna ist da noch extremer. Und ich denke, kein Wunder, dass sie mit Andreas zusammen ist, der ist auf jedem Gebiet hilfsbedürftig, alles muss Anna regeln und wird dafür noch belogen. Und mir kommt der Gedanke, dass ich einen Abdruck in mir habe, eine Matrix, die in potenziertem Ausmaß meine Kinder prägt. Meine Selbstzweifel, mein Weltverbesserersyndrom. Ich schaue bei meinen Mädchen in einen überdimensionalen Spiegel. Wie kann das sein? Meine Eltern haben völlig andere Prioritäten gesetzt als Karl und ich. Karl zeigt zum Glück kein Suchtverhalten wie mein Vater, der uns durch seine Spielerei an den Rand des Ruins gebracht hat, oder mein Exmann, dessen Alkohol- und Medikamentenabhängigkeit zu seinem frühen Tod geführt hat. Wir versuchen alles anders und besser zu machen, welche Fehler unterlaufen uns dabei?

R.I.P.-|-LaSsT.mIcH.sTeRbEn.-|-R.I.P.

Lasst mich sterben … so simpel formuliert klingt diese Bitte ziemlich unsinnig.

Wieso auch sollte ich darum bitten zu sterben? Wenn ich es wollte, würde ich es einfach tun, und niemand könnte mich aufhalten. Doch wie alle Dinge im Leben geht auch das Sterben nicht so leicht, wie man es vielleicht gern hätte. Es gibt mehrere Dinge, die einen zurückhalten, und die meisten spielen sich wohl in einem selbst ab. Natürlich kommen die Einflüsse auch von außen. Aber das Leben an sich könnte mir nichts bieten, nichts, das ich dem Tod vorzöge. Was mich aufhält:

**** Die Angst***
… vor den Schmerzen des Sterbens.
Der Tod an sich macht mir keine Angst. Für mich kommt nach dem Sterben gar nichts mehr. Keine Schmerzen, kein Leiden, keine Enttäuschungen, aber auch keine Freude, keine Liebe, kein Glück. Das große NICHTS. Dann existieren wir nicht mehr.

**** Die Hoffnung***
… auf ein schönes Leben.
Was, wenn sich mein Leben doch noch ändern würde? Wenn ich eines Tages glücklich sein könnte? Würde ich es dann nicht bereuen?
Obwohl … wenn ich tot bin … was kümmert es mich!?

**** Das Gewissen***
… gegenüber Freunden und Familie.
Meine Eltern, meine Geschwister, meine gesamte Familie, meine Freunde, meine Bekannten, meine Tiere … würde mein Tod sie

nicht traurig machen? Aber wieder ist es das Gleiche: Wenn ich tot bin, kann es mir egal sein.

*** Die Vernunft**

… ich habe nur ein Leben.

Ich habe nur dieses Leben … oder?! Was also, wenn ich es zu früh wegwerfen würde. Das wäre doch dumm, sterben tu ich doch so oder so irgendwann, also kann ich es auch weiterhin versuchen.

Eigentlich könnte man alle diese Gründe mit einem Satz zunichte machen:

Was kümmert mich das Leben, wenn ich TOT bin?!

Doch danach zu leben, zu denken, schafft man nicht.

Deshalb bin ich in gewisser Weise dazu gezwungen, weiterhin auf diesem Planeten umherzukriechen, lechzend nach dem Ende, das ich mir so leicht selbst bringen könnte. Ich werde mich hochziehen an kleinen glücklichen Momenten, die so schnell verstreichen, wie das Licht schnell ist. Genauso werde ich mich runterziehen lassen von schmerzhaften Momenten, die so lange anhalten, dass sie selbst die Endlosigkeit in den Schatten stellen.

Und jeden Tag, den ich hier friste, leide, muss ich über mich ergehen lassen.

Anja

Ich verstehe nichts mehr. Das will etwas heißen. Denn eigentlich bin ich ja die große Versteherin. Ich habe verstanden, warum mein Vater kein guter Vater sein konnte. Seine Mutter starb, da war er ein Jahr alt. Dann hatte er eine schreckliche Stiefmutter und und und …, ich habe auch verstanden, warum mein Exmann zum Trinker wurde, als Muttersöhnchen mit seiner verzärtelnden, an schwerer Krankheit verstorbenen Mutter und seinem grauenhaft autoritären Vater. Verstanden habe ich nur nicht mehr, wieso ein guter Job, ein wunderbares Heim, eine zu ihm stehende Frau und zwei gesunde und dazu noch liebe Kinder ihm keinen Grund boten, vom Alkohol Abstand zu nehmen oder wenigstens eine Beratungsstelle aufzusuchen. Ich verstehe sehr viel, nur nicht, dass Menschen Zustände nicht ändern, über die sie Jahr um Jahr klagen. Wir haben nur ein Leben, und da sollte man doch irgendwie etwas daraus machen. *Carpe diem*. Die Szene aus dem *Club der toten Dichter*, als der Lehrer seinen Schülern diesen Sinnspruch zu vermitteln versuchte, fand ich super. Ich verstehe auch viele meiner Schüler, deren Biografie oft alles andere als heiter ist, und finde dann oft, dass sie sich unter den gegebenen Umständen noch tapfer schlagen. Aber mein Kind verstehe ich nicht. Und Meike versteht mich offenbar auch nicht.

Wenn sie schlecht gelaunt herumläuft und ich versuche, das zu ergründen, kann sie zur Furie werden. Sie aufmuntern wollen, bloß nicht! Beruhigen geht gar nicht. Mit Zweiern und Dreiern könnte sie doch zufrieden sein. Was?!? Wie komme ich nur darauf. Die Schule ist für sie die Hölle, ein kalter, abweisender Eisblock, an dessen Kanten man sich nur Verletzungen zuziehen kann. Meikes Verzweiflung und Ratlosigkeit schlägt sich als körperliche, vom Arzt feststellbare Krankheit nieder. Schmerzmittel mildern die Migräneattacken, aber trotzdem muss Meike sie durchstehen, Kopfweh, Übelkeit, Fieber, viel Schlaf. Drei Tage dauert es mindestens, bis ein Anfall vollständig abgeklungen ist. Karls Mutter und sein Bruder werden auch von dieser hinterhältigen Art Kopfweh heimgesucht. Ich frage mich immer, was die wohl bedrückt. So sehr ich auch an eine körperliche Disposition glaube, ich bin davon überzeugt, dass die Psyche mitmischt.

Bei Meike ganz sicher. Denn die Migränephasen wechseln nicht mit Phasen der Ausgeglichenheit. Dazwischen ist Angst, Niedergeschlagenheit und Aggression. Ich zermartere mir den Kopf, was Meike betrifft.

Karl ist schon lange ratlos.

Ich werde mich endlich an die Mädchenberatungsstelle wenden, deren Homepage ich schon einige Male angeklickt habe. Als ich Meike davon erzähle, scheint sie nicht so ablehnend wie sonst, wenn ich mit Ratschlägen ankomme.

»Wenn du willst«, meint sie nur.

Meike

Ich finde gut, dass meine Mutter mir helfen will und sich darum kümmert, dass ich in einem Mädchenhaus eine Therapie beginnen kann. Am ersten Tag, als ich dort hin muss, fährt sie mich.

»Mädchenlobby« steht auf einem Schild neben dem Eingang. Klingt gut. Eine junge Frau empfängt uns. Zur Begrüßung reicht sie mir und meiner Mutter die Hand.

»Mein Name ist Bayer«, sagt sie freundlich.

Meine Mutter räuspert sich. »Abens«, stellt sie sich vor, »wir hatten telefoniert.«

Frau Bayer nickt. »Ja, ich erinnere mich gut, und wenn es Ihnen recht ist, würde ich gern mit Meike allein reden.« Sie wendet sich mir zu: »Ich darf doch Meike sagen?«

»Ja, klar«, sage ich. Ich bin erleichtert, wie locker alles geht. Frau Bayer ist nett, sie ist sehr jung, ich hätte nicht gedacht, dass man so jung schon Therapeutin sein kann. Ich kann gut mit ihr reden. Es gefällt mir, mal mit jemand anderem zu reden als den Freunden oder der Familie, die können meist doch nicht viel zu dem sagen, was einen beschäftigt. Ich rede lieber mit jemandem, der Ahnung davon hat, wovon er spricht.

Frau Bayer bittet mich, meine Familienmitglieder als Tiere zu malen. Ich male gern. Als die Therapeutin mich fragt, wieso mein Vater so weit am Rand des Blattes gezeichnet ist, während der Rest der Familie sich eher in der Mitte sammelt, gestehe ich ein, dass ich meinen Vater kaum wahrnehme. Es macht mich unglaublich traurig, ich weine, und es tut mir weh, dass ich so empfinde. Mein Vater tut mir leid. Ich kann nicht erklären, warum er für mich so weit weg ist, und ich habe ein schlechtes Gewissen. Er hat mir doch nie Anlass gegeben, ihn zu ignorieren, er ist doch immer für mich da, wenn ich ihn brauche.

Anja

Ich weiß nicht, was ich von der Mädchenlobby erwarte. Erst einmal bin ich froh, dass Meike dort tatsächlich hingeht. Seit einiger Zeit ahne ich, dass Meike eine Essstörung hat. Sie hungert regelrecht, obwohl sie kaum ein Gramm Fett am Körper hat. Und dann fehlen plötzlich Lebensmittelvorräte. Ich kenne das selbst gut genug und weiß, was los ist. Deshalb habe ich Meike zur Rede gestellt und sie gewarnt, was sie ihrem Körper damit antut. Aber Meike hat nur gebrüllt, ich solle mich um meine eigenen Angelegenheiten kümmern, ich hätte wohl Paranoia. Sie gibt nicht zu, dass sie sich nach Essattacken absichtlich erbricht. Aber mich kann sie nicht anlügen. Doch die Gespräche zwischen uns laufen selten entspannt ab, meist faucht sie mich an, als würden meine Worte sie angreifen, und ich verstehe nicht, wieso das so ist.

Ich hoffe, dass Frau Bayer bei Meike mehr Erfolg hat. Dass jemand anderes ein Stück Verantwortung mitträgt, sich um

Meike sorgt, das erleichtert mich ein wenig. Meike hat einen Termin jede Woche, eine Stunde, die sie hoffentlich weiterbringt. Zeit, in der sie nicht allein in ihrem Zimmer sitzt und wer weiß was ausbrütet. Wenn sie von der Mädchenlobby zurückkehrt, ist sie weniger aggressiv und erzählt auch schon mal von ihrer Stunde. Natürlich verrät sie nicht alles, was sie dort bespricht. Aber sie erzählt, wenn etwas Besonderes gewesen ist, egal ob positiv oder negativ.

Letztes Mal allerdings war ich nicht ganz überzeugt von dem Einfluss, den solche Beratungsstellen nehmen. Pollyana war krank gewesen und hatte unerwartet eingeschläfert werden müssen. Für Meike war das ein sehr großer Verlust. Da kam bald die Idee auf, eine neue Ratte für Meike zu kaufen. Aber wir hatten Bedenken. Ein Lebewesen ist nicht austauschbar wie ein kaputter Gegenstand. Außerdem hatte Meike stets Schwierigkeiten mit der Pflege und vor allem der Versorgung ihrer Tiere. Für Anna war immer klar gewesen, dass sie Futter und Streu von ihrem Taschengeld bestreiten musste. Natürlich halfen wir mal aus oder machten ihr eine Freude dadurch, dass wir ihr hin und wieder etwas für die Tiere anschafften, Futter oder ein Spielzeug, aber grundsätzlich war es eben Annas Verantwortung. Meike dagegen sah es als völlig selbstverständlich an, dass wir einsprangen, wenn es an Futter oder Zeit mangelte.

Und hatte Meike nicht genug mit sich selbst zu tun? War eine neue Ratte nicht eine Verpflichtung, die schließlich an Karl und mir hängen bleiben würde? Meike wusste von unseren Bedenken, und deshalb fühlte ich mich überfallen von dem Anruf nach einer Beratungsstunde mit Frau Bayer.

»Hallo, Mama, ich bin's.«

»Ja, hallo, Schatz, was gibt's denn?«

»Frau Bayer meint, ich sollte mir unbedingt eine neue Ratte anschaffen.«

»Ja, und weiter?«

»Ich bin jetzt mit Lena in der Zoohandlung, und da gibt's nur noch eine. Die ist schon ziemlich groß und ein Männchen.«

»Aber du wolltest doch wieder ein Weibchen, wenn überhaupt …«, wandte ich zaghaft ein. Mir schossen die verschiedensten Gedanken durch den Kopf: dass wir noch etwas warten wollten bis zum Kauf eines neuen Tieres, dass es unbedingt wieder ein Weibchen sein sollte, dass Meike ihr Taschengeld schon längst wieder ausgegeben hatte, dass aber die Empfehlung Frau Bayers zu berücksichtigen war und dass man doch nicht so kleinlich sein kann, wenn es Meike helfen würde.

»Was ist Mama, was soll ich jetzt machen?«, tönte es ungeduldig aus dem Hörer.

»Also ich meine, wir sollten es noch mal bereden und uns wenigstens noch in einer anderen Zoohandlung umschauen.«

»Aber Mama! Er ist so süß und so einsam, und wo soll ich denn noch hingehen? Und Frau Bayer hat doch gemeint, es wäre gut für mich.«

»Aber du hast doch gar kein Geld …«

»Lena kann es mir vorstrecken.«

Was sollte ich da noch groß sagen? Hinterher kam heraus, dass Meike die Ratte schon gekauft hatte.

Ich hielt die ganze Aktion für überstürzt.

Meike

Pollyanna ist tot! Es gibt sie nicht mehr! Ich habe den ganzen Tag geheult. Pollyanna war immer für mich da. Ohne mich vollzuquatschen. Überhaupt ohne Worte. Und ich musste genauso wenig mit ihr sprechen. Dennoch habe ich ab und zu mit ihr geredet. Klar verstehen Tiere einen nicht. Aber ich mag den Glauben daran, dass es doch so ist. Dass Tiere einen verstehen, dass sie mitfühlen können. Sie hat auch nie nachgehakt, wie es mir geht, wenn ich mal nichts gesagt habe, wenn ich aus der Schule kam. Ich konnte auf meinem Bett liegen und Pollyanna lief munter im Zimmer umher. Es ist einfach schön, wenn jemand da ist, der einen nicht nervt. Jemanden zu haben, der da ist, ohne Fragen zu stellen und ohne lästigen Kram zu erzählen, ohne einen zu beurteilen oder zu bewerten.

Eine Ratte sagt nicht: »Mein Gott, wie siehst du wieder aus!« Eine Ratte sagt nicht: »Was soll das? Wieso guckst du so düster?« Sie lacht einen auch nicht aus, weil einen dieser grimmige Blick angeblich lächerlich erscheinen lässt. Das ist Sache meiner Mutter. Mich auslachen, wenn ich wütend bin. Ich gucke unglücklich, weil ich unglücklich bin. Ich gucke wütend, weil ich wütend bin und in Ruhe gelassen werden will. Was tut meine Mutter? Sie lächelt und macht Scherze über meine verkniffene Miene. Was soll ich machen, wenn ich zornig bin, damit ich nicht ausgelacht werde? Mir Blut von irgendwelchen Menschen, die ich niedergemetzelt habe, ins Gesicht schmieren?

Polly war immer für mich da. Ich kann mich so deutlich an ihre Gegenwart erinnern. Wie sie isst, trinkt, blinzelt und atmet, ich konnte ihr Herz schlagen spüren, wenn ich sie auf dem Arm hielt. Ich vermisse ihren Blick, der mir sagte: »Du bist nicht allein.«

Mit Polly war ich nicht allein. Sie war ein liebenswertes Lebewesen und nicht so eine widerliche menschliche Maschine. Ihr Herz schlug und zeigte mir, dass ein schlagendes Herz nichts Schlechtes ist …

Ich hatte gehofft, dass sie uralt würde. Nicht für eine Ratte uralt, sondern ururalt. Hundert Jahre. Damit sie für immer bei mir sein könnte.

Jetzt gibt es Polly nicht mehr und ich habe eine neue Ratte. Sie heißt Virus und ist ein Männchen. Er ist süß, er ist einigermaßen zutraulich, aber viel schreckhafter als Pollyanna. Ich weiß nicht, ob es wirklich gut war, eine neue Ratte zu kaufen. Meine Eltern und ich hatten besprochen, nach Pollys Tod erst einmal abzuwarten. Aber dann meinte Frau Bayer, mit einer neuen Ratte hätte ich wieder jemanden, dem ich mich anvertrauen könnte. Das wäre gut für mich.

Jetzt habe ich aber nicht wieder jemanden, mit dem ich mich wohl und von dem ich mich verstanden fühle, sondern eine neue Ratte. Pollyanna war meine Freundin, Virus ist meine Ratte. Ich weiß nicht, wieso das so ist. Es ist so. Ich kann mit ihm nicht so viel anfangen. Manchmal habe ich gar keinen Bock auf ihn. Ich habe keinen Bock auf die Welt. Polly hat mir gezeigt, dass die Welt schön sein kann. Jetzt ist sie tot. Ich habe keinen Bock mehr auf diese verkackte Welt. Ich habe auch keinen Bock mehr auf die verkackte Therapie. Was soll ich mich großartig mit meinem Bauch verstehen?! Ich soll eine kleine gelbe oder orangefarbene Sonne ungefähr in Höhe meines Bauchnabels fühlen und mich darauf konzentrieren, um scheinbar irgendwie mit meinem doofen Bauch in Einklang zu kommen. Ich habe überhaupt keine Lust, mich mit meinem Schweinebauch zu beschäftigen. Ich ignoriere ihn lieber und wünsche mir, dass er nicht da ist, aber mehr Gedanken will ich nicht an ihn verschwenden. Diese Übung ist echt bescheuert, ich will gar nicht mehr zu dieser dämlichen Therapie gehen. Ich habe keine Lust darauf, das noch mal machen zu müssen.

Es spricht doch gar nichts dagegen, sich selbst zu verletzen. Ich bin es leid, immer wieder zu erbrechen. Es ist anstrengend, es macht Kopfschmerzen und meine Mutter bekommt die Krise, weil sie ahnt, dass ich mich übergebe. Sie hat mich zur Rede gestellt. Ist ja klar. Es ist ungesund, es ist teuer und es ist nicht normal. Mir alternativ in die Haut zu schneiden wäre vielleicht besser. Das scheinen viele Menschen zu machen, wenn die Hinweise im Internet nicht übertrieben sind. Es gibt auch Chats zu diesem Thema. Die Leute reden darüber, weil sie es selbst tun oder weil sie sich lustig über die machen, die es nötig haben. Meine Mutter muss das nicht erfahren. Es gibt ja langärmlige Klamotten. Ich kann mich an Körperstellen ritzen, die sie ohnehin nicht zu sehen bekommt. Ich werde es ausprobieren. Meine Eltern sind gerade einkaufen gefahren, daher ist es jetzt die beste Gelegenheit.

Mein Vater hat einen Rasierer, bei dem sich ganz einfach die Klingen entfernen lassen. Doch die Rasierköpfe, die er zurzeit benutzt, kann ich nicht verwenden, das könnte auffallen. Wie scharf solche Rasierklingen wohl sind? Die Vorstellung, dass sich das dünne Metall leicht in die Haut drücken lässt, fasziniert mich. Genau wie letztens das Messer. Ich stand in der Küche. Mir ging es gar nicht gut. Die Schule, die Mitschüler, der Sportunterricht, in dem man von allen begafft wird, das alles hatte mich wütend und total fertig gemacht. Ich stand mit dem Brotmesser in der Hand in der Küche und habe mir vorgestellt, wie es wohl ist, sich die Klinge in den Bauch zu rammen. Ein Messer mit glatter Schneide wäre sicher geeigneter, mit den Zacken bleibt man womöglich in der Haut und dem Gewebe hängen, schöner wäre, wenn das Metall glatt durchgeht. Wie der passende Schlüssel in ein Schloss. Das Messer im Bauch, ganz einfach. Und dann sterben. Die Vorstellung gefiel mir.

Ich öffne den Badezimmerschrank und nehme ein Päckchen

Rasierklingen heraus. Mit einer Schere entferne ich die Verpackung und trage die Rasierklingen in mein Zimmer. Ich schiebe die Mathematiksachen auf meinem Schreibtisch zur Seite, die Hausaufgaben habe ich sowieso nicht kapiert, und denke: Ich bin dumm, dumm, dumm. Und ich bin fett. Und das Schlimme ist, dass ich beides nicht ändern kann.

Drei Klingen liegen nun vor mir. Eine davon wird schon etwas taugen. Wie stark man die Klinge wohl in die Haut drücken muss, bis Blut austritt? Ich setze die Klinge an meinem Arm an, drücke sie hinunter und ziehe sie gleichzeitig zu mir hin.

Das war nicht so effektiv.

Mein Herz pocht schneller, aber nicht aus Angst oder Unbehagen. Es ist spannend und aufregend. Ein gutes Gefühl. Ich setze die Klinge noch einmal an und drücke diesmal fester zu. Die Wunde blutet ganz leicht. Wie schön. Ich mag Blut. Blut hat eine unglaublich intensive Farbe. Seltsam, dass es so schön und eindrucksvoll ist, während der Mensch selbst so hässlich und unbedeutend erscheint.

Ich mag mein Blut, und ich mag den Gedanken daran, dass es durch meinen Körper fließt, in geregelten Bahnen, und dass ich es ganz einfach dazu bringen kann, auszutreten. Ich schneide mich noch ein paarmal, nicht sehr tief, nur die letzten beiden Male mit mehr Druck. Eine interessante Erfahrung, auf jeden Fall. Ich fühle mich jetzt besser als vorher. Man schneidet sich ein paarmal in den Arm und hat das Gefühl, dass viel Last von einem abfällt, nur dadurch, dass man sich ein bisschen geöffnet hat. Aber gut, ich frage mich nicht, wieso es so ist, es ist nur gut zu wissen, dass es funktioniert.

Kurz darauf nehme ich Geräusche an der Wohnungstür wahr. »Wir sind wieder da!«, höre ich meine Mutter rufen.

Ich lege die Rasierklingen in meine Schreibtischschublade, ziehe den Ärmel meines Pullis über den Arm und öffne meine Zimmertür.

»Hallo, habt ihr alles bekommen, was ihr wolltet?«

Eigentlich könnte alles in Ordnung sein. Ich könnte mich meinen Angelegenheiten widmen, vorrangig der Schule. Als Lehrerin habe ich einen Beruf, der Geld bringt und den ich trotzdem leiden kann. Als Kauffrau wäre ich irgendwann in einer Klinik gelandet, denn als Kauffrau hat man ständig mit Geld zu tun, und Geld war immer schon mein Feind. Dazu den ganzen Tag in einem Büro eingesperrt zu sein, das halte ich auch nicht aus. Früher habe ich mir ständig an den Kragen gefasst, um festzustellen, dass er nicht zu eng sitzt, aber er war es nicht, der mir die Luft abschnürte. Dass ich das Thema Geld lieber meide, hat seine Wurzeln in meiner Kindheit. Wenn meine Eltern stritten, stritten sie sich um Geld. Und das, obwohl wir ein Dach über dem Kopf hatten und genug zu essen und sogar manchmal in Urlaub fahren konnten.

Neben meinem Geldjob brauche ich regelmäßig Zeit zum Schreiben meiner Bücher. Vor allem das Überarbeiten ist anstrengend, weil es oft im Schweinsgalopp durchgezogen werden muss, wenn der Drucktermin naht. Aber immerhin bringe ich auch diesmal den Krimi zu Ende. Das ist wichtig für mich. Wenn ich nicht schreibe, geht es mir nicht gut.

Zurzeit scheint endlich einmal alles geordnet und im Fluss zu sein. Wenn nicht die ständigen Streitereien mit Meike wären. Sie benutzt Worte, die ich meinen Eltern gegenüber nicht einmal gedacht habe. Ich weiß nicht, was Meike gegen mich hat. Ich lasse die weisen Worte von Psychologen und Erziehungsberatern wie auf Spruchbändern vor meinem inneren Auge ablaufen. *Mädchen müssen sich von ihren Müttern abgrenzen. Abnabelung ist ein schmerzhafter Prozess* … »Lass sie doch einfach mal in Ruhe«, sagt unser bester Freund. Aber Meike will gar nicht in Ruhe gelassen werden, denn wenn Ruhe herrscht, wenn Karl und ich einen Kaffee zusammen trinken, im Arbeitszimmer sitzen oder den Tatort sehen möchten, hat Meike immer irgendetwas, womit sie uns stören kann. Entweder hat sie eine Frage zum Computer oder zu den Hausaufgaben.

Karl erfüllt Meikes Anliegen, die an ihn gerichtet sind, ohne mit der Wimper zu zucken. Ich denke dann oft, warum sagt er nicht, dass er sich nach einem langen Arbeitstag gerade ausruht und zwischen Abendbrot und Fernsehen doch Zeit genug war, Computerprobleme zu lösen. Aber das ist seine Sache, auch wenn es mich ärgert. Richtet Meike ihre Anliegen an mich, fällt meine Reaktion unterschiedlich aus. Meike benimmt sich häufig wie ein Kleinkind, finde ich. Zum Teil war ihre Kleinkindphase durch Marvin blockiert, deshalb gestehe ich ihr einiges zu – aber ich habe meine Grenzen! Und wenn ich diese Grenzen setze, wird Meike wütend. Sie schreit herum und benimmt sich wie ein Tyrann. Dann platzt sie mit irgendwelchen Anschuldigungen heraus: »Ihr habt ja nie Zeit für mich, es wäre euch völlig egal, wenn ich nicht da wäre. Steckt mich doch auch ins Heim, wenn ich euch lästig bin!«

Was jetzt?, denke ich dann. Haben wir sie zu sehr verwöhnt oder doch eher vernachlässigt? Ich sehne mich nach einem friedlichen Leben, einem Leben, in dem man in Ruhe erledigen kann, was ansteht. Aber ich weiß, dass ich Meike etwas schuldig bin. Sie ist fast fünfzehn, das berühmt-berüchtigte schwierige Alter. Karl meint immer, er hatte keine Pubertät, was mir allerdings verdächtig erscheint. An meine Jugend erinnere ich mich nur zu gut, und ich denke an dieses schwarze Loch, diesen Höllenschlund, der sich manchmal vor mir auftat, und ich will einfach nicht, dass Meike dort hineinstürzt.

Meine Eltern wollen ständig irgendetwas von mir. Stellen sie in einem Augenblick mal keine Forderungen, gelten alte Forderungen, die ich noch zu erfüllen habe. Und über all dem schweben die immer gültigen Riesenforderungen: Bring Leistung! Mach einen guten Schulabschluss! Sei lieb! Sei nett! Sei verdammt noch mal freundlich, selbst wenn dir der Sinn nach Massenmorden steht! Meine Eltern merken einfach nicht, dass ich mich dagegen entschieden habe, eine gute Miene zum bösen Spiel zu machen. Ich sage, was ich denke. Ich sage, was ich fühle. Keine Ahnung, warum das für sie ein Problem darstellt. Wieso sollte ich Rücksicht nehmen, wenn ich mich als Preis dafür selbst belügen und betrügen muss? Warum sollte ich das Wohlbefinden anderer Menschen über mein eigenes stellen? Ich finde ohnehin, dass mein Wohlbefinden eines der wenigen Dinge ist, die man mir zugestehen könnte. Ich muss in der Schule gut sein, obwohl ich nicht in die Schule gehen will. Ich muss auf Familienfeiern brav sein, obwohl ich Familienfeiern hasse. Ich muss zu Freunden meiner Eltern nett sein, dabei sind es doch ihre und nicht meine Freunde. Ich muss dies, ich muss jenes. Ich wurde nicht gefragt, ob ich weiter zur Schule gehen will. Ich werde nie gefragt, wurde nicht einmal gefragt, ob ich geboren werden möchte. Was natürlich nicht gegangen wäre, aber immerhin könnte meine Mutter jetzt endlich einsehen, dass meine Geburt eine falsche Entscheidung von ihr war und sie nun mit den Konsequenzen zu leben hat. Ich will mich ja gar nicht selbst bemitleiden. Ich möchte aber sagen, dass meine Eltern verdammt noch mal keine Forderungen an mich zu stellen haben. NIEMAND hat das Recht, Forderungen an mich zu stellen! Niemand hat mich gefragt, ob ich überhaupt hier sein will! Und dennoch haben sie alle Anforderungen und

Erwartungen. Das ist ungerecht. Um dieser Ungerechtigkeit ein bisschen entgegenzuwirken, stelle ich meine Forderungen eben auch. Ich will, dass mein PC funktioniert, ich will Hilfe, wenn ich mit den Hausaufgaben nicht klarkomme. Ich will, dass man mir zuhört, wenn ich eine Frage oder eine Bitte habe. Meine Eltern checken nicht, dass es mein Recht ist, Antworten und Wunscherfüllungen zu bekommen. Sie regen sich dann auf, dass ich nerve, weil sie gerade von der Arbeit kommen oder eine ach so wichtige TV-Sendung sehen wollen. Vor allem meine Mutter, die steigert sich da regelrecht hinein. Das macht mich wütend. Es war ihr Wunsch, mich zu gebären. Jetzt müssen sie damit leben, dass ich auch Wünsche habe. Ende der Geschichte. Ist ja nicht so schwer zu begreifen. Oder?

Wenn ich darum bitte, ins Heim geschickt zu werden, bekommt meine Mutter jedes Mal die Krise. Sie checkt nicht, dass ich diese Forderung meistens gar nicht böse oder angreifend meine. Ich will ihr damit nicht unterstellen, dass sie glücklicher wäre, wenn ich nicht da wäre. Ich will ihr damit sagen, dass ICH glücklicher wäre, wenn sie mich endlich abschieben würden. Aber das versteht sie nicht. Ich hab ihr das schon so oft gesagt! Sie beharrt jedoch darauf, dass ich meine, sie würde mich nicht mehr wollen. Ich denke doch nur, dass ich hiermit nicht mehr klarkomme und dass sie mit allem genauso wenig klarkommt und dass es das Beste wäre, wenn ich ginge. Aber pah! Sie sagt, das ginge nicht. Sie könnten mich nicht ins Heim stecken. Wieso nicht?! Weil ich erst vierzehn bin? Marvin war schon sechzehn, als er gehen durfte … Da kann ich nur sagen, dass doch wesentlich jüngere Kinder in Heimen sind. Na ja, zumindest scheint mein Vorschlag *Heim* nicht zur Debatte zu stehen. Der dumme Gott allein weiß, warum.

Hm. Ich bin verwundert. Heute sagte einer meiner Klassenkameraden: »Meike, eigentlich hasst du uns doch alle.« Ich weiß gar nicht mehr, was ich darauf gesagt habe oder ob ich überhaupt etwas geantwortet hab. Ich bin überrascht. Ich habe wohl nicht damit gerechnet, auf diese Weise angesprochen zu werden. Ich vermeide es, mit den anderen zu sprechen. Ich brauche Zeit für mich, und die anderen interessieren mich nicht. Ich hasse sie aber auch nicht. Ich kenne die meisten Menschen nicht, wieso sollte ich sie hassen? Ich hasse die Menschheit, ich hasse den Menschen. Aber einen bestimmten Menschen hasse ich nicht. Das ist ein Unterschied. Ich frage mich, wieso ich so wirke, als würde ich meine Mitschüler hassen. Ich mache doch gar nichts. Drücke ich meinen Hass aus, indem ich nichts tue? Ich dachte, Hass sei etwas Aktives. Es macht mich nachdenklich. Ich frage mich, wie ich auf andere wirke. Ich dachte, sie würden mich längst nicht mehr bemerken. Ich sage nichts, wenn ich nicht unbedingt muss. Ich sitze im Unterricht und bete, dass die Zeit schnell verstreicht, ohne dass ich drangenommen werde. Ich hätte nicht gedacht, dass mich noch irgendwer wahrnimmt, außer den Lehrern, die einem immer irgendeine gemeine Frage stellen, von der sie genau wissen, dass man sie nicht beantworten kann. Diese Scheiße kotzt mich an. Mann! Ich hasse diese fiesen Fragen. Wieso nehmen die nicht einfach die Schüler dran, die sich melden?

In der Oberstufe soll das anders sein. Meine Mutter sagt, dass man sich in der Oberstufe meldet oder man bekommt eben eine schlechte Note. Das finde ich besser. Wenn ich etwas zu sagen habe, melde ich mich. Ich melde mich nicht, wenn ich nichts zu sagen habe. Das ist doch nicht schwer zu verstehen. Aber Lehrer verstehen so etwas nicht. Das ist doch kacke.

Ich bin froh, dass Meike in den Ferien mit Carina und ihren Eltern wegfährt. Man merkt so deutlich, dass Meike mal ohne uns etwas machen muss. Sie war schon früher keins von den Kindern, das häufig bei Freunden übernachtete, obwohl sie oft dazu eingeladen wurde. Sie hatte es lieber, wenn die Freunde bei uns schliefen. Ich fand es immer gut, wenn sie sich darauf einließ, es andersherum zu versuchen, auch dass sie mit zwölf den Englandaustausch gemacht hat. Aber inzwischen zieht sie sich immer mehr zurück. Carina und Lena, mit denen sie schon die Grundschule besucht hat, sind die Einzigen, die sie noch an sich heranlässt. Und nun reist sie also mit ihrer besten Freundin und deren Eltern zu der kleinen Insel im Marmarameer, wo die Familie ein Ferienhaus besitzt. Ihr Zeugnis hat Meike zerknüllt und in die Ecke geworfen, wegen zwei Vieren, die Einser und Zweier zählten nicht. Egal, Hauptsache, das Schuljahr ist geschafft und die Sommerferien liegen vor ihr. Meike wirkt optimistisch. Sie trifft erwartungsvoll die Reisevorbereitungen.

Karl und ich sind nicht wirklich wild aufs Reisen. Die Fahrten ans Meer, als die Kinder klein waren, nach Frankreich, Holland oder in Deutschland, die waren immer wunderbar. Damals hatte man auch als Eltern die Entspannung nötig. Man konnte mit den Kindern zusammen am Strand sein, spielen oder Bücher verschlingen, je nachdem, wonach einem der Sinn stand. Als Paar genießen wir im Urlaub mehr den Faktor Zeit als den Faktor Raum, darum sind wir nicht so wild auf immer neue Eindrücke. Und darum kommen wir auf die Idee, lieber nach einem Ort Ausschau zu halten, der nicht allzu weit von unserer Heimatstadt entfernt liegt, der aber trotzdem eine Luftveränderung bedeutet und den wir vielleicht auch mal an Wochenenden aufsuchen können. Wir lieben unsere Stadt, aber manchmal ist sie uns zu laut. Während also unsere Tochter in die Türkei fliegt, machen wir Eifel, Westerwald und Hunsrück unsicher und freuen uns über unsere Zweisamkeit, die Freizeit und die Ruhe und hoffen, dass Meike durch den Blick von auswärts eine andere Sicht auf unser gemeinsames Leben und ihr Selbst gewinnt.

Meike

Ich freue mich auf den Urlaub in der Türkei. Ich bin total neugierig. Wir werden dorthin fliegen. Ich bin noch nie geflogen, ich habe also keine Ahnung, ob ich Angst haben werde oder nicht. Ich freu mich auf das Meer und vor allem darauf, etwas mit Carina zu machen. Mal fortzukommen von zu Hause. Kein Wechsel ins Heim, aber immerhin drei Wochen weg. Carina hat erzählt, dass das Meer nur wenige Meter von dem Ferienhaus entfernt ist und wir, so oft wir wollen, schwimmen gehen können, lediglich einen Sandstrand gäbe es nicht. Das stört mich nicht, ich kann auch auf Steinen sitzen. Auf Fehmarn war das auch so. Schwimmen werde ich so viel wie möglich, Schwimmen ist Sport, und ich sollte schon etwas Sport machen. In der Schule hasse ich Sport, aber meine Mutter gibt mir keine Entschuldigung. Sie sagt, das sei schlecht, wenn man als Jugendlicher mit dem Sport aufhöre, bei ihr war das so. Dass sie immer meint, was für sie galt, gilt auch für mich, nervt. Ich bin doch eine eigene Person. Immerhin brauchte ich nicht mehr zum Kunstradfahren. Ich mag Vereine nicht, ich hasse diese Vereinssportkacke. Da muss man Turniere mitmachen und wird von den anderen ausgelacht, wenn man etwas nicht kann.

In der Türkei wird es sicher super. Langeweile ausgeschlossen. Langeweile kann ich zurzeit gar nicht gebrauchen. Zu

Hause langweilt mich vieles. Vor allem in den Ferien. Wenn ich nicht weiß, was ich mit der vielen freien Zeit anfangen soll, dann esse ich, und das will ich nicht. In der Türkei werde ich kaum etwas essen, das funktioniert dort bestimmt leichter als hier.

Anja

Karl und ich sind happy. Zum ersten Mal, seit wir zusammen leben, haben wir ein paar Urlaubstage ganz für uns gehabt. Dadurch, dass ich Jonas und Anna mit in unsere Ehe gebracht habe, hatten wir keine Phase ohne Kinder, waren also bisher niemals nur zu zweit. Und jetzt konnten wir spontan entscheiden, wonach uns beiden der Sinn stand. Lange frühstücken, schwimmen gehen, wandern oder einfach nur faulenzen. Wir haben uns richtig gut erholt. Nun stehen wir in der Ankunftshalle des Flughafens und hoffen, dass Meike genauso erholt aus der Türkei zurückkommt. Sonne und Meer, da muss sie doch frisch aussehen. Der Flug aus Istanbul landet pünktlich, und gespannt schauen wir auf die Türflügel der Abfertigung, die sich immer wieder öffnen und die unterschiedlichsten Reisenden ausspucken. Und dann sehen wir sie, Ulla, Carina und Meike. Meike in schwarzen, knielangen Shorts und einem hellen ärmellosen Shirt. Sie sieht wesentlich blasser und dünner aus, als ich erwartet habe. Erst schließe ich mein Kind in die Arme und dann Carina und Ulla. Auch Karl drückt alle drei, seine Tochter natürlich besonders. Als wir zum Parkplatz gehen, nutzt Ulla die Zeit, die wir allein nebeneinander herlaufen, für ein paar Worte, die ihr wohl sehr am Herzen liegen. »Weißt du, es war alles wunderbar«, meint sie, »aber Meike hat so unglaublich wenig gegessen. Da musst du ein Auge drauf haben«, sagt sie mit Nachdruck. Deutlich spüre ich ihre Erleichterung, als sie erfährt, dass das schon länger Thema für uns ist. »Ich hatte gehofft, die Gespräche bei der Mädchenlobby und das gute Ende des Schuljahres würden uns weiterhelfen, aber offensichtlich ist das nicht der Fall«, erkläre ich niedergeschlagen.

Ulla fühlt mit mir, aber sie ist froh, dass wir überhaupt bemerkt haben, dass etwas nicht stimmt. »Ihr kriegt das schon hin«, sagt sie zum Abschied.

Ich wundere mich wieder einmal, wie schnell ich Problemlösungen für andere Menschen auf den Weg bringen kann – meine Schüler schildern mir den Fall, und ich habe eine Idee. Nur bei Meike bin ich ratlos. Hoffentlich hat sich ihre Seele auf der Insel vor der türkischen Küste ein wenig erholt, wenn sie schon ihren Körper unter strenger Kontrolle gehalten hat. Ich bin unendlich traurig, dass auch der Urlaub völlig fern von Elternhaus und Schule für Meike keine wirkliche Änderung in der Einstellung zu sich selbst gebracht hat.

Nach den Ferien sind die Panik und die Migräneattacken vor Klausuren sogar noch heftiger. Wir führen intensive Gespräche mit der Klassenlehrerin und der Schulleitung. Man macht Meike das Angebot, die Klausuren allein in einem gemütlichen Raum neben dem Schulleiterzimmer zu schreiben. Es gibt andere Schüler, die ähnliche Probleme haben wie Meike und denen diese Maßnahme geholfen hat. Meike findet diese Möglichkeit aber noch schlimmer, als mit ihren Klassenkameraden in einem Raum zu schreiben. Meike, die bis zum neunten Schuljahr so gut wie nie in der Schule fehlte, ist nun immer häufiger krank.

Dieser Amoklauf von Erfurt. Schon erschreckend. Es gibt Momente, in denen finde ich unfassbar, wie Menschen anderen Menschen so etwas antun können. Es gibt aber auch Momente, in denen denke ich, wieso denn nicht? Und wieso laufen lediglich Jungen Amok? Ich sollte Amok laufen, damit mal ein Mädchen die ganze Aufmerksamkeit bekommt. Ich wäre auch nicht so bescheuert, mich danach umzubringen. Das ist feige. Können die nicht dazu stehen, was sie getan haben? Können die nicht dazu stehen, dass sie der Gesellschaft ein Spiegelbild gezeigt haben? Die Gesellschaft tötet jeden Tag. Dieses System tötet jeden Tag. Die Gesellschaft darf das. Die darf andere Menschen kaputtmachen. Denn die Gesellschaft, das sind viele, und die Mehrheit hat immer recht. Wenn dann ein Einzelner hingeht und ein paar Menschen erschießt, dann ist das plötzlich nicht mehr okay. Irgendwie verrückt. Ist doch dasselbe in Grün. Aber das eine ist legal und das andere nicht.

Ich begreife nur nicht, wieso sich diese Attentäter nachher immer selbst umbringen. Damit verpassen sie doch die Chance, ihr Tun zu erklären. Es steckt doch Kritik an der Gesellschaft dahinter. Aber die wird dann einfach unbeachtet gelassen. Die einzige Kritik, die im Mittelpunkt der Diskussionen steht, ist die an irgendwelchen Ballerspielen. Das Böse kommt immer von den PC-Spielen. Aber dass die Gesellschaft die Jugendlichen in den Amok treibt, bleibt außen vor. Die Schule. Die Lehrer. Die Eltern. Die Mitmenschen. Die Anforderungen und Erwartungen, die man nicht erfüllen kann und die einem doch immer wieder und wieder ins Gesicht geschlagen und gerotzt werden, dass die daran schuld sein könnten, dass jemand hingeht und seine angestaute Wut rauslässt, darüber denkt niemand nach. Ich kann das tatsächlich nachvollziehen, dass einer hingeht und Leute abknallt. Ich habe oft das gleiche Bedürfnis. Und ich habe die Befürchtung, dass ich, wenn ich eine Waffe hätte, schon längst Amok gelaufen wäre.

Man kann nicht immer sich selbst hassen. Wir hatten das in Bio. Den Selbsterhaltungstrieb. Im Grunde widerstrebt es dem Menschen doch, sich selbst zu hassen, sich selbst zu zerstören, obwohl er weiß, dass er es nicht anders verdient hat. Da gibt es dann diesen Zwiespalt, zwischen dem Sich-selbst-Hassen, weil es richtig wäre, und dem Sich-selbst-Erhalten, weil es der unumgängliche Instinkt ist. Wenn jemand Amok läuft, überwiegt der Selbsterhaltungstrieb und die unglaubliche Wut und der Hass auf die Menschheit, der den Blick darauf verstellt, was man den einzelnen Menschen antut. Aber weil man sich nicht selbst töten kann und sich nicht immer selbst hassen und fertig machen will, macht man eben die anderen fertig, hasst die anderen und tötet die anderen. Irgendwie logisch, finde ich. Bevor ich mich töte, töte ich doch lieber wen anders. Es kostet anscheinend viel mehr Überwindung, sich selbst zu töten als einen anderen Menschen.

Meine Mutter kann nicht ertragen, wenn ich sage, dass die Menschheit das Leben nicht verdient hat, dass die Menschen alle tot sein sollten. Ich selbst habe keine Angst davor, tot zu sein. Wenn ich sage, die Menschheit soll verschwinden, dann gehe ich davon aus, dass ich selbst auch verschwinde. Viele verstehen mich falsch. »Wie kannst du denn so reden! Du bist doch nicht besser als die anderen! Wieso kannst du darüber entscheiden, ob irgendjemand anderes sterben soll? Und du bist besser und kannst leben, oder was?« Dann unterstellen sie mir irgendwelche komischen narzisstischen Neigungen, und ich gebe mir gar keine Mühe mehr zu erklären, dass ich finde, dass ich genauso verrecken sollte. Aber das finde ich. Ich sehne mich so oft danach zu sterben. Oder besser gesagt: Ich will tot sein. Nicht sterben. Sterben ist etwas anderes als tot zu sein. Sterben stelle ich mir verdammt unangenehm vor. Schmerzhaft. Körperlich schmerzhaft und vielleicht sogar psychisch, wenn man merkt, dass sein Leben zu Ende geht. Aber tot sein? Na, da ist nichts mehr los. Als ob ich mich noch schlecht fühlen könnte, wenn ich tot bin. Ich bekomme den Zustand selbst doch überhaupt nicht mit. Nur das Sterben macht mir Angst.

Meikes Tagebuch

Es ist alles zu dunkel. Keine Lichtquelle vermag die Finsternis zu vertreiben, die so schwer und erdrückend über der Welt liegt.

Ich möchte umkehren, mich umdrehen und zurückrennen. Warum ist alles so düster? So kalt? So … dem Ende nahe und doch viel zu weit davon entfernt.

Ich würde mir gern den Bauch aufschlitzen, mir die Eingeweide rausreißen und sie weit fort von mir werfen. Ich kann es nicht. Ich bin nicht auf Schmerz aus, nur auf Freiheit, ich möchte ein befriedigendes, zufriedenstellendes Ende finden. Es ist nicht in Aussicht. Ich wünschte, ich wäre ein Tier, krank, gestört, in der Lage, mich selbst zu zerfleischen. Körperlich.

Ich verurteile meine Schwäche. Genauso wie all das, was auch immer es sein mag, das mich dazu gebracht hat, nicht schwach sein zu wollen.

Hättest Du mir von Anfang an erlaubt zu morden, wäre es niemals so weit gekommen.

Ich hätte meine Waffen niedergelegt, mich Dir gegenüber gesetzt und darüber nachgedacht, aus welchem Grund Du mir solch grausame Taten erlaubtest.

II. TEIL

WUT

Blut ist ein ganz besondrer Saft.

(Goethe, Faust I)

Ich hasse die Welt im Sommer und bei Licht,
ich hasse die Welt, wenn ein neuer Tag anbricht,
ich hasse die Menschen im Frühling und beim Leben,
ich hasse die Menschen, wenn sie lächelnd vergeben …

Zu dieser Zeit blieb ich in meiner Hölle, mit meiner eignen Wut,
in dieser Zeit zücht ich den Hass und zehr von seiner Glut,
durch diese Zeit wächst er in meinem Haus,
und ist er groß, lass ich ihn raus.

Ich liebe die Menschen, wenn der Zorn sie überfällt,
Ich liebe die Menschen, wenn der Schmerz sie quält,
ich liebe die Welt im Winter und bei Nacht,
ich liebe die Welt, wenn das Böse in ihr wacht …

Zu dieser Zeit verließ ich meine Hölle, samt meiner eignen Wut,
in dieser Zeit bring ich den Hass, dass ihr euch labt an seiner Glut,
durch diese Zeit wächst er in eurer Welt,
dort lass ich ihn, dass er in eure Herzen fällt.

Ich hasse die Welt im Sommer und bei Licht,
doch ich liebe sie, wenn sie über euch zerbricht.

(Meike)

4. KAPITEL

Anja

Nie hätte ich gedacht, dass das wiederkommt. Mein Magen, der als kalter Klumpen in meinem Leib liegt. So wie in der Zeit, als ich mit Marvin nicht mehr weiterwusste. Ich wachte morgens mit diesem Klumpen im Leib auf. Ich kam am Mittag mit diesem Klumpen im Leib zur Tür herein. Immer die Erwartung: Nichts wird friedlich sein, etwas wird passiert sein, etwas wird passieren, etwas werde ich in Ordnung bringen müssen.

Und jetzt wieder. Es wiederholt sich mit Meike auf andere Art. Denn Meike richtet ihre Spitzen nicht nur nach außen. Sie richtet sie vor allem gegen sich selbst. Und mein Ärger, mein Beleidigtsein, meine Verletztheit über das, was sie mir an den Kopf wirft, ist untrennbar verbunden mit einer großen Angst um sie. Am ruhigsten bin ich noch, wenn sie es schafft, in die Schule zu gehen. Wenn sie es schafft, sich dem äußeren Regelsystem zu unterwerfen, dann hat sie offensichtlich ein Raster, einen Halt, an dem sie sich entlanghangeln kann. Zwei Gründe können sie von der Schule abhalten. Der erste: Sie hat Migräne, verbunden mit einer Übelkeit und Schmerzen, die sie so erschöpfen, dass sie ein bis zwei Tage das Bett hüten muss. Das tritt oft ein vor Klausuren. Schafft sie die Klausur noch mit letzter Kraft, ist sie spätestens danach zu nichts mehr fähig. Natürlich finde ich es entsetzlich, dass Klausuren sie offensichtlich so unter Druck setzen. Dennoch ist ein solcher

Anlass irgendwie gut zu ertragen, denn man kann Anfang und Ende erkennen. Der zweite Grund: Sie möchte sich verstecken. Das Gefühl, hässlich zu sein, ist so übermächtig, dass sie sich niemandem zeigen möchte. Sie glaubt niemandem, dass er sie mag, dass er an ihr interessiert ist, ihr Bild von sich selbst ist abgrundtief hässlich. Wie harmlos war das noch im letzten Jahr. Das Ausmaß der Selbstzweifel, wie die Pubertät sie eben mit sich bringt. Trotz Mädchenlobby und Beratung, sie steigerten sich zu diesem enormen Selbsthass, dem jede vernünftige Grundlage fehlt. Und wenn der wütet, ist kein Ende abzusehen. Und er macht mich ratlos, unendlich hilflos … Wie ist er einzudämmen? Wenn man Meikes Selbstbeschreibung Glauben schenkt, ist sie ein hässlicher Riese, der Glöckner von Notre Dame, nur in dreifacher Vergrößerung, und sie glaubt nichts von dem, das dieses Selbstbild ändern könnte.

Komme ich nach Hause, denke ich: Was wird heute sein? Ich sehe Meikes geschlossene Zimmertür und weiß nicht, ob ich »Hallo« rufen soll oder warten, bis Meike herauskommt? Ich kann es nur falsch machen. Gehe ich hin, lass ich sie nicht in Ruhe. Gehe ich nicht hin, übersehe ich sie. Diesmal entschließe ich mich, erst einmal meine Tasche am Schreibtisch abzustellen, danach setze ich in der Küche Kaffee auf. Ich höre, dass Meikes Zimmertür geöffnet wird. Sie tappt leise durch die Diele, kommt in die Küche geschlurft und lässt sich auf ihrem Platz am Tisch nieder. Sie sagt kein Wort, an den verquollenen Augen sehe ich, dass sie geweint hat. Die Gesprächseröffnung. Alles steht und fällt mit ihr. Was gestern richtig war, kann heute falsch sein.

»Hallo, Schatz, wie geht's?«

Schon während ich spreche, weiß ich: Fehler!

»Schlecht!«, antwortet Meike mit belegter Stimme, »schlecht! Das weißt du doch, dass es mir immer schlecht geht! Hörst du mir nicht zu, oder was?«

»Aber es ist doch unterschiedlich«, wende ich ein.

Meike sieht schwach und bleich aus, ich gehe zu ihr, möchte sie in den Arm nehmen.

»Fass mich nicht an«, schreit sie, »du weißt, dass ich das nicht mag!«

Was ist mit mir los, warum kapiere ich nicht, was mein Kind von mir will? Ich wende mich dem Herd zu. »Unterschiedlich«, nimmt Meike meinen Einwand auf, »unterschiedlich schlecht, mal mehr schlecht, mal weniger schlecht, schlecht!«

»Aber du hast doch gesagt, Frau Bayer tut dir gut.«

»Ja, aber nur für den Moment, wo ich da bin.«

»Und Virus?«

»Er ist nicht wie Pollyanna. Er schmust nicht. Er nützt mir nichts.«

Tränen rollen über Meikes Wangen.

»Aber der Urlaub mit Carina, der hat dir doch gefallen?«

»Schon, aber …« Meike hebt resigniert die Schultern.

Gott. Immer diese aussichtslosen Dialoge. Wenn es schlecht ist, ist es schlecht. Es liegt nicht in meiner Macht, das zu ändern. »Dann weiß ich auch nicht …«

Meike springt auf. »Du weißt nicht, haha, die große Allwissende weiß nicht, ich weiß, dass du nichts weißt, ich weiß, dass du mich nicht magst, aber du *musst* es wissen, du hast mich in die Welt gesetzt, sag mir, warum? Aber das kannst du nicht, nicht wahr? Bestimmt wärst du froh, wenn ich weg wäre … einfach weg, wie nie da gewesen …!« Sie stürzt aus der Küche, rennt in ihr Zimmer und schlägt die Tür zu, dass sie im Rahmen bebt.

Ich lasse mich auf einen Stuhl fallen und lausche. Manchmal tobt Meike im Zimmer, manchmal schmeißt sie sich nur auf ihr Bett. Diesmal ist es ruhig. Diesmal gehe ich nicht hinterher. Ich bin müde. Ich gieße mir einen Kaffee ein, mache mir ein Brot, greife mit zittrigen Händen nach der Zeitung, als die Küchentür wieder aufgerissen wird. Meike stürmt herein.

»Ich will nicht mehr!«, schreit sie. »Ich möchte nicht mehr hier sein! Lasst mich doch einfach gehen. Dann geht es euch doch auch besser!« Mit diesen Worten poltert sie hinaus, reißt die Korridortür auf und ich höre, dass sie die Treppen im Hausflur nach oben läuft.

Was hat Meike vor? Will sie aufs Dach? Ich muss ihr sofort hinterher! Aber warum kann ich mich nur so langsam bewegen? Meine Knie zittern bei jedem Schritt. Im Treppenhaus ziehe ich mich am Geländer die Stufen hinauf. Meike, was ist nur los mit dir?

Meike kauert vor der Tür zum Dachboden. Die Tür ist verriegelt. Meikes Körper ist zusammengerollt zu einer Kugel. Sie rührt sich nicht. Eine starre Kugel. Ich knie mich neben sie, streiche mit der Hand über ihren Rücken, sie bewegt sich nicht. Und mir fällt ein, wie ich mich einmal zurückgezogen habe in mich. Das erste und einzige Mal, als mein alkoholkranker Exmann die Hand gegen mich erhoben hat. Ich zog mich zurück und war nur noch existent als kleiner Lichtpunkt in meinem dunklen Körper. Und ich wollte nicht mehr heraus und erst im Krankenhaus, als ein Freund stundenlang am Bett gesessen, meine Hand gestreichelt und auf mich eingeredet hatte, taute ich wieder auf, und das Eis löste sich auf in einem Schwall von Tränen.

Und nun ist Meike so starr und ich denke, jetzt musst du sie herausholen, und ich streichle sie ohne Unterlass und erzähle ihr alles, was ich gut finde am Leben. Und es dauert lange, endlos lange, bis sie sich das erste Mal rührt, schwach ihren Arm hebt und sagt: »Lass mich.«

Mir ist alles zu viel. Ich bin gar nicht mehr im Stande, irgendwas zu tun. Ich will auch gar nichts mehr tun. Ich will nur weg. Immer wieder Streit mit meinen Eltern. Ich habe aufgegeben, in einem normalen Ton mit ihnen zu reden, denn dann hören sie mich gar nicht. Sie sehen nicht, dass mir etwas fehlt. Also schreie ich sie an und beschimpfe sie. Und dann hören sie mir zu. Aber verstehen tun sie dennoch nicht. Es ist zum Verrücktwerden. Ich kann ihnen zurufen, was ich will. Ich brülle sie an, dass ich sie hasse, dass ich diese Welt hasse. Aber ich habe das Gefühl, dass meine Worte ins Leere gehen. Ich schreie sie mit aller Wut und allem Hass, den ich habe, an. Ich will, dass sie spüren, was ich empfinde. Ich will, dass sie verstehen, wie kaputt ich mich fühle, wie sehr ich nicht mehr kann und wie sehr ich diese verdammte Welt hasse, auf der diese widerlichen Menschen leben, die mich immer wieder in die Ecke drängen. Merkt ihr nicht, dass ich das alles nicht mehr ertrage?

Meine Eltern scheinen nur Hüllen zu sein, ohne Hirn und Verstand, sie werden immer blasser und durchsichtiger, weil von ihnen nichts mehr zu mir vordringt. Ich lasse sie an mir vorbei reden, weil ihr ganzes Geschwätz nur Antworten auf meine missverstandenen Fragen sind. Diese Antworten brauche ich nicht. Ich brauche ihren dummen Verstand nicht. Es macht mich verrückt. Wie kann ich aus Leibeskräften schreien und doch nicht verstanden werden? Ich weine mich leer und schimpfe und zeige so gut ich kann, wie sehr ich HASSE. Und sie verstehen dennoch nicht. Mein Hals wird vom Rufen wund und ich kann vor Heulen kaum noch sehen, weil meine Augen so verquollen sind. Ich fühle mich immer leerer. Ich habe doch nur meine Worte, mit denen ich versuchen kann, die anderen davon zu überzeugen, mir entgegenzukommen. Es macht mich so wütend, dass diese Worte nicht verstanden werden. Und jetzt sind alle Worte verschwunden. Es gibt keine mehr in meinem Kopf, ich habe sie alle rausgelassen und habe nichts mehr zu sagen. Es war umsonst. Ich bin fertig, ich bin müde, ich kann nicht mehr stehen.

Meine Mutter versteht wie immer nichts. Ich renne aus der Wohnung, die Treppen hinauf und setze mich hin. Vor die Tür zum Dachboden, nur nicht in dieser grauenhaften Wohnung mit diesen gruseligen Menschen zusammen sein. Ich setze mich hin und schlinge die Arme um die Knie. Ich will allein sein. Wenn mich hier doch sowieso niemand versteht, dann will ich hier auch nicht bleiben. Dann habe ich hier nichts verloren.

Stimmen. Stimmen weit weg, angenehme Stimmen. Leise, beruhigend. »Komm mit uns ...« Immer wieder die gleichen Worte, das gleiche weiche Bild, Gestalten, angenehm helle Gestalten, reichen mir ihre Hände, lächeln mir entgegen. »Komm mit uns ...« Ich möchte so gern zu ihnen. »Nehmt mich mit.« Ich bin erschöpft. Ich gehe ihnen entgegen. Sie kommen nicht näher, sie bleiben in der Ferne sichtbar, und ich gehe weiter auf sie zu. Doch sie bleiben weit weg, umhüllt von hellen, weichen Farben, mit ihren mich willkommen heißenden Händchen und ihrem Angebot: »Komm mit uns ...« Ich sehne mich so sehr danach, ihnen zu folgen.

»Meike, Meike, hör mir zu!« Meine Mutter, es ist meine Mutter, die mit mir spricht, sie versucht, mich an sich zu drücken. Aber ich will das nicht. Ich will weiter mit angewinkelten Beinen in dieser Ecke sitzen bleiben und versuchen, denen zu folgen, die mir Wärme und Willkommensein vermitteln. Ich sehe meine Mutter nicht an, es ist dunkel, es ist alles so schwarz. Nur in der Ferne ist dieser helle Ort mit den Gestalten, die immer noch warten, dass ich zu ihnen komme.

»Meike, sieh mich an!« Meine Mutter spricht laut, so laut

und so hart, ich will das nicht hören. Ich will gehen und möchte rufen: »Wartet auf mich …«

»Komm mit uns …«, klingt es immer wieder in meinem Ohr. Ich bemühe mich, aber ich komme nicht näher heran. Ich habe keine Eile, keine Hast in meinem Drang, zu ihnen zu gehen, ich fühle mich so ruhig und wohl mit dem Gedanken, irgendwann bei ihnen zu sein, ich habe alle Zeit. »Alle Zeit. Die Zeit, die Zeit. Hier ist die Zeit …«

»Meike, bitte, komm zurück …« Meine Mutter redet immer noch auf mich ein, nur leiser. Sie flüstert fast und beginnt zu weinen. Aber ich will mit diesen fremden Gestalten gehen. »Hier ist die Zeit. Alle Zeit …«, sage ich und will meine Mutter nicht hören, will zu den anderen, deren Stimmen schwächer werden. »Komm mit uns … komm mit …« Sie entfernen sich immer weiter von mir und sind kaum noch zu hören; sie wissen, dass ich es nicht schaffe. Meiner Mutter rinnen die Tränen über das Gesicht. Ich schaue sie an und weine ebenfalls.

Anja

Niemals hätte ich gedacht, dass Berufstätigkeit Erholung sein kann gegenüber dem Zuhausesein. Nicht, dass man in der Schule eine ruhige Kugel schiebt. Ständig ist man dem Ansturm von Jugendlichen, Kollegen und Prüfern ausgesetzt, aber man streift die Familienrollen ab, und das ist tatsächlich Erholung. Die Sorge um die Kinder, zurzeit vor allem um Meike, der Gedanke an meine Großmutter im Altersheim, die immer nur auf den nächsten Besuch wartet, mein Vater, der sich regelmäßig beschwert, dass man zu selten an ihn denkt, all das tritt dann in den Hintergrund. Die Seele ruht aus. Eigentlich hatte ich immer gedacht, das Zuhause soll den Ort der Erholung bieten, wenn man von draußen kommt und in der Welt herumgefochten hat. Und ich muss mir eingestehen, dass es auch so war, bis wir Marvin zu uns nahmen. Seine Art, Konflikte körperlich auszutragen, bei geringsten Anlässen die Dinge um sich herum zu zerstören und wie am Spieß zu schreien, wenn er sich von einer Situation überfordert fühlte, hat Dimensionen in unseren Lebensraum getragen, die uns bis dahin unbekannt waren. Meike war erst vier Jahre alt, als der Sturm begann. Und wenn ich jetzt nach Hause komme, kann ich niemals absehen, in welcher Stimmung sie sein wird. Im Moment, glaube ich, hat sich die Situation etwas entspannt. Nach dem letzten großen Ausraster scheine ich sie von irgendwoher zurückgeholt zu haben. Sie wirkt wieder zielbewusster. Sie geht zuversichtlicher in die Schule, obwohl sie häufig Kopfweh hat, und trifft hin und wieder ihre besten Freundinnen. Nur ihren Plan, noch dünner werden zu wollen, behält sie bei. Wo soll das bloß enden? Ich weiß nicht genau, wie viele Kilos sie seit unserem Italienurlaub abgenommen hat. Aber die mädchenhaften Formen sind völlig verschwunden. Sie ist kreidebleich und ihre Vorliebe für schwarze Kleidung unterstreicht die Blässe. Meikes Hände fühlen sich immer kalt an. Ich versuche, das heikle Thema Ernährung anzusprechen.

»Ich weiß, dass du Schlanksein schön findest, aber meinst du nicht, es reicht jetzt?«

»Du hast doch keine Ahnung, Mama, ich bin nicht schlank, ich bin fett. Guck dir meine Oberarme an und meinen Bauch!«

Ich kann kein Gramm zu viel an Meikes Körper entdecken. Aber noch mehr als die Bedeutung der Worte verunsichert mich der aggressive Nachdruck, mit dem Meike den Satz ausspricht. Es ist, als würde mich ein eiskalter Wind berühren.

»Aber es ist doch nicht schön, wenn man nur aus Haut und Knochen besteht, und gesund ist es auch nicht, wer weiß, woher deine Kopfschmerzen kommen«, wende ich ein. Ich will nicht zaghaft klingen, obwohl ich mich so fühle. Meike will gar nicht wissen, was ich denke, trotzdem vertrete ich meine Meinung mit fester Stimme.

»Mama, lass mich in Ruhe!«, schreit Meike. »Ich bin nicht dünn! Hast du schon mal dünne Leute gesehen! Du wolltest immer dicke Kinder haben. Guck dir doch meine Bilder von früher an … ich war ein fettes Kind!«

Obwohl ich eine ähnliche Reaktion erwartet habe, verschlägt es mir die Sprache. Ich habe Mühe, die aufsteigenden Tränen zu unterdrücken. Jonas, Anna und Meike waren rundliche Babys und Kleinkinder, sie hatten Babyspeck, ich selbst war ein wohlgenährtes Kleinkind, und wir alle sind schlanke Erwachsene.

»Du warst kein fettes Kind, du warst ein gesundes Kind. Von der U 1 bis zur U 6 war unsere Kinderärztin begeistert von dir! Sowohl von deiner körperlichen Verfassung als auch von deinen motorischen und geistigen Leistungen! Du warst in deiner Entwicklung immer einen Schritt weiter als der Durchschnitt.«

»Tja, die Zeiten sind wohl vorbei«, antwortet Meike spöttisch. »Jetzt falle ich deutlich zurück! Siehst du ja schon an meinen Schulnoten.« Sie dreht mir den Rücken zu und geht zur Tür. »Und ich bin nicht dünn, du hast ja keine Ahnung!« Mit dieser Bemerkung verlässt sie die Küche und zieht sich auf ihr Zimmer zurück.

Meine Mutter nervt mich. Sie soll mich mit ihrem »Iss mehr, du bist zu dünn«-Gelaber in Frieden lassen. Ich werde ja wohl gerade noch wissen, ob ich zu dick bin oder nicht. Und ich glaube ihr nicht, dass sie mich wirklich dünn findet, sie sagt es nur, damit ich fett bleibe. Warum sie will, dass ich dick bin, weiß ich nicht, ist mir auch gleichgültig. Selbst wenn ich den Grund kennen würde, würde es wahrscheinlich nichts an der Situation ändern. Ich versuche, meiner Mutter immer wieder klarzumachen, dass ich eben weniger Fett haben darf als die ganzen kleinen, zierlichen Mädchen, denen es von Natur aus gegönnt ist, schmal zu sein, weil ich einen zu breiten, schweren Knochenbau habe. Während andere ein paar Zentimeter Fett haben und damit schlank und gesund erscheinen, sehe ich mit diesen paar Zentimetern fett aus. Aus dem Grund muss man bei mir die Knochen erkennen können. Ich leugne auch gar nicht, dass ich nur noch Haut und Knochen sein will, sie versteht nur nicht, warum das bei mir so sein MUSS. Ich habe nun einmal eine unmögliche Figur für ein Mädchen, und ich muss das Möglichste tun, um mit meinem breiten Kreuz nicht wie ein Mann auszusehen. Das habe ich natürlich auch meinen Eltern zu verdanken, hätte meine Mutter sich nicht denken können, dass bei ihrer Statur und der meines Vaters, wenn das Kind ein Mädchen wird, das arme Ding eine breite Schlägerfigur hat? Mich kotzt das an. Abgesehen davon, glaube ich meiner Mutter sowieso nichts, was Dünnsein und Dicksein angeht. Sie hat früher bei meiner Schwester die gleiche Show abgezogen. Anna war mit sechzehn moppelig, aber meine Mutter hat ihr immer gesagt, sie sei schlank und überhaupt nicht dick. Ich habe meiner Schwester natürlich auch gesagt, dass sie nicht dick sei, dass sie doch super aussehe, was hätte ich auch sonst sagen sollen. Damals habe ich nicht darüber nachgedacht, dass es nichts bringt, einem Menschen die Wahrheit vorzuenthalten, nur um ihn zu schonen. Ich weiß es jetzt besser und es tut mir leid, dass ich meiner Schwester nie mit der Wahrheit geholfen habe. Mir würde es doch auch viel leichter fallen, wenn meine Mutter mich unterstützen würde, was mein Essverhalten angeht. Wobei ich im Grunde gar nicht will, dass sie sich einmischt. Es wäre schon genug Unterstützung, wenn sie mich nicht immer auf dieses Thema ansprechen würde. Sie soll mich sein lassen, wie ich mich haben möchte, begreift sie das denn nicht? Sie hat mich geboren, ohne dass ich es gewollt hätte, ich lebe doch nur, weil meine Eltern irgendwann beschlossen haben, ein weiteres Kind in die Welt zu setzen. Da sie sich also schon diesen riesigen Verstoß gegen meine Entscheidungsfreiheit erlaubt haben, können sie mich wenigstens selbst über meinen Körper urteilen und entscheiden lassen.

Ich hasse meinen Körper. Alles daran ist falsch. Ich hätte besser ein Junge werden sollen, dann wäre es stimmiger. Aber abgesehen von meinem Körperbau, an dem ich zugegebenermaßen nichts ändern kann, bin ich noch viel zu fett! Da ist viel zu viel Schwabbelwabbelfett. Vor allem an meinen Oberarmen, die sind fetter als mein Hals. Das ist so widerlich. Genau wie mein Bauch, wie eine runde, riesige Kugel, die umherschwappt. Am liebsten würde ich mir das Fleisch aus meinen Armen und meinem Bauch schneiden. Es widert mich an. Wenn ich daran denke, muss ich weinen. Ich finde mich so ekelhaft und bin dazu verdammt, mit mir zusammen zu sein, mit diesem widerlichen rosafarbenen, fleischigen Berg, mit diesem hässlichen Körper, der irgendwie unter die Menschen geraten ist. Ich schäme mich für mich. Damit das aufhört, muss ich eben weniger essen. Dann ist wenigstens das Fett weg! Was den Rest betrifft, mal sehen …

Wieso sagen alle immer: »Oh, aber Bulimie und Magersucht sind ganz gefährlich, irgendwann bleibt sogar die Regel aus!« Erst werden Haarausfall und irgendwelche anderen äußerlichen Erscheinungen vorausgesagt und dann kommt schließlich als vermeintlich krönender Abschluss: »Und die Tage können ausbleiben!« Hallo? Will ich meine Menstruation denn haben? Oh, Schreck! Oh, nein! Ich werde es ja so vermissen, da unten heraus zu bluten. Das ist so lächerlich! Ich will meine Kacktage doch gar nicht haben. Es interessiert mich null, wenn die wegbleiben. Ich habe schließlich gar nicht vor, Kinder zu bekommen. Mir käme gelegen, keine Periode mehr zu haben, dann hätte ich das Gefühl, ein Ziel erreicht zu haben. Außerdem würde ich mich mehr wie ein Junge fühlen. Ich wäre lieber ein Junge.

Anja

Heute ist mein fünfzigster Geburtstag. Eigentlich war ich nie dafür, zu feiern, wenn einem nicht danach ist. Früher, wenn bei uns der Haussegen schief hing, Weihnachten zu feiern, das war grauenhaft, einerseits. Anderseits schienen der Baum, die Kirche, die Lieder ein Tuch über die Schwierigkeiten des Alltags zu legen, so wie Schnee einen Garten voller Gerümpel zu einem Wintermärchen macht. Es kann also auch guttun. Nur wenn die Puste fehlt, ist Feiern anstrengend. Aber meine Familie und die besten Freunde, das ist eine schöne Aussicht. Mit ihnen fühle ich mich wohl. Nur Meike fühlt sich nicht wohl, das weiß ich. Bei den Vorbereitungen ist sie noch gelassen, aber als die ersten Gäste kommen, versteift sie zusehends. Zum Feiern gehört das Essen. Und Essen ist Meikes Feind. Immer wieder nimmt sie Anläufe, regelmäßig zu essen, aber immer wieder geht es schief. Jeder findet, dass sie keinesfalls schlanker werden darf, aber Meike fühlt sich am wohlsten, wenn sie möglichst wenig isst. Deshalb sind Feiern für sie kompliziert. Alles ist besonders lecker. Und von Natur aus ist Meike ein Mensch, der gutes Essen zu schätzen weiß. Aber Hunger und Sättigung sind anderen Bedürfnissen gewichen, und das macht die Sache schwierig. Ich sehe, wie sich Meike zusammenreißt, vor Anspannung nicht mal über kleine Scherze lachen kann. Mich macht das fertig, sie so zu sehen, ohne es ändern zu können. Doch die lieben Ideen meiner Freunde, die Spiele und das Klavierspiel schaffen es, meiner Aufmerksamkeit eine andere Richtung zu geben. Ich bin gerührt, mir kommen die Tränen bei dem Lied, das für mich eingeübt wurde. Meine großen Kinder und ihre Partner, meine Arbeitskollegen, meine Freunde, alle tragen dazu bei, dass es ein schönes Fest wird. Nur die beiden, mit denen ich unter einem Dach lebe, haben ihre Mühe damit. Aber nein, das ist ungerecht. Karl hat mir intensiv bei den Vorbereitungen geholfen. Wie ich ist auch er mit den Streitereien zwischen mir und Meike überfordert und braucht die Freizeit zum Regenerieren. Mir zuliebe tut er heute sein Bestes und kümmert sich um die Gäste.

Bei Meike kann ich froh sein, dass sie vor lauter Druck nicht ausrastet, denn die Schule scheint ihr zurzeit wie eine Betonplatte die Luft zum Atmen zu nehmen.

Ich weine heute aus zwei Gründen, aus Freude, dass mir so viel Gutes getan wird, und aus Traurigkeit, dass wir drei, die wir zusammengehören, uns nicht helfen können.

Meikes Tagebuch

I.

Heute ist der 20. September. Meine Mutter feiert ihren fünfzigsten Geburtstag, und ich wünsche mir zu sterben.

Mein Leben ist absolut grässlich, sinnlos, erbärmlich und für eine Person wie mich mit einer solch schwachen Psyche nicht weiterhin tragbar. Trotzdem muss ich versuchen, mich zu beherrschen, da ich meiner Mutter den Tag nicht vermiesen will.

Ich bade mich also in Selbstmitleid und schreibe diesen lächerlichen Text über mein krankes Dasein.

Die Gäste, vor allem der Familienbesuch, gehen mir maßlos auf die Nerven, die sowieso schon total überstrapaziert sind. Zu meinem Unglück haben meine Eltern weder Schlaftabletten noch irgendeine Art anderer Medikamente, die früher oder später zum Tod oder anderen schlimmen Erkrankungen führen könnten. Ich habe es längst aufgegeben, in unserer Wohnung danach zu suchen. So ist nicht einmal in dieser Lage auf meine Eltern Verlass.

Über den weiteren Verlauf des Tages mache ich mir keine Gedanken, abgesehen von meinem übertrieben kranken Selbsthass und meiner ständig nervenden Familie sehe ich dem Ganzen recht optimistisch entgegen. Morgen habe ich keinen richtigen Unterricht, da mir die Ehre zuteil wird, mit meinem Lateinkurs eine Exkursion zur Römervilla zu machen. Folglich habe ich keine Hausaufgaben zu machen, jedenfalls nicht für den morgigen Tag, was sehr erleichternd ist. Ich tendiere dazu, wie man wahrscheinlich merkt, wichtige oder unangenehme Sachen immer rauszuschieben, so kann ich mich morgen ausgelassen und frei mit meinen Hausaufgaben beschäftigen, die sich dann zum Doppelten angehäuft haben werden. Ich weiß also schon jetzt, dass es mir dank dieser Tatsache morgen dreckig gehen wird. Aber heute habe ich mit viel Logik den Schwerpunkt meines Leidens auf einen anderen Aspekt verlegt. Sobald ich an meine Wenigkeit denke, bekomme ich Hassattacken und verspüre das Bedürfnis, mich zu verletzen. Dieses lässt sich jedoch gerade gut in Selbstmitleid umwandeln. Selbstmitleid ist wesentlich beruhigender als Selbsthass, obwohl es eigentlich nicht meine Art ist, denn wenngleich ich die schmerzhaften Tatsachen so gut erkennen kann, verdränge ich sie lieber. Es wäre wesentlich effektiver, mir in irgendeiner Art und Weise Schmerz zuzufügen, was, wie schon einmal erwähnt, wegen dem Geburtstag meiner Mutter leider nicht möglich ist.

Da sich die Vorräte meines Selbstmitleides nach wenigen Stunden erschöpft haben, gehe ich wieder zum Selbsthass über. Dieser fällt mir leichter, wenn er auch schmerzhafter ist. Und so kauere ich am Boden und winsle um den Gnadenstoß, ich flehe im Innern um den Tod, das Ende, doch er ist mir nicht vergönnt. Das Fenster ist gekippt, ich werde, feige wie ich bin, nicht hingehen und es öffnen, um mir selbst die Erlösung zu verschaffen.

Ich warte hier, kaputt und schwach auf den Tod mit der Gewissheit, dass es noch eine Weile dauern wird, bis er eintritt. Ich fühle mich mies.

Ich habe selbst die Macht, das alles zu beenden, und doch tue ich es nicht. Vielleicht braucht mein kranker Geist die Aufmerksamkeit anderer Leute und ich sollte mich zu meinen Eltern begeben und ihnen eine Szene machen.

So sorge ich dafür, dass mein Geist überlebt, während der ihre an Unverständnis, Angst und Schuldgefühlen zerbricht.

Doch ich tue es nicht, denn meine Mutter hat Geburtstag.

II.

Wieso kann ich nicht sterben? Jetzt! Ist es so schwer, etwas Sinnloses zu beenden?

Soll ich mich weiterhin quälen, nur um meiner Mutter einen Gefallen zu tun, der nach dem Tod sowieso seine Bedeutung ver-

lieren wird? Ich habe nicht einmal Zeit für eine gesunde Portion Selbstmitleid! Die ganzen Leute um mich herum! Wieso gehen sie nicht nach Hause, es ist solch ein langweiliger Geburtstag!

Die ganze Zeit nur fressen, fressen und fressen! Nur kotzen lässt mich niemand!

Was ist daran so schlimm? Es ist zu einem natürlichen Bedürfnis geworden, ein Bedürfnis, wie es die Nahrungsaufnahme ist. Aber heute kann ich ihm nicht nachgeben, heute muss ich weiter leiden. Morgen ist auch noch ein Tag, genug Zeit also, allem ein Ende zu setzen.

So allmählich wächst der Hass auf meine Mutter, die immer nur an sich selbst denkt. Ihre vorwurfsvollen Blicke warnen mich. Mach mir nicht meine Feier kaputt, Meike! Na und? Sie macht mir auch alles kaputt.

Sie macht mich kaputt! Sie kann mir nicht helfen, und sie will es auch nicht. Immer braucht sie Aufregung und redet sich dabei alles schön und gut!

Aber nichts ist gut, nur will sie es nicht sehen, sie schiebt alles raus.

Langsam hab ich keinen Bock mehr, auch wenn das asozial ist, soll sie doch mal leiden! Sie hat es tatsächlich geschafft mir einzureden, dass ich das alles nur mache, um sie zu verletzen.

Also bitte, wenn sie will, soll sie es so haben.

Anja

»Es tut mir leid, Mama, dass ich dir nichts geschenkt habe.« Meike steht verlegen vor mir. Ich nehme sie in den Arm und sie lässt es sich gefallen und umarmt mich ebenfalls. Das kommt selten vor. Denn eigentlich mag sie es nicht mehr, berührt zu werden. Nur manchmal haben wir diese Momente. Sie liegt in meinem Arm und ich fühle unsere Zuneigung und ich weiß nicht, was es ist, was so oft dazwischenschlägt. Und ich sage: »Macht doch nichts.« Wenn Meike gerade nicht wie eine Eierschale wäre, hätte ich wohl gesagt: »Ich hätte mich schon gefreut über eine Aufmerksamkeit.« Und ich frage mich, ist sie wie eine Eierschale, weil ich sie so behandele, oder ist sie eine Eierschale und zerbricht, wenn ich mit ihr rede, als wäre sie keine? Ich denke und habe meine Nase in ihrem Haar und fühle unsere Zuneigung und möchte den Moment nicht aufgeben. Aber sie löst sich aus unserer Umarmung. »Doch, tut mir leid«, sagt sie noch einmal, bevor sie sich wieder zurückzieht. Und ich bemerke, dass es mir unheimlich ist, wie knochig sie sich anfühlt. Sie hat einen Sieg errungen an meinem Geburtstag, weil sie nicht zu viel gegessen hat. Sie musste es nicht wieder herauswürgen. Ich bekomme das mit. Ich weiß genau, wenn sie viel isst und dann viel trinkt, wird sie sich danach übergeben, und ich weiß, dass sie alle Beherrschung aufbringt, wenn sie bei großem Essensangebot Maß hält.

Ich habe selbst zwei Phasen gehabt, in denen ich absichtlich erbrochen habe. Gegen Ende meiner Schulzeit bis zum Anfang meiner Lehre und dann wieder zum Ende meiner ersten Ehe. Wenn mir jemand sagt, Bulimie ist nicht heilbar, so sage ich, er liegt falsch. Bulimie hat was mit deinem Leben zu tun. Sie ist das deutlichste Zeichen, dass dein Leben für dich nicht in Ordnung ist. Wenn dein Leben in Ordnung ist, musst du nicht fortwährend an Essen und Kotzen denken, genauso wenig wie an Alkohol, Kokain, Spielen oder Rauchen. Auch nicht an Diäten oder Putzen. Denn all diese Dinge geraten nur in den Mittelpunkt, wenn dein Leben dich nicht zufrieden stellt. Du suchst eine befriedigende Mitte, die dir fehlt. Warum ist das Leben für Meike nicht in Ordnung? Sie weist all ihre Talente so weit von sich. Jeder, der sie kennt, weiß, wie gut sie zeichnen kann.

Schon als Grundschulkind hat sie auf den Hof einen Pegasus gemalt, riesig groß, in den richtigen Proportionen. Von den Balkonen aus konnte man ihn bewundern. Die befreundete Lehrerin aus der Wohnung unter uns sprach mich darauf an. »Dieses Kind ist ja ein Naturtalent, da musst du aber was machen!«

»Ich werde nichts machen«, habe ich damals gesagt, »denn jedes Mal, wenn ich unseren Kindern etwas nahelege, von dem ganz offensichtlich ist, dass sie darin gut sind oder es mögen, verwerfen sie es. Förderung bekommt meinen Kindern nicht.« Und das war nicht dahergesagt.

Anna, Jonas und Marvin hatten Talente und Hobbys, die wir unterstützt haben, und die sie selbst abrupt abbrachen. Bei Meike war es nicht anders: Geige Schluss, Kunstrad Schluss, Reiten Schluss, Klavier Schluss ... Zeichnen nicht Schluss. Auch wenn Meike immer betont, dass sie nicht zeichnen kann, dass es »nichts« ist. Sie kann nichts und sie ist nichts und in dieser Leere bleibt nur das Denken ans Essen. Mir ist kalt. Warum kann ich meinem Kind nicht helfen?

Meike

Es tut mir gut zu zeichnen. Ich zeichne gern. Meistens irgendwelche Figuren zu Geschichten, die ich mir mit meiner Freundin zusammen ausdenke. Wir erzählen uns gegenseitig, welche Charaktere uns vorschweben und die zeichnen wir dann. Jeder für sich. Trotzdem ist es wichtig, dass wir dabei zusammensitzen. Ich zeichne aber auch häufig, wenn ich allein bin. Manchmal habe ich gar keine Lust, etwas zu zeichnen, fange dann aber doch an. Und wenn ich fertig bin und auf die Uhr schaue, sind ein, zwei Stunden vergangen, ohne dass ich es bemerkt hätte. Wenn ich etwas gezeichnet habe, womit ich einigermaßen zufrieden bin, fühle ich mich gut. Vielleicht weil ich etwas geschafft habe. Und weil ich eine Zeit lang mal nicht über irgendeinen Mist nachdenken muss, der mich nervös macht. Ich zeichne und denke an die Geschichte, die zur Zeichnung gehört, oder denke nichts. Zeichnen macht mir Freude.

»Mit dem Zeichnen solltest du mal etwas anfangen, da kannst du mehr draus machen«, sagte meine Mutter vor ein paar Tagen. Wieso? Ich zeichne irgendwelche doofen Striche, die dann irgendwelche doofen Figuren ergeben. Nichts Besonderes.

Immer, wenn ich mir eine Zeichnung anschaue, die schon älter ist, frage ich mich, was ich mir dabei gedacht habe. Warum gefiel sie mir? Ich weiß es dann oft nicht mehr. Bei den neueren Zeichnungen wird es nicht anders sein. Sie sind nicht gut. Ich find sie nur in dem Moment schön, wenn ich meine, dass sie so geworden sind, wie ich sie haben wollte.

Was will meine Mutter bloß wieder von mir? Was soll ich denn aus den Zeichnungen machen? Klopapier? Immer dieser Blick nach vorn. Immer dieses noch besser werden. Verdammt, kann sie mich nicht in Ruhe lassen!

Es ist immer dasselbe. Mit der Musik war es auch so, dabei bin ich musikalisch total unbegabt. Ich höre gern Musik, klar, aber sonst? Trotzdem habe ich begonnen, Geige zu lernen. Am Anfang hat es auch Spaß gemacht und meine Eltern haben mich unterstützt. Doch warum reicht es nicht, wenn sie sich erkundigen, wie der Unterricht war, und dass sie mich üben hören? Nein. Nicht, wenn das Kind doch so schön spielt, dass es etwas vorspielen kann. Dann hören sie irgendwann nicht mehr auf, mehr zu fordern.

Mir hätte es gereicht, schlecht Geige zu spielen und dabei Spaß zu haben. Doch das geht natürlich nicht. Wenn es keine Steigerung gibt, dann sollte man es lassen. Das ist dieses nervige Erwachsenending: Man macht etwas, nicht um Spaß dabei zu haben, sondern um darin besser zu werden. So ein großer Kackhaufenschwachsinn.

Und jetzt fängt meine Mutter auch noch beim Zeichnen damit an. Mann! Warum musst du mir alles nehmen, was mir Freude macht?

Anja

Das ist also *Der Zeichner*, zurzeit Meikes Lieblingsbuch. Meike läuft zu Hause nur noch mit nackten Füßen und hochgekrempelten Jeans herum, wie der Held des Buches, der auch ständig barfüßig geht. Ich habe Wäsche in ihr Zimmer gebracht und das Buch lag neben dem Bett auf dem Boden. »Das musst du auch mal lesen«, hat sie noch gestern geschwärmt. »Der Typ in dem Buch ist ein Zeichner. Der hat total viel Scheiße erlebt. Und eines Tages werden die Dinge, die er zeichnet, Wirklichkeit.«

Die Comicfigur auf dem Cover schwingt eine blutige Axt wie einen Pinsel. Ich setze mich auf Meikes Bett und blättere die ersten Seiten um.

> *Mein Name ist Gregory Lynn. Ich bin fünfunddreißig Jahre alt, ich bin Waise, Junggeselle, wurde mit viereinhalb Jahren Einzelkind. Ich habe Schuhgröße 45, bin 1,88 Meter groß und wiege 86 Kilogramm. Ich bin nicht unbeholfen: Es ist nur so, dass mein Körper vom Gehirn ausgesendete Signale manchmal falsch interpretiert. Ich habe ein braunes und ein grünes Auge.*

Ich blättere weiter und überfliege hier und da ein paar Zeilen. Es sind grausame Fantasien, die dieser Gregory zeichnet, Rachefantasien. Meikes Mitgefühl mit dem Protagonisten erstaunt mich, ich schaffe es kaum, eine Passage zu Ende zu lesen, so hart empfinde ich den Stoff.

Als ich das erste Mal einen Pferdeschwanz trug, wurde ich zum Direktor geschickt. Der sagte, ich sähe aus wie ein Mädchen. Da war ich vierzehn. Ich sagte, der neue Freund meiner Mutter würde mich gern am Pferdeschwanz festhalten, wenn er mich in den Arsch fickte.

Ob das der richtige Stoff für eine Jugendliche ist, die selbst nicht mit dem Leben und der Schule klarkommt?

Als ich wieder in die Schule ging, durfte ich das Haar lang tragen, musste aber einmal pro Woche zum Erziehungspsychologen.

Ich schließe das Buch und lege es zurück auf den Boden. Dabei fällt ein eng beschriebenes, gefaltetes Blatt heraus. Ich will es zurück in das Buch schieben, doch dann überlege ich es mir anders. Ich weiß, dass ich das nicht tun sollte, aber nach Entziffern der Überschrift siegt die Neugier über alle Gewissensbisse.

Uromas Geburtstag
Es war so grauenvoll. Mir geht es so schlecht. Heute hat meine Uroma Geburtstag gefeiert. Meine Mutter liebt ihre Oma und findet schrecklich, dass ihr Onkel und seine Frau sie in ein Heim abgeschoben haben. »Und das, wo sie Wohnrecht auf Lebenszeit hatte«, sagt sie. Ich weiß nicht, was das genau bedeutet. Zu ihrem Geburtstag heute haben sie meine Uroma ins Haus meines Großonkels gebracht, und dort hat die ganze Familie gemeinsam gefeiert. Meine Mutter wollte, dass ich ihrer liebsten Oma auf der Geige vorspiele. Ich wollte das nicht. Meine Mut-

ter sagte: »Wir nehmen die Geige mal mit, und dann kannst du dir das noch überlegen.« Dass ich mir das noch überlegen könne, war gelogen. Ich hatte keine Wahl. Es war so widerlich. Ich habe meiner Mutter mehrmals gesagt, dass ich nicht spielen will. »Aber deine Uromi würde sich doch so freuen …« Ich könnte meine Mutter dann anschreien, dass es mir egal ist, wenn sich meine Uromi nicht freut, und dass ich mich nicht freue, wenn ich etwas vorspielen muss. Ich hätte sie am liebsten angebrüllt, dass sie verdammt noch mal erst darüber nachdenken sollte, was ihre Kinder freut, bevor sie sich fragt, was ihre Mutter oder ihre Oma freut. Ich bin schließlich das Kind, das sie geboren hat, ohne dass es gefragt worden ist. Ich bin der Mensch, für den sie Verantwortung übernehmen wollte. Hätte sie das nicht gewollt, hätte sie mich nicht in diese Mistwelt schubsen sollen. Aber das sage ich nicht. Sie hört sowieso nicht zu. Ich muss weinen. Ich will nichts vorspielen. Ich will nicht allein da stehen und von irgendwelchen dummen Menschen angegafft werden. Von dummen Menschen, die nur darauf warten, dass ich einen Fehler mache. Sie wollen beurteilen, sie wollen urteilen, sie wollen mich bewerten und ich will mich nicht bewerten lassen. Ich weiß, dass ich einen Fehler machen werde, weil ich nicht spielen kann und weil ich es obendrein nicht will. Das sage ich meiner Mutter, aber sie legt mir eine Hand auf die Schulter und schaut mich mit einem Flehen in den Augen an, als hinge ihr Leben davon ab, dass ich für ihre Oma ein blödes Lied auf meiner blöden Geige spiele. Dass ich nahe am Weinen bin, interessiert sie nicht. Sie schlägt mir vor, dass ich mich doch in den Flur stellen könne, wenn es mir peinlich sei, vor der Familie zu spielen. »Ich will gar nicht spielen, ich kann das nicht!« Sie versteht das nicht. Sie versteht gar nichts. Ich gebe schließlich nach. Sie kann ewig vor einem stehen, bis man ihren Willen tut. Meine Mutter geht zu den Gästen, die meisten sind Familienmitglieder, Oma, Opa, Tante, Onkel, Großonkel … und natürlich auch

meine Uroma. Meine Mutter sagt fröhlich, dass ich jetzt etwas auf der Geige vorspielen würde, dass mir das aber ein bisschen peinlich sei und ich mich daher in ein anderes Zimmer stellen würde.
Super. Jetzt wissen das auch alle.
Sie kommt wieder zu mir und sagt, dass ich anfangen könne. Ich hab meine Geige schon ausgepackt und beginne, das Lied zu spielen, das ich als Letztes gelernt habe. Ich verspiele mich nach wenigen Noten. Ich wusste das. Das macht es aber nicht besser. Ich fange wieder an zu weinen. Ich stehe in diesem dummen Flur, mit den dummen alten Teppichen, den dummen alten Möbeln und den dummen alten Wänden und versuche, auf meiner Geige zu spielen, obwohl ich weiß, dass ich es nicht kann. Ich spiele nicht, weil ich es will, sondern weil ich es muss. Für irgendwelche Menschen, die ich gar nicht sehen wollte, ich hasse das. Ich fühle mich eklig und einsam und verlassen und mir ist, als müsste ich kotzen. Ich fühle mich zur Schau gestellt und begafft, obwohl mich niemand sehen kann. Ich fühle mich von meiner Mutter verkauft und angeprangert und benutzt, wie eines dieser hässlichen menschlichen Monster, die sie auf Jahrmärkten in Käfigen umherfahren.

Wie betäubt falte ich das Blatt zusammen, lege es zurück in das Buch und das Buch auf seinen Platz am Boden. Ich verlasse Meikes Zimmer und gehe ins Wohnzimmer, wo ich benommen aufs Sofa niedersinke. Nur langsam kommen wieder geordnete Gedanken in meinen Kopf. Ich weiß nicht, wann Meike den Text geschrieben hat, aber ich erinnere mich an den Geburtstag. Das ist jetzt schon fast drei Jahre her. So hat sie es empfunden, als sie vorspielen sollte? Auch Jonas und Anna erzählen hin und wieder von dem Stress, den ich ihnen gemacht habe, mit dem Aufsagen von Gedichten und gespielten Witzen. Und ich habe das so anders gesehen. Ich weiß noch, welchen Spaß Meike und Marvin hatten, als sie zum siebzigsten Geburtstag von Karls Mutter ein Kapitel aus der *Hexe Schrumpeldei* aufführten oder als sie zur Goldhochzeit der Schwiegereltern auf Klavier und Geige musizierten. Den Großeltern machte nichts eine größere Freude, als den Kindern zuzusehen oder zuzuhören. Und ich dachte, indem ich die Kinder zu den Aufführungen überrede, erhalte ich ihr Selbstbewusstsein und bewahre sie vor den Hemmungen, die einen dann ewig nicht mehr loslassen. Ich wollte die Kinder vor dem Wechsel bewahren, wenn die kindliche Freude an den eigenen Fähigkeiten von Hemmungen zerstört wird. Und was habe ich erreicht?

5. KAPITEL

Meike

Ich streite viel zu oft mit meiner Mutter. Ich habe keinen Bock auf meine Eltern und will am liebsten nur weg von ihnen. Gehe ich morgens zur Schule, ist es aber auch nicht besser. Ich hasse die Schule. Immer muss man alles können. Wer schlechte Noten hat, ist schlecht. Wenn ich mal eine Hausaufgabe nicht kann und nicht die Möglichkeit habe, sie mit Freunden zusammen zu erledigen, dann gehe ich am nächsten Tag lieber nicht in die Schule, als nachher ungewollt aufgerufen und vor allen bloßgestellt zu werden. Bin ich nicht in die Schule gegangen, weil ich meine Hausaufgaben nicht gemacht habe, verpasse ich Stoff und weiß noch weniger von dem, was verlangt wird. Ich kann dann auch die Hausaufgaben für den nächsten Tag nicht machen, weil ich nicht weiß, was wir aufbekommen haben oder weil mir die Unterlagen aus der Stunde fehlen, die zur Bearbeitung der Aufgaben notwendig wären. Ich kann also wieder nicht in die Schule.

Ich bekomme außerdem immer häufiger immer stärkere Kopfschmerzen. In den Prüfungszeiten ist es am schlimmsten. Es ist, als platze mein Kopf, und gleichzeitig drückt eine riesige Kraft meinen Schädel zusammen. So ein Gefühl, dass mein Kopf zugleich implodiert und explodiert. Ich kann mich nicht konzentrieren, wenn mein Kopf so schmerzt. Ich kann nicht zuhören, ich kann nicht lesen. Es ist sinnlos, in diesem Zustand zur Schule zu gehen. Daher bleibe ich zu Hause, lege mich hin oder mache irgendeinen Kleinkram, bei dem man nicht nachdenken muss, in der Hoffnung, dass diese Schmerzlawine vorübergeht. Erst seit Kurzem nehme ich manchmal Tabletten. Meine Mutter hatte das bisher abgelehnt. Sie meint, Tabletten seien nicht gut. Jugendliche würden heutzutage viel zu schnell Tabletten nehmen. Man könnte abhängig von denen werden. Dabei wirken die Tabletten oft gar nicht. Am schlimmsten ist es, wenn mich der Kopfschmerz müde macht. Dann lege ich mich aufs Bett und versuche zu schlafen. Ich bin dann unglaublich müde. Aber Schlafen kann ich nicht, wegen der Schmerzen. Das ist voll die Qual, wenn man müde ist ohne Ende, aber nicht schlafen kann, weil der Kopf so weh tut. Manchmal stelle ich mir vor, wie ich mit einem Bohrer meinen Schädel aufbohre. Wenn ich, je nachdem, wo es am Kopf am meisten weh tut, an Stellen meines Nackens drücke oder auch auf die Wangenknochen, in die Kuhle unter den Augen, dann fühlt es sich besser an. Es tut auch weh, aber anders. Dann denke ich, dass ich, wenn ich mir irgendeinen Bohrer oder eine Schraube in den Kopf rammen würde, die ganzen Schmerzen ablassen könnte. Doch das ist wahrscheinlich nicht weniger schmerzhaft. Wenn ich dann endlich eingeschlafen bin, ist es nach dem Aufwachen etwas besser. Manchmal kann ich den lieben langen Tag schlafen und die Nacht noch dazu. Ich schlafe gern. Schlafen ist, als wäre man tot. Nur, dass man leider wieder aufwacht. Aber das weiß ich ja nicht, während ich schlafe.

Ich liege auf dem Rücken in meinem Bett. Es ist dunkel. Es ist spät. Ich kann nicht schlafen.

»Du bist hässlich. Du bist hässlich. Du bist hässlich.«

»Ich weiß.«

»Du bist hässlich und scheiße, Meike, du bist hässlich und scheiße und wertlos.«

»Ich weiß es! Ich weiß es doch! Ich bin hässlich und scheiße und wertlos. Ich weiß es.«

»Dann handele danach, wenn du es weißt. Du bist hässlich, Meike, guck dich an, du bist ein hässliches Monster, du solltest nicht hier sein. Dich will niemand! Niemand! Du bist einfach zu nichts zu gebrauchen, du bist so nutzlos und hassenswert. Du solltest einfach verrecken.«

»Ich weiß es!«

Ich weiß, dass ich sterben sollte. Ich stimme dieser Hexe in meinem Kopf doch zu. Sie ist eine Hexe. Eine Hexe und der einzige Mensch, der mir die Wahrheit über mich sagt. »Ich weiß es, ich weiß es, ich weiß es«, schreie ich in meinem Kopf, ich schließe die Augen so fest ich kann und versuche, ihre Stimme zu übertönen.

Ich will schlafen! Tränen drücken sich zwischen meinen Augenlidern hervor und rinnen über die Wangen. Ich weine und zittere und mein Körper verkrampft sich. Ich atme nicht mehr. Ich weine nur. Mein Körper verklumpt zu einem Stein. Meine Kehle ist zu und ich atme nicht. Ich weine nur. Dann löst sich die Spannung. Plötzlich. Ich atme ganz tief ein. Ich atme schnell. So schnell ich kann. Nicht denken. Nicht denken. Mein Atmen wird laut und hektisch. Ich höre sie nicht mehr. Wie lange bleibt es ruhig? Ich beruhige mich ein wenig. Ich setze mich auf. Gehe zu meinem Tisch, öffne eine Schublade und hole die Rasierklingen heraus. Ich lege mich wieder ins Bett, auf den Rücken und blicke nach oben an die Decke. Eine Rasierklinge in der rechten

Hand. Ich lege den linken Arm auf meinen Bauch. Ein Schnitt. Noch ein Schnitt. Noch ein Schnitt. Ein paar Schnitte. Blut. Ich spüre, wie die Decke immer wieder an meinem Arm kleben bleibt. Das reicht schon. Ich setze mich auf. Ich werfe die Rasierklinge neben mein Bett und greife nach dem Pullover. Ich ziehe ihn über. Ich drehe mich auf die Seite, die Wange auf meinen Händen und horche. Nichts. Endlich schlafen. Die Hexe ist ruhig. Jetzt kann ich schlafen. Bekenntnis ist der erste Schritt zur Besserung.

Anja

Nein. Bitte nicht. Das nicht. Ich fahre zur Hölle. Das nimmt den Boden weg, auf dem man steht. Fressen und Kotzen, ja, aber sich verletzen, nein, nein, das tut sie nicht. Ich kenne meine Tochter. Kenne ich sie wirklich?

Meike geht bis zum Äußersten.

Dabei war es nur ein Zufall. Die dunkelroten, wulstigen Streifen auf dem weißen Oberarm, daneben zwei hellere.

»Was ist das, Meike?«

Ich weiß, was es bedeutet. Aber ich möchte es nicht begreifen. So schlecht kann es dem eigenen Kind doch nicht gehen, dass es zu solchen Mitteln greift.

»Das geht dich gar nichts an!«

Ich versuche, die Ruhe zu bewahren, obwohl ich entsetzt bin. Ihre schöne weiße Haut. Ihre zarte, duftende Haut. Wie kann sie die … zerschneiden? Es tut mir körperlich weh. Mein Kind kam auf die Welt. Unversehrt zu seinem, zu unserem Glück, denn dieses Glück haben nicht alle Kinder und Eltern.

»Doch! Es geht mich etwas an!« Ich gebe mir eine feste Stimme, obwohl ich mich innerlich wie aufgelöst fühle. »Du bist mein Kind und du bist minderjährig. Wenn du dir schadest, geht es mich etwas an!«

Meike lacht. Es ist ein fremdes, überhebliches Lachen. »Das wollen wir mal sehen!«, spottet sie. »Was willst du denn dagegen machen? Den ganzen Tag neben mir herlaufen? Und nachts?«

Mir fällt nichts mehr ein. »Aber warum machst du das denn? Wie kannst du deine Haut zerschneiden? Andere sind froh über ihre glatte Haut oder sehnen sich danach, wenn es nicht so ist. Hab ich dir nicht von Kira erzählt, dem Mädchen mit den Brandnarben –«

»Das ist etwas ganz anderes!«, fällt mir Meike ins Wort.

»Aber wieso? Wieso sind Unfallverletzungen und Verletzungen, die man sich selbst zufügt, etwas anderes?«

»Das verstehst du nicht!« Meike hat sich längst einen Pullover übergezogen.

»Aber ich will es verstehen! Lass uns darüber sprechen!«

»Nein!«

Meike geht in ihr Zimmer. Ich bleibe im Wohnzimmer und kann nicht einmal weinen.

Meike

Ich hätte nicht gedacht, dass es so viel bringt, sich zu ritzen. Ich hätte nicht gedacht, dass man dabei so viel Aggressionen rauslassen kann. Dieses heftige Verlangen, sich umzubringen, sich zu zerstückeln, sich zu bestrafen, sich selbst zu zeigen, wie sehr man sich hasst, wird durch ein paar kleine Schnitte immerhin erträglicher. Das ist erstaunlich. Und meine Mutter: Sie fragt, wieso ich das mache. Sie würde es niemals verstehen, dass ich mich dadurch für eine Weile nicht mehr so hässlich, überflüssig und schmutzig fühle. Wie soll sie es auch begreifen. Sie hasst sich selbst nicht. Wenn sie das tun würde, würde sie auch alles daransetzen, sich selbst zu zerstören.

Ich kann mich nicht töten, aber ich kann mich immerhin selbst verletzen. Wenn ich mir eingestehe, dass ich wertlos bin, dann kann ich die Stimmen in meinem Kopf besänftigen. »Bitte, da seht ihr es! Ich weiß, wie scheiße ich bin! Also haltet eure dummen Fressen!« Und dann sind sie ruhig, weil sie wissen, dass ich es selbst weiß.

Viele Menschen haben Essstörungen. In der siebten Klasse hielten Carina, Lena und ich ein Referat darüber. Wir fanden es alle drei unverständlich. Auch ich fand es damals unbegreiflich. Jetzt nicht mehr.

Es gibt auch viele Menschen, die sich ritzen. Damit konnte ich mehr anfangen, denn ich hatte bereits die Vorstellung, dass es mir Erleichterung verschaffen könnte. Ich muss meine Gefühle abreagieren. Und weil ich mich nicht traue aus dem Fenster zu springen und keine Waffe habe, um den Menschen draußen ihre Schädel wegzuschießen, habe ich es mit Rasierklingen versucht. Es fühlte sich gut an.

Dass meine Mutter das nicht versteht, ist mir gleichgültig. Aber dass sie mir vorwirft, ich verstümmle meinen Körper, finde ich dreist. Es ist mein Körper. Es ist ganz allein meine Sache, was ich mit meinem Körper mache. Und wenn nicht, dann soll sie die Welt ändern, damit ich mich nicht mehr ritzen muss. Mich wird sie nicht ändern können. Ich weiß sowieso nicht, was sie sich darauf einbildet, dass sie mich geboren hat. Meint sie, ich gehöre ihr? Das Einzige, was sie damit erreicht hat, ist, dass ein weiterer Mensch unzufrieden vor sich hinvegetiert. Und anstatt meine Unzufriedenheit zu sehen, macht sie mir Vorwürfe. Sie ist dumm. Erwachsene sind dumm. Die Menschheit ist dumm.

»Och, ihr wollt doch alle nur Aufmerksamkeit, ihr dummen kleinen Kinder. Ihr wollt doch nur Aufmerksamkeit.«

GENAU! Ihr habt es erfasst! Wir wollen Aufmerksamkeit! Wir wollen, dass ihr seht, wie es UNS geht, und wir wollen, dass IHR etwas verändert, weil auf UNS niemand hört. Hallo? Ist doch logisch. Ich befürchte, Erwachsene können nicht weit denken.

»Ihr wollt doch nur Aufmerksamkeit.« Klingt nicht nach einem vollständigen Satz. Da müsste doch eine Begründung folgen oder nicht? So etwas wie: »Ihr wollt doch nur Aufmerksamkeit, weil …«

Ja, WEIL. Ich will nicht einfach NUR Aufmerksamkeit, ich will Aufmerksamkeit, WEIL! WEIL diese Scheißgesellschaft mich abfuckt, weil ich mich selbst abfucke, und WEIL ich will, dass ALLE das wissen. WEIL ich will, dass ALLE mal anfangen, sich Gedanken darüber zu machen, wie dumm die Gesellschaft ist. Dass sie sich Gedanken darüber machen, wie unnötig es ist, dass eine Gesellschaft in dieser Form existiert, in denen es so vielen Menschen zum Kotzen geht. Und ich will, dass alle Menschen, denen es zum Kotzen geht, alle, die es nur verdrängen, sich endlich die Aufmerksamkeit holen, die ihnen zusteht. Nicht weil sie einfach NUR Aufmerksamkeit wollen. Sondern WEIL sie wollen, dass sich etwas ändert. Aber nein, Erwachsene können nicht weit denken. Daher werde ich in dieser von dummen Erwachsenen dominierten Welt für immer ein Kind bleiben, das nur Aufmerksamkeit will. Grauenhafte Einsicht.

Anja

Sie hat es wieder getan. Ich sehe die frischen Wunden.

»Du hast gesagt, du wirst es lassen.«

»Ich habe gesagt, ich versuche es.«

»Aber warum musste es denn wieder sein? Was ist los mit dir?«

»Warum, warum ... wenn ich mich nicht schneiden darf, muss ich eben kotzen, was ist dir lieber? Ich muss mich bestrafen. Alle Menschen sollten sich bestrafen.«

»Die Menschen sind nicht alle schlecht. Es gibt genug Gute.«

»Und was machen die aus ihrem Gutsein? Nichts. Die Welt bleibt, wie sie ist. Die Menschheit wird sich bald selbst ausrotten und das ist auch gut so! Die Natur ist in Ordnung, und bald wird sie das Experiment Mensch glücklich hinter sich gelassen haben.«

Ich weiß nicht, was ich darauf sagen soll.

Anna, Jonas und seine Freundin Marlin sprechen mich an. Vorsichtig, als wäre ich ein rohes Ei. »Mit Meike, das geht gar nicht, Mama. Siehst du nicht, wie dünn sie ist, und hast du mal ihre Arme angeguckt?«

»Ja, habe ich«, antworte ich. »Ja, ich bin mit Meike im Gespräch. Ja, manchmal kommt sie eine Weile zurecht.«

Anna spricht mit Meike. Ich weiß nicht, worüber genau. Sie sprechen bei geschlossener Zimmertür. Als Anna schließlich aus Meikes Zimmer kommt, macht sie einen hilflosen Eindruck. »Meike hört mir zu, aber ich glaube, es kommt nichts an.«

Jeden Morgen gehe ich mit dem Gefühl in die Schule, nicht wirklich für Meike da zu sein. Als sie wieder zu Hause bleibt und wieder Rasierklingen im Bad liegen, resigniere ich. Ich habe keine Wut und keine Trauer, ich sage mir: Das schaffst du nicht! Meike muss heraus aus dem Betrieb, der sie verrückt macht. Und als ich Meike vorschlage, es mit einem Klinikaufenthalt zu versuchen, geht sie sofort darauf ein.

»Ich komme so nicht weiter, also warum nicht?«

Beinahe vermeine ich Erleichterung zu spüren.

Karl ist froh, etwas Konkretes unternehmen zu können. Er erkundigt sich bei unserer Krankenkasse, und unser Anliegen wird von Anfang an unterstützt. Der Haken an der Sache ist, dass die Kasse nicht mit der Klinik zusammenarbeitet, die uns von Meikes Therapeutin empfohlen wird. Und natürlich hätte ich Meike gern in einer Klinik untergebracht, die ehemalige Patienten als gut und hilfreich und mit geringer Rückfallquote beschreiben, aber die Kassen haben ihre bestimmten Vertragskliniken. Trotzdem freuen wir uns über das Engagement unseres Sachbearbeiters, denn es liegt Meike und uns am Herzen, dass es schnell geht. Nicht nur, weil der Klinikaufenthalt auf diese Weise die Oktoberferien einbezieht und damit die Zeit, die Meike in der Schule fehlt, verkürzt, sondern auch, weil Meike so schnell wie möglich weg will. Als der Entschluss gefasst ist, erscheint ihr jede Verzögerung unerträglich.

Meike

Ich bin erleichtert. Endlich komme ich hier raus. Endlich raus aus dem Leben. Ich muss mich dafür nicht einmal umbringen. Aber ich hoffe, dass es so wird, so, wie ich mir den Tod vorstelle. Ganz weit weg von der Gesellschaft. Das ist das Wichtigste. Ich bin für die anderen nicht mehr da, und sie sind es für mich auch nicht. Ich werde in einer weißen Kammer hocken und kann für mich allein sein. Niemand reißt die Tür auf und fragt, wie es mir geht, zumindest nicht, ohne vorher anzuklopfen. Ich muss morgens nicht mehr in die Schule, ich muss keine Hausaufgaben machen, keine Leistung erbringen, ich muss nicht dünn sein, weil mich niemand sieht. Niemanden wird interessieren, was ich tue. Niemand wird mitbekommen, was ich tue, und so kann mein Tun auch nicht als schlecht, unzulänglich und ungenügend abgestempelt werden. Ich stelle mir das oft vor. Allein in einer weißen Kammer. Sitzen und nichts machen. In Ruhe gelassen werden und vergessen, dass es da draußen eine Welt gibt, in der Menschen leben. Vergessen, dass es Menschen gibt. Menschen sind, abgesehen davon, dass sie schlecht für die Welt sind, auch schlecht füreinander. Menschen sind schlecht für mich. Ich hasse die Menschen. Sie lachen einen doch nur aus.

Meine Mutter meint immer, niemand könne allein sein. Niemand könne isoliert leben. Der Mensch sei ein Herdentier, und ganz allein würde er verrückt. Ich wäre so gern allein. Ich kann nicht MIT Menschen leben. Ich will, dass sie alle weg sind. Dass sie fortgehen und aufhören, mich anzustarren und mich zu bewerten. Denn ich weiß, wie sie mich bewerten würden, und das könnte ich nicht ertragen. Niemand kann es auf die leichte Schulter nehmen, wenn man ihm sagt, dass er nichts wert ist. Schon gar nicht dann, wenn er selbst weiß, dass damit nur die Wahrheit ausgesprochen wird. Ich will sie nicht, die Menschen um mich herum, die mit dem Finger auf einen zeigen und vor Ekel ihre Gesichter verziehen. Ich bin froh, dass ich jetzt gehen kann. Irgendwohin.

Ich bin meinen Eltern sogar dankbar. Ich glaube, ich war meinen Eltern noch nie so dankbar. Ich hätte nicht gedacht, dass sie sich so dafür ins Zeug legen, dass ich in diese Klinik komme. Ich hätte gedacht, es dauert viel länger. Jedenfalls bin ich ihnen umso dankbarer. Ich freue mich, dass ich das alles hier hinter mir lassen kann. Den ganzen Mist. Und wenn ich Glück habe, dann passiert vielleicht irgendein Wunder, und die Welt wird über die Zeit, in der ich weg bin, erträglicher.

Ich habe wieder Hoffnung. Frau Bayer findet es auch gut, dass Meike stationäre Unterstützung erfährt. Vor allem ist es wichtig, dass sie aus dem System, das sie bedrückt, herauskommt. Die Schule ist wie Gift. Meike sieht den Klinikaufenthalt immerhin als Chance. Sie kann sich nicht wirklich vorstellen, dass er ihr hilft, aber sie will es versuchen, und darüber bin ich froh. Vielleicht können ihr die Ärzte und Therapeuten helfen. Ich bin mir mit Karl einig, dass wir viel zu lange versucht haben, immer alles allein zu schaffen. Meine Freundin sagt auch: »Man hat euch nie angemerkt, wie anstrengend alles für euch ist, auch damals mit Marvin nicht. Ihr müsst auch etwas sagen. Ihr wirkt immer so stark.«

Und jetzt versuchen wir es endlich mithilfe von außen. Wir fahren mehr als fünfhundert Kilometer gegen Südosten. Als wir ankommen, wird mir schwer ums Herz. Es ist erst Oktober, aber hier ist es schon etliche Grad kälter als im Rheinland. Aber es ist nicht nur das Klima, das mich frösteln lässt. Der Klinikbau sieht kühl und abweisend aus. Natürlich tue ich zuversichtlich, und Meike scheint erfüllt von vorsichtiger Erwartung. Sie will alles richtig machen. Und ich muss schlucken. Dieses brüllende, zornige Kind, eigentlich wollte sie immer nur alles richtig machen. Sie war so ein liebes Kleinkind. Und auch später noch erfüllten sie Mitgefühl und Hilfsbereitschaft. Einmal spazierte ich mit ihr eine Straße in unserem Viertel entlang, da rief ein Kind aus einem offenen Fenster: »Meike ist das liebste Kind vom Kindergarten!« Daran muss ich denken, als wir die Klinik betreten. Die Empfangsschwester ist freundlich. Sie führt uns in die erste Etage, in Meikes Zimmer. Meike schaut sich um. Als wir allein sind, drapiert sie sofort den Stofftiger aufs Bett, den wir als Glücksbringer an der Raststätte erstanden haben. »Ich werde Bilder aufstellen«, sagt sie.

Die Klinik ist schön. Sie ist anders, als ich es erwartet habe. Sie wirkt nicht so, wie man sich eine Psychoklinik vorstellt. Und wahrscheinlich ist sie strenggenommen keine. Es ist eine psychosomatische Klinik. Hier werden Leute behandelt, deren körperliche Probleme den Geist angreifen oder deren geistige Probleme dem Körper zusetzen. Ich bin wohl ein Kandidat für Fall Nummer zwei. Ja. Es sieht ganz anders aus als gedacht. Viel freundlicher. Klar, ist alles mehr oder weniger weiß. Aber gar nicht so krass steril, wie man sich das vielleicht vorstellt. Es sieht alles bewohnt aus. Wahrscheinlich wollen die das auch so, damit man sich wohlfühlt.

Mein Zimmer gefällt mir. Es ist groß. Mit einem Bett, einem Tisch am Fenster und einem Schrank. Ich habe sogar ein eigenes Bad, mit Dusche und Toilette. Das finde ich super. Ich hätte keine Lust, ständig mit anderen Leuten in Kontakt zu kommen, nur weil ich duschen will oder auf die Toilette muss.

Meinen Eltern scheint es hier auch zu gefallen. Wahrscheinlich hatten sie Angst, ihr Kind würde in eine Art Zelle gesperrt, mit Gitterstäben ... Knastatmosphäre. Mit einer Luke, durch die das Essen geschoben wird. Sie wirken erleichtert, jetzt wo sie feststellen, dass es anscheinend nicht so ist. Mir wäre das gleichgültig gewesen. Mein Blick wandert an dem künstlichen Bach hinter dem Haus entlang, über den eine schmale Brücke führt. Die Büsche und Bäume am Ufer sind teilweise schon orange gefärbt, während andere noch saftig grün erscheinen. Ich freu mich darauf, an dem Tisch am Fenster zu sitzen und allein zu sein, zu zeichnen, schreiben, basteln, Musik zu hören.

6. KAPITEL

Anja

Drei Wochen. Erst mal drei Wochen und dann schauen, ob eine Verlängerung empfehlenswert ist. Erst jetzt merke ich, wie erschöpft ich bin. Nach der Schule falle ich aufs Sofa und möchte nicht mehr aufstehen. In der Schule komme ich zurecht. Da fühle ich mich seltsamerweise nie erschöpft, erst wenn ich zu Hause bin, verlässt mich meine Kraft.

Kürzlich hat mich eine Kollegin gebeten, einen ihrer Kurse zu übernehmen, weil es darin einen Schüler gab, der sie derart provozierte, dass sie zurückprovozierte. Dass das völlig sinnlos ist, weiß sie. Aber sie konnte es nicht ändern. Sie war dankbar, dass ich ihr den Gefallen tun wollte. Es handelte sich um vier Schulstunden in der Woche, ein Englisch-Grundkurs.

Der Schüler bemühte sich. Dass ich nicht gleich in die Luft ging, wenn Papierkügelchen flogen, schien ihn zu wundern. Nach dem Unterricht musste gekehrt werden, das ist die Regel. Weil er schnell in die Pause wollte, verzichtete er irgendwann auf die Kügelchen.

Ich weiß nicht, ob ich pädagogisch richtig handle. Ich agiere und kommuniziere auf meine Art, und ich merke, dass selbst schwierigste Kinder und Jugendliche etwas von mir annehmen. Die meisten sind sogar wild auf Kommunikation. Sie sind froh, dass sich jemand ihre Probleme anhört, in der Pause oder in den Orientierungsstunden, die einem als Klassenlehrer zur Verfügung stehen. Sie wollen genau das, von dem Meike die Nase voll hat: reden. Und sie scheinen zu spüren, dass ich jeden nehme, wie er ist. Das ist mir auch selbst wichtig. Als Schülerin fand ich es schrecklich, wenn ein Lehrer seine Lieblinge hatte oder, noch schlimmer, wenn er zeigte, dass er bestimmte Schüler oder Schülerinnen nicht leiden konnte. Solche Lehrer waren bei mir unten durch. Als Kind und Jugendlicher will man Gerechtigkeit und nicht, dass jemand aus unerfindlichen Gründen vorgezogen oder runtergemacht wird. Ich versuche Fehler, unter denen ich gelitten habe, nicht zu machen. Dafür mache ich andere. Ich bin nicht streng genug. Strenge liegt mir nicht, obwohl ich weiß, dass manche Schüler das brauchen. Mein Schulleiter beruhigt mich. »Strenge lernt man aus Selbsterhaltungstrieb«, meint er, »dass man junge Menschen mag, ist erst mal das Wichtigste.«

So liege ich auf dem Sofa und lasse mir den Vormittag durch den Kopf gehen und bin dankbar, dass ich jetzt nicht mit Meike streiten muss. Oder sie trösten oder sie motivieren. Aber zugleich denke ich, wie mag es ihr dort gehen, in der Kälte, mit dem täglichen Wiegen, das sie hasst, mit den anderen Patienten. Ich hoffe so sehr, dass sie zurechtkommt, dass es für sie gut ist, dort zu sein. Und ich freue mich auf die Oktoberferien, in denen ich alles in Ruhe ordnen kann und an deren Ende wir Meike besuchen werden, mit Carina, ihrer besten Freundin. Dann sind drei Wochen um, die Kontaktsperre ist vorbei und wir werden erfahren, ob Meike länger in Waldmünchen bleiben wird oder mit nach Hause kommt.

Meike

Keine Ahnung, ob es hier nun schön ist oder nicht. Die Gruppentherapie jedenfalls mag ich gar nicht. Mir geht es auf den Keks, von den Gewichtsprobleme irgendwelcher Mädchen zu hören, die ohnehin viel dünner sind als ich. Auch wenn das gemein ist, aber mich ärgert es, dass die nicht merken, dass sie viel zu mager sind. Es sieht sogar bei Models hässlich aus, wenn sie nur Haut und Knochen sind. Hübsch ist etwas anderes!

Ich kann aber dennoch nichts dafür, dass ich lieber dünner wäre. Ich bin nicht schlank und wäre eben gern schlank oder lieber dünn, aber nicht dürr. Das ist ein Unterschied, den vor allem meine Mutter nicht sieht.

Die Gruppentherapie finde ich im wahrsten Sinne des Wortes zum Kotzen, und die Bewegungstherapie ist nicht viel besser. Ich hasse es, mit anderen Menschen reden oder sogar in Körperkontakt treten zu müssen. Wir sollten heute zum Beispiel zu zweit nebeneinander hergehen und nachher sagen, was der andere beim Gehen empfindet. »Sie kommt mir zielstrebig vor«, sagt Hanna, das Mädchen, das neben mir geht, über mich. »Zielstrebig und entschlossen.« Ja, das passt. Seltsam, ich fühle mich immer kaputt und einsam, und auf andere mache ich einen arroganten Eindruck. Ein Mitschüler hat einmal gesagt, dass ich sogar eingebildet herüberkomme.

Ich glaube, ich gehe nur so aufrecht und schnell und bestimmt, weil ich weiß, wo ich hinwill. Weg. Ich will weg. Vielleicht hat es damit zu tun, dass ich mich so stark darauf konzentriere, die ganzen dummen Menschen nicht zu sehen. Mein Gang ist vielleicht so steif und gerade, weil ich nicht aus irgendeiner Rolle in diese widerliche Welt fallen möchte. Wie ein Pferd mit Scheuklappen. Wenn man schnurstracks denkt, muss man eben auch so laufen.

Hanna geht anders, eher ängstlich, scheu. Ich habe aber keine Lust, mich in sie hineinzufühlen und darüber nachzudenken, wie sie sich wohl selbst empfindet. Ich mag das nicht. Ich mag bei mir bleiben. Gedanklich und körperlich. Wenn ich Kontakt mit anderen Menschen haben muss, fühle ich mich schlecht. Als wir so nebeneinander hergehen, achte ich sehr genau darauf, wie ich atme.

Ich fühle mich wie bei den Bahnfahrten in Köln, wenn ich Musik über die Kopfhörer höre. Dann habe ich auch jedes Mal darauf geachtet, wie ich atme, weil ich Angst hatte, dass ich zu laut atme und andere Menschen das komisch finden könnten. Dadurch, dass ich so sehr darauf geachtet habe, wie ich atme, wurde ich unruhig und fing an, unregelmäßig zu atmen, eben weil ich so darauf bedacht war, genau das nicht zu tun. Manchmal musste ich dann die Kopfhörer abnehmen und die Musik ausmachen. Das habe ich gehasst, ohne Musik unter den vielen Menschen. Dann fühle ich mich schlecht. Und genau so geht es mir bei der Gruppen- und Bewegungstherapie auch oft.

Ein regelmäßiger Termin ist auch die nervende Entspannungsübung. Man liegt auf dem Rücken und ballt zum Beispiel die Hand zur Faust und entspannt danach wieder und das dann mehrmals hintereinander. So etwas Überflüssiges! Es ist in Ordnung, weil man weder quatschen noch etwas mit anderen Patienten zusammen machen muss. Es nervt nur, dass es so still ist, da habe ich auch wieder Angst, dass ich laut atme oder husten muss und so die Aufmerksamkeit erregen könnte. Während dieser Übung denke ich darüber nach, was ich zeichnen, schreiben oder wie ich alles besser machen könnte, wie ich mich zum Beispiel dazu bringen könnte, einfach nichts mehr zu essen. Darüber denke ich hier oft nach. Ich nehme mir vor, nichts zu essen oder nur ganz wenig. Ich bin sehr schlecht damit gefahren, ganz wenig zu essen, weil es dann nicht dabei bleibt. Wenn ich einmal anfange zu essen, kann ich nicht mehr aufhören. Früher war das anders, vor einem Jahr war noch alles gut. Da habe ich einfach einen Tag lang gar nicht gegessen. Das war in Ordnung. Woher ich damals die Disziplin genommen habe, weiß ich nicht mehr. Dann, ab dem Geburtstag von Lena, wurde alles anders. Da stand so viel leckeres Essen herum, wie eben immer auf Feiern. Es war sehr verlockend. Ich dachte, ein bisschen mehr essen als sonst, das ist in Ordnung, aber es funktionierte nicht. Ich musste immer weiter essen, wie unter Zwang, als wenn ich alles in mich hineinstopfen müsste. Ich verlor die Kontrolle, es war der grausamste Tag meines ganzen Lebens, und seitdem stecke ich nicht mehr in der Magersucht, sondern in der Bulimie fest und mache mir jeden Tag Gedanken darüber, wie ich wieder zur Magersucht zurückkomme. Von der Traufe in den Regen, sozusagen. Ja, über so etwas denke ich dann nach, während im Hintergrund auf der Kassette das Meer rauscht. Tolle Therapiemethode, echt. Respekt!

Nur zur Kunsttherapie gehe ich gern. Da bekommen wir irgendein Thema und dürfen malen. Jeder für sich allein. Wunderbar, mehr will ich doch gar nicht.

Erst in der zweiten Woche hatte ich ein Gespräch mit der mir zugeteilten Therapeutin. Sie hatte noch Urlaub gehabt. Da hab ich mich gefragt, ob es ratsam ist, einem Patienten zu sagen, dass seine Therapeutin noch in Urlaub ist, während er selbst völlig am Ende ist. Die Vorstellung, dass ich mir die Arme aufschlitze und mir wünsche zu sterben, während die irgendwo in der Sonne liegt, obwohl sie sich angeblich zum Beruf gemacht hat, Menschen wie mir zu helfen, das finde ich pervers. Ich mag sie allein deswegen nicht. Weil sie zu dumm ist, sich eine gute Ausrede für ihr Fehlen auszudenken. Ein Verkehrsunfall, eine Krankheit … Weil es ihr wichtiger ist, sich zu entspannen, als den Leuten zu helfen, die ihr diesen Urlaub sozusagen finanzieren. Unsympathische Frau. Jedenfalls ist sie jetzt da und ich hatte meine erste Stunde. Und es war langweilig, öde, nichtssagend. Ich hätte mich genauso gut mit einem Baum unterhalten können. Okay, sie war ganz nett. Aber ist das hilfreich? Erfrischend? Oder wenigstens unterhaltsam? Fehlanzeige. Sie guckte mich nur an, fragte hin und wieder etwas, sagte ein paar Worte, und dann herrschte Stille. Wahrscheinlich wäre es meine Aufgabe gewesen, diese Leere mit Worten zu füllen, aber ich hatte keine Lust, so viel zu reden. Und die Fragen, auf die ich antworten sollte, gaben auch nicht genug Stoff her. Jedenfalls ist diese Frau also eine Zeitverschwenderin, wenn man es so sagen will. Macht Urlaub und bringt mich so um Therapiestunden – und wenn sie dann eine Therapiestunde gibt, spricht sie innerhalb dieser Zeit, wenn man es aufrundet, vielleicht drei Minuten. Lächerlich. Gott sei Dank auch ein bisschen lachhaft. Haha.

Anja

Ich freue mich. Fast könnte man meinen, wir haben ein Ferienwochenende vor uns. Karl und Carina wirken ebenfalls erwartungsvoll. Endlich Meike wiedersehen. Mit eigenen Augen sehen, wie es ihr geht. Wir werden in dem Kurort übernachten. Mit der Klinik ist verabredet, dass Carina als Gast in Meikes Zimmer schlafen darf. Wir können uns alle nicht vorstellen, wie es Meike wohl geht. Können drei Wochen in einer Klinik wirklich etwas ändern? Wie soll denn das ganze Denken so schnell umgestülpt werden? Selbsthass und Selbstzweifel plötzlich in Zuversicht verwandelt?

Aber ich fühle mich nach wie vor erleichtert, dass Fachleute das Ruder übernommen haben. Wie diese Fachleute vorgehen, das weiß ich nicht. Ich bin gespannt, was Meike erzählen wird. Hin und wieder ein Telefongespräch gab nur Auskunft darüber, dass diese und jene Übung ziemlich grauenhaft war oder dass Meikes Therapeutin Urlaub hatte, was ich merkwürdig fand. Wieso teilt man einer neuen Patientin eine Therapeutin für Einzelgespräche zu, die noch im Urlaub ist? Gerade dem Einzelgespräch hatte Meike erwartungsvoll entgegengesehen, und es war typisch für sie, es dennoch so gelassen zu nehmen (oder nur so zu tun?). Immer schon war sie gut darin gewesen, Enttäuschungen wegzustecken. Zumindest nach außen hin.

Meike

Übermorgen bekomme ich endlich Besuch. Endlich mal etwas anderes. Es ist öde hier, und die Leute sind dumm. Die Ärzte sind dumm. Klar, ich bin freiwillig hier und sollte wahrscheinlich meinen Teil dazu beitragen, »gesund« zu werden. Aber ich finde, dass auch die ganzen Therapeuten ihren Teil dazu beitragen sollten. Das machen sie nicht.

Es gibt geregelte Essenszeiten, morgens, mittags, abends. Wir müssen mindestens eine Stunde am Tisch sitzen bleiben, selbst wenn wir nichts essen. Total beschissen. Ich hasse es, an einem Tisch mit Essen zu sitzen, wenn ich nichts essen will. Seit Lenas Geburtstag ist meine Disziplin dahin und ich esse, wenn es Essen gibt. Hier gibt es kein Entkommen. Also esse ich. Und kotze danach, wenn diese leidige Stunde vorüber ist, einfach alles wieder aus. Wunderbar! Das kann ich auch zu Hause haben. Dafür muss ich nicht in einer Klinik zusätzlich langweilige Stunden verbringen. Abgesehen davon ändern die drei Mahlzeiten am Tag nichts an irgendwelchen Essstörungen. Wir können ungehindert einkaufen gehen. In der Nähe ist ein Supermarkt. Wer will, kann sich also Vorräte kaufen. Es gibt daher keinen Zwang, sich an die drei Mahlzeiten zu halten. Für mich wäre das besser. Diese Pseudokontrolle nervt total.

Ich gehe oft in den Supermarkt, meist aus Langeweile. Sonst passiert nichts, aber auch gar nichts! Ich war einmal im Ortszentrum von Waldmünchen und hatte nach fünf Minuten alles gesehen, was es zu sehen gibt. Immerhin war ich in einem Schreibwarenladen. Ich mag Schreibwarenläden, dort kann ich mich auch einige Zeit aufhalten, ich mag Ordner und Stifte und Radiergummis und vor allem Hefte und Papier. Aber das ist keine Ganztagsbeschäftigung. Ich gehe also oft in den Supermarkt und kaufe mir Essen. Vor allem allen möglichen Süßkram. Und so trage ich das ganze Geld zur Toilette und spüle es als Erbrochenes hinunter. Und wen interessiert das? Niemanden! Ich dachte, ich wäre in der Klinik, damit man auf mich achtet und mir dann beibringt, wie ich am besten auf mich selbst achte. Wenn ich meinen ganzen Tagesablauf ohne Ritz- oder Brechaktionen regeln könnte, wäre ich nicht hier. Ich brauche Hilfe. Darum bin ich hierhergekommen. Und wie sieht diese Hilfe aus? _________.

Na ja, es stört mich nicht weiter. Ich kann essen und kotzen und muss keine Eltern, die darüber in Geschrei ausbrechen, ertragen. Ich muss nicht streiten. Das ist ein Stück Freiheit!

Aber gestern ging es mir wegen der Fresserei richtig dreckig. Man kann nämlich nur sehr schwer so viel herauswürgen, wie man gegessen hat. Manchmal hat man Glück und alles kommt in einem Schwall heraus, aber meist muss man sich den Finger zig Mal in den Hals stecken, und wenn sich das halbverdaute Essen als dicke Breiwurst durch die Speiseröhre windet, meint man zu ersticken und muss dennoch weiter ordentlich pressen und hat dann von der ganzen Anstrengung rote Flecken im Gesicht. Gestern habe ich es nicht geschafft, alles herauszukotzen, ich habe es irgendwann aufgegeben und mich danach nur noch fett und widerlich gefühlt. Da hilft auch das Duschen nicht. Mein Bauch bleibt mein Bauch. Gestern habe ich es aber nicht mehr ausgehalten, es gab nur noch eine Lösung: mich zu ritzen. Das tut so gut! Es ist einfach wunderbar. Ich habe ja meinen Rasierer dabei. Die Klingen rausnehmen ist einfach, sofern man eine Schere hat. Und die habe ich mitgenommen, weil ich auch gern bastle. Ich habe mich ins Bad auf den Boden gesetzt, an die Wand angelehnt und die Knie angezogen. Drei Klingen lagen in meiner Hand und ich habe die schärfste ausgewählt. Damit ich nicht so viel Druck ausüben muss.

Man merkt eigentlich gar nicht, dass man sich ritzt. Zuerst ist da nur der blasse Streifen, nachdem man sich die Klinge über den Arm gezogen hat. Der Schnitt füllt sich mit Blut, das dann langsam zu Boden tropft.

Gestern habe ich die Rasierklinge mehrere Male über meinen Arm gezogen. Dann über meinen Oberschenkel. Das ging noch besser. Da ist so viel Fett, dass die Klinge praktisch wie von selbst im Fleisch verschwindet! Es ist angenehm, wenn das Blut kitzelnd über die Haut rinnt. Es tut auch gar nicht weh, nicht in dem Moment, in dem das Blut so schön fließt. Im Gegenteil, es fühlt sich gut an, und danach bin ich entspannter.

Ich habe dann meine Beine ausgestreckt und meine blutenden Wunden angeschaut. Das hast du verdient, ging es mir immer wieder durch den Kopf. Strafe muss sein.

Zurück im Zimmer habe ich mir meinen Pullover und meine Schlafanzughose übergezogen, damit das Bettzeug nicht blutig wird. Wie angenehm, danach im Bett zu liegen. Immer wenn ich mich nach dem Ritzen bewege, zieht es an den Wunden, weil das Blut an den offenen Stellen mit den Klamotten verklebt. Das Gefühl, wenn der Stoff an der Wunde reißt und sie aufgeht, mag ich. Es fühlt sich richtig an.

Heute trage ich Armstulpen, weil es für einen Pulli zu warm ist. Niemand schert sich drum. Niemand sieht das. Ich kann hier also kotzen und mich ritzen wie zu Hause, nur bekomme ich keinen Ärger. Das nenne ich doch mal eine sinnvolle Einrichtung.

Morgen, wenn meine Eltern kommen, ziehe ich irgendetwas Langärmliges an. Meine Eltern haben noch nie darauf bestanden, meine Arme zu sehen, wenn es keinen wirklichen Verdacht gab, warum ich mich hätte ritzen sollen. Und den gibt es auch jetzt nicht. Wirklich nicht. Es ist ja nicht mal wirklich schlimm hier. Nur ziemlich langweilig. Immer die gleichen öden Menschen. Ein Mädchen ist ganz nett, sie heißt Hanna, aber sie lebt mir zu sehr in ihrer Animewelt, am liebsten schaut sie sich irgendwelche Mangabildchen oder Animationsfilme an. Okay, ich lebe auch gern in meiner eigenen Welt. Aber die besteht nicht aus irgendwelchen gezeichneten Personen, sondern aus realen Menschen. Nur die Handlungen sind Fantasie. Alle sind dann so, wie ich sie gern hätte. Das ist doch viel spannender, als sich mit irgendwelchen fiktiven Gestalten zu beschäftigen. Die Realität so gestalten, wie man sie haben möchte, das macht Spaß. Ich denke oft darüber nach, wie die Welt sein sollte. Wie ich sein sollte und wie meine Eltern, Freunde und so weiter sein sollten. Auch in meinen Fantasien kommen manchmal Personen vor, die ich so noch nicht getroffen habe, aber die haben ganz sicher keine Glupschaugen wie diese Mangafiguren. Trotzdem ist Hanna sehr nett.

Der Kontakt zu den anderen ist mir nicht wichtig. Die kennen sich auch schon länger, die meisten sind bereits einige Wochen hier. Da stören die Neuzugänge nur. Zudem habe ich keine Lust auf Menschen, die sich selbst bemitleiden und weinerlich in der Ecke hocken. Das habe ich doch mit mir selbst zur Genüge. Ich wäre viel lieber mit starken Menschen zusammen, die mir zeigen, wo es langgeht, und nicht mit Mädchen, die die gleichen Probleme haben wie ich und mich nur noch mehr runterziehen. Wenn sie wenigstens andere Sorgen hätten, dann könnte man sich ja doch gegenseitig irgendwie helfen. Aber wir können uns keine Tipps geben.

Wie schön, dass Carina morgen mit meinen Eltern herkommt. Mit ihr kann ich gut reden und Witze machen, ich habe bei ihr das Gefühl, dass sie mir wirklich helfen will, und manchmal frage ich mich, wieso sie das tut, komme aber zu keinem Ergebnis. Ich nehme ihr Mitgefühl gern an. Mitleid mag ich nicht. Aber sie fühlt tatsächlich mit mir. Ich glaube, wenn Carina nicht wäre, dann wäre alles noch viel schlimmer.

Ich freu mich auf das Wochenende.

Anja

Als wir dieses Mal in Waldmünchen ankommen, ist es zwar so kalt wie vor drei Wochen, aber die Sonne scheint und taucht Ort und Klinik in ein freundliches Licht. Alles kommt mir gar nicht mehr so tot und trostlos vor. Beim Einbiegen auf den Parkplatz sehe ich Meike, die vor dem Haus auf uns zu warten scheint. In ihrem schwarzen Wintermantel und mit dem kinnlangen blonden Haar kommt sie mir gleichzeitig jung und erwachsen vor. Ich muss die Tränen unterdrücken, ich bin froh, sie zu sehen, so … unversehrt. Und ich bin froh, dass Carina zuerst auf Meike zurennt und die beiden sich lachend umarmen. So habe ich mich gefasst, als wir uns begrüßen. Und ich freue mich, dass Meike meine feste Umarmung erwidert. Wir drücken und küssen uns. Auch Karl ist sichtlich gerührt. Er fährt Meike durchs Haar, und mir fällt auf, dass es stufig geschnitten ist.

»Warst du beim Friseur?«, frage ich.

Meike schüttelt den Kopf. »Hab ich selbst gemacht. Blöd, oder?«

»Aber nein, sieht richtig gut aus!«

Carina und Karl bestätigen meine ehrliche Meinung. Wir vereinbaren, dass die Mädchen erst mal eine Stunde für sich haben und Karl und ich unsere Sachen in den Gasthof bringen, bei dem wir die Übernachtung gebucht haben. Dann wollen wir zusammen in den nächsten größeren Ort Eis essen. Meike hat von einem super Eiscafé gehört, das auch im Winter geöffnet hat. Und dann vielleicht noch ins Kino, denn viel herum kommt Meike allein natürlich nicht. Mit den öffentlichen Verkehrsmitteln ist es in dieser Gegend schlecht bestellt und es gibt auch nur begrenzt Ausgang. Karl und ich fühlen uns wie befreit. Optimistisch suchen wir das Gasthaus auf, das allerdings ein wenig duster anmutet, der Schankraum mit merkwürdiger Ausstattung und diversen Hinterräumen, die Gästezimmer allerdings ganz modern in einem angebauten Neubau. Um diese Jahreszeit ist kaum etwas los. Alles groß, leer und dunkel. Der Wirt ist freundlich, das Zimmer in Ordnung. Nachdem wir das wenige Gepäck verstaut und uns etwas frisch gemacht haben, sind wir schon wieder auf dem Weg zur Klinik, beschließen dann aber, noch eine kleine Runde an der frischen Luft zu drehen, damit wir den Mädchen ihre Stunde auch lassen. Nur wenige Meter von dem Gasthaus entfernt, erregt das Foto einer jungen, blonden Frau unsere Aufmerksamkeit. Als wir näher kommen, sehen wir, dass es sich um den Steckbrief einer Vermissten handelt. Seit einem Monat ist die Dreiundzwanzigjährige, die aus der Gegend stammt, spurlos verschwunden. »Das ist ja entsetzlich«, bringe ich nur heraus, und Karl nickt. Die Anzeige drückt auf unsere Stimmung. Wir atmen tief die kühle Luft ein und laufen schneller als geplant hinüber zur Klinik. Wir gehen gleich hinauf zu Meikes Zimmer, aus der das muntere Geplauder der Mädchen dringt. Wie früher zu Hause, denke ich. Als wir anklopfen, wird es still.

»Herein.« Karl und ich treten ein und die Mädchen lachen, sie freuen sich auf unseren Ausflug, und ich merke, wie das unangenehme Gefühl von eben etwas nachlässt.

Wir sind hier in Bayern, an der tschechischen Grenze, aber mir erscheint es beinahe wie das Ende der Welt. Die Verbindungsstraße zu dem »größeren« Ort führt durch dichten Wald. Es begegnet uns kaum ein Auto. Auch in dem Ort selbst ist auf den Straßen nicht mehr los als in dem winzigen Kurort. In dem berühmt berüchtigten Eissalon ist immerhin noch ein weiterer Tisch besetzt. Aber die paar Menschen, die man hier trifft, kommen mir vor wie Komparsen, die die Gegend beleben sollen. Die Eisbecher schmecken zu meiner Überraschung tatsächlich fantastisch. Und glücklicherweise ist auch das Kino in Betrieb. Der Abend ist gerettet. Die Mädchen wollen unbedingt in *Bad Boys II*. Aus irgendeinem Grund assoziiere ich *Big Shot*. Einen spannend, turbulenten und anrührenden Film um zwei Jungen, die einige Abenteuer in der Welt krimineller Erwachsener zu bestehen haben. Ich freue mich, dass es zu dieser liebenswerten Geschichte einen zweiten Teil gibt, staune aber zugleich, dass zwei fünfzehnjährige Teenager sich einen solchen, auch für jüngere Kinder geeigneten Film aussuchen. Als ich schließlich im Kino sitze, bemerke ich meinen Irrtum schnell. Statt zweier Jungen sind Will Smith und Martin Lawrence die Hauptdarsteller, und mir bleibt der Mund offen stehen, wie viele Leichen in einem Film vorkommen können und was man mit Körpern alles anstellen kann. Na ja, die Mädchen amüsieren sich köstlich, auch Karl scheint nichts dabei zu finden. Ich kann eigentlich nur lachen, weil ich die ganze Story grotesk finde. Wie damals, als ich in der Schule einmal die mittelalterliche Bestrafung des Räderns in allen grausigen Einzelheiten vorlesen musste und es so grausig fand, dass ich einen Lachanfall bekam. Dieser Film hat eine ähnliche Wirkung auf mich.

Als wir das Kino verlassen, merke ich, dass Meike mir gegenüber einen schrofferen Ton anschlägt, und ich muss sofort an früher denken. Sehr häufig oder beinahe immer, wenn wir mit unseren Kindern etwas Besonderes unternommen hatten und der Tag zu aller Zufriedenheit verlaufen war, fing irgendjemand einen Streit an, so als wäre eine angenehme Atmosphäre nicht gut zu ertragen. Ich nehme mir vor, möglichst wenig zu sagen, damit es erst gar nicht zu einer Auseinandersetzung kommt. Karl und Carina sind ja auch noch da. Gott sei Dank. Aber Meike hat es auf mich abgesehen und macht eine spitze Bemerkung nach der anderen. Nicht aufregen, nicht provozieren lassen, ermahne ich mich insgeheim und konzentriere mich auf die ungewohnte Strecke und die Sicht, denn es ist bereits dunkel. Ich bin nach dem langen Tag müde.

»Na, Mama, bist du jetzt zufrieden? Morgen kannst du dann ja mit reinem Gewissen nach Hause fahren. Wieso adoptierst du eigentlich nicht Carina?«

Ich schweige abermals betreten. Karl legt beruhigend die Hand auf mein Bein.

»Was ist? Warum sagst du nichts?« Meikes Ton ist wesentlich herausfordernder, als die Worte, die sie benutzt.

Ich räuspere mich. »Ich weiß nicht, was du von mir willst«, bringe ich heraus.

»Und, heulst du jetzt?«

Nun räuspert sich Carina. »Das find ich jetzt aber auch nicht gut, Meike.«

Meike erwidert nichts darauf. Wir fahren schweigend zur Klinik. Als wir auf dem Parkplatz halten, springt Meike aus dem Auto.

»Tschüss!«, ruft sie kühl und geht.

»Gute Nacht«, sagt Carina und trottet ihr verlegen hinterher.

Als Karl und ich zum Gasthof gehen, schlagen mir vor Kälte die Zähne aufeinander.

»Ich versteh das nicht«, sagt Karl hilflos.

Ich möchte nur hinauf aufs Zimmer. Ich fühle mich müde und leer. »Warum?«, schreie ich in mein Kissen und heule, bis meine Augen brennen.

»Ich weiß nicht.« Karl kann mir nicht helfen. Irgendwann schlafen wir ein.

Meike

Ich hasse einfach. Ich hasse oft alles und jeden. Meine Mutter hat es heute wieder zu spüren bekommen. Im Nachhinein tut es mir leid, wie ich mit ihr rede, aber in dem Moment kann ich nicht anders, es muss raus. Ich fühle mich im Recht, ich fühle mich ungerecht behandelt und wehre mich bloß. Das ist in Ordnung, finde ich. Es tut gut zu zeigen, dass man sich nichts vormachen lässt. Dieses ganze Heile-Welt-Getue, dieses »Ach, dann gehen wir ins Kino und machen einmal etwas Schönes«, und dann soll alles wieder gut sein? Das ist abartig.

»Komm, Meike, wir vertuschen einfach, dass das Leben und die Welt scheiße sind. Wir vertuschen, dass du scheiße bist.« Als ob meine Mutter das sagen würde, so kommt es mir vor. Wie eine riesengroße Verschleierungsaktion über den Fehler meiner Existenz. Ich will aber nicht verschleiern, dass ich nicht da sein sollte, dass ich nicht verdient habe zu leben und dass auch der Rest der Menschheit das Leben nicht verdient hat. Ich will nicht tun, als sei alles gut, nicht einmal für einen Augenblick, denn das ist so verlogen. Und immer wieder zieht vor allem meine Mutter mich mitten in dieses Theaterstück einer heilen Welt hinein. Und das macht mich wütend. Sie weiß genau, wie es wirklich ist, und trotzdem hält sie diese Maskerade aufrecht, das ist einfach nur zum Kotzen! Wie oft muss ich ihr ins Gesicht sagen, dass die Welt scheiße ist, wie oft muss ich ihr zeigen, dass es mir scheiße geht und dass ich weiß, dass das Leben einfach unnütz ist? Bis sie diese Maskerade fallen lässt und sich endlich auf meine Seite stellt?

Meikes Tagebuch

Wieder mal Hass. Langsam steigert er sich, unaufhaltsam, gierend nach Erlebnissen, die ihn wachsen lassen.

In der Einöde toter Gefühle breitet er sich ungestört aus, durchzieht alles, zerstört alles. Hass, der sich durch die Umgebung frisst, sich ausbreitet wie ein schwarzes Loch. Fliehen kannst du, bis zur Erschöpfung, brichst zusammen, kraftlos, haltlos, besiegt.

Die Sinnigkeit der Flucht verliert sich in der Tiefe der Schwärze, wird umschlossen, vergessen, stirbt.

Wiederholungen. Zweifel an der Welt, Begriffsstutzigkeit, Unverständnis.

Alles geht, alles vergeht. Nur das was Hass erweckt, bleibt, bleibt für immer, beißt sich fest, zerreißt, tötet. Scharfe Zähne schneiden in die Haut, du schreist, doch bleibst stumm, denn du weißt, dich hört niemand, alle sind gegangen, ließen dich zurück, allein, allein mit der Bestie, die du nicht besiegen kannst.

Blut rinnt die Arme entlang, du kümmerst dich nicht, denn niemand ist da, der dich sieht.

Blut tropft, doch fällt es nicht zu Boden, es fällt in die Tiefe, wie du, ohne Halt, bodenlos.

Am nächsten Morgen geht es mir besser. Natürlich fühle ich mich immer noch hilflos Meikes Angriffen gegenüber, aber jetzt bin ich wenigstens ausgeschlafen. Wir frühstücken in Ruhe. Um elf Uhr ist ein Gespräch mit Meike und der zuständigen Ärztin, Frau Doktor Hesen, verabredet. Als wir das Gepäck im Auto verstaut haben, sehen wir Meike und Carina auf dem Steg, der über einen kleinen Bach gleich vor der Klinik führt. Als sie uns erkennen, kommen sie uns entgegen. Beide sehen fröhlich aus und haben eine frische Gesichtsfarbe. »Wir waren schon spazieren«, berichtet Meike. Sie kommt auf mich zu. »Das mit gestern tut mir leid, Mama.«

Was soll ich dazu sagen? Natürlich bin ich froh, dass der Anfall vorüber ist. Wie oft sind Streitereien, die so ihren Anfang nahmen, eskaliert? Wie oft habe ich mir diesen Ton und diese Ausdrucksweise verbeten? Wie oft habe ich gedacht, dass Meike eine Energie hat, die sie in unserem vorgeschriebenen System nicht loswerden kann? Und jetzt, nach drei Wochen Trennung, kam es wie aus einem Hinterhalt. Ich weiß nicht, was ich bei meiner Tochter auslöse. »Es ist schon gut«, sage ich, »ich weiß nur nicht, was das immer soll.«

»Ich weiß es ja selbst nicht«, sagt Meike. Wir nehmen uns in den Arm. Es herrscht Frieden, aber ich weiß, dass es ein trügerischer Frieden ist, weil ja nichts geklärt ist. Meike wendet sich ihrer Freundin zu. »Möchtest du in mein Zimmer gehen, wenn wir das Gespräch haben?« Carina nickt. »Mach dir um mich keinen Kopf.«

Während Carina also in Meikes Zimmer geht, suchen Karl und ich mit Meike das Gesprächszimmer auf.

Frau Doktor Hesen begrüßt uns freundlich, aber sie wirkt zerstreut, so als hätte sie wenig Zeit und Wichtigeres im

Kopf. »Ja, was soll ich sagen. Meike hat sich gut eingelebt, soweit ich das beurteilen kann.« Sie wirft Meike einen fragenden Blick zu und Meike nickt. »Du hast dich entschlossen, die Verlängerung des Aufenthalts wahrzunehmen, die dir freisteht?« Wieder nickt Meike.

Mir kommt es nicht vor, als bestände da irgendein Band zwischen Meike und der Ärztin, das ein tieferes Verständnis verrät. Meike ist freundlich, aber das ist sie Fremden gegenüber immer. Sie tobt sich nur innerhalb der Familie aus. »Ja, dann … ich hoffe, du machst weiterhin Fortschritte. Ich freue mich, dass du bei uns zurechtkommst.« Frau Doktor Hesen steht auf. »Frau Abens, Herr Abens, dann darf ich mich verabschieden.« Verblüfft reiche ich der Ärztin die Hand. Nichtssagender hätte ein Gespräch nicht verlaufen können.

»Was war das denn jetzt?«, frage ich draußen. »Dafür hätten wir aber nun wirklich keinen Gesprächstermin verabreden müssen!«

»Was soll sie denn groß sagen?«, nimmt Meike die Ärztin in Schutz. »Es ist doch alles in Ordnung.«

Es ist alles in Ordnung. Ja, vielleicht erwarte ich immer zu viel, vielleicht ist das mein Problem mit der Welt. Ich will alles und ich will es jetzt. Nur, dass es mir nicht auf die Befriedigung materieller Bedürfnisse ankommt, sondern auf die Integrität und den Einsatz meiner Mitmenschen. Natürlich sehe ich die Grenzen … Marvin habe ich nicht helfen können. Kann man anderen überhaupt helfen, wenn sie selbst nicht bereit sind, Hilfe anzunehmen? Ist mein Helfersyndrom nicht vielleicht sogar Ursache für Meikes Probleme? Die Gedanken jagen mir nur so durch meinen Kopf, aber ich muss sie wegsperren, unsere Zeit mit Meike neigt sich schon dem Ende zu.

Wir haben ausgemacht, dass wir gegen Mittag wieder nach Hause fahren. Meike muss sich für die Mahlzeiten mit einigem Aufwand abmelden, deshalb will sie in ihrer Gruppe am Mittagessen teilnehmen. Da wir eine lange Fahrt vor uns haben, sind wir mit ihrer Entscheidung einverstanden. Durch eine Scheibe können wir den Essensraum übersehen. An einem langen Tisch sitzen junge Menschen unterschiedlichsten Alters. »Das Mädchen mit dem blonden Haar da, das ist Hanna. Die ist in Wirklichkeit ganz nett, mit der komme ich gut aus«, erklärt Meike mit abwesendem Blick. Sie scheint schon wieder ganz in die Klinikwelt eingetaucht. »Die Frau da, ganz am Ende vom Tisch, hat drei Kinder und immer noch solche Probleme. Ich glaube, die kommt gern hierher … die kann gar nicht ohne Klinik leben.« Meike schaut uns an. »Das finde ich blöd, so möchte ich nicht enden.« Sie geht zum Flur zurück. »Ich bring euch noch zum Auto.« Wir folgen ihr, wir tun munter. Auf dem Parkplatz verabschieden wir uns. Carina und ich mögen Meike nicht wirklich loslassen. »Jetzt muss ich aber rein«, sagt Meike schließlich. Wir setzen uns ins Auto, Karl und Carina haben die Seitenfenster geöffnet und winken. Meike winkt ebenfalls, bis wir sie nicht mehr sehen können. Mir ist seltsam zumute. Ich hätte sie lieber mit nach Hause genommen. Es kommt mir falsch vor, nur mit Carina auf dem Rücksitz abzufahren.

Meike

Ich fühl mich ausgeschlafen, obwohl ich vom Wecker geweckt werde. Ich fahre mir durchs Haar. Da ist nicht mehr viel. Fast gar nichts mehr. Ich hatte ja schon vorher kurze Haare, aber jetzt ist da kaum noch etwas zwischen den Fingern. Ich springe aus dem Bett, laufe ins Bad und blicke in den Spiegel.

Wunderbar! Endlich ein anderes Bild. Es ist ungewohnt. Wie bei dem Friseur, als ich mir mit zehn Jahren zum ersten Mal meine langen Haare habe abschneiden lassen. Das war genauso merkwürdig. Ich kann gar nicht aufhören, in den Spiegel zu gucken. Nicht, dass ich es schön finde. Es ist lediglich ungewohnt. Ein Bild, dass ich noch ein paarmal im Spiegel angucken kann, bevor ich mich daran gewöhne und anfange es zu hassen. So war das bisher immer mit einer neuen Frisur oder Haarfarbe. Für ein paar Tage ist es interessant, was ich sehe, weil es eben etwas Neues ist, dann wird es normal. Und bald darauf fühle ich mich wieder hässlich und habe keinen Bock mehr, meine dämliche Visage zu sehen.

Ich sollte nicht trödeln, ich muss schließlich so früh wie möglich aus dem Haus, damit niemand mitbekommt, dass ich fortgehe ... könnte immerhin doch mal sein, dass es jemanden interessiert, was ich vorhabe, und derjenige Fragen stellt. Ich gehe duschen und ziehe mich an. Ganz viele Sachen übereinander, es ist kalt. Ich hab eine neue graue Mütze, die setze ich auf. Ich finde, es sieht lustig und frech aus, wenn die kurzen Haare unter der Mütze hervorgucken. Ich pack ein paar Sachen ein. Das Geld, das meine Eltern mir am Wochenende hiergelassen haben natürlich, etwas zu lesen, etwas zu schreiben, mein Handy, alles, was ich brauchen könnte. Und die Packung Zigaretten. Die habe ich mir vor einer Woche gekauft, und es sind noch ein paar übrig. Ich finde es nicht sonderlich cool zu rauchen, aber ich denke, dass es doch den Versuch wert wäre, diese ganze Ess- und Brechsuchtkacke und die Ritzerei gegen eine Sucht zu ersetzen, die in der Öffentlichkeit besser angenommen und in die Gesellschaft integriert ist: Rauchen. Wenn so viele Menschen süchtig nach Zigaretten sind, dann kann ich das vielleicht auch werden. Und soweit ich gehört habe, kann man mit einer Sucht eine andere ersetzen. Rauchen ist besser. Klar, es ist ungesünder, als sich zu ritzen, und ungefähr genauso ungesund wie Bulimie, aber man kann es öffentlich ausleben, ohne dass sich jemand entsetzt nach einem umdreht.

Selbstverletzung ist ja so gruselig, und so buhu! Und eklig! Und sieht so grausam aus!

Aber Rauchen? Ungesund? Selbstzerstörerisch? Ach, Quatsch. Die Lunge, die trägt man schließlich nicht außen, da sieht niemand, dass so eine schwarze Stinkelunge tausendmal hässlicher ist als ein paar Kratzer auf dem Arm. Deshalb habe ich mir letztes Wochenende vorgenommen, Raucher zu werden. Natürlich hat das nicht nur den Nutzen, anerkannt und als Gesellschaftsmitglied akzeptiert zu werden, sondern auch wieder einen essenstechnischen Aspekt. Rauchen macht schlank. Ja. Zwei Fliegen mit einer Klappe, wenn man es so will. Letztlich muss ich aber zugeben, dass mein Plan nicht aufgeht. Zigaretten schmecken nicht. Carina meinte, ich würde nur paffen, aber ich kann es nicht wirklich anders. Rauchen ist eine eklige Angelegenheit. Ich habe mir daher vorgenommen, nur noch die Packung zu leeren und dann das Rauchen als Lösung meiner Probleme aufzugeben. Ich bin eben nicht anfällig für so einen trendigen Mist und das macht mich sogar etwas stolz.

Schon seit über zwei Stunden laufe ich diese dämliche Straße entlang. Meine Finger sind steifgefroren. Meine Füße sind sicher schon blau angelaufen. Ach, mein ganzer Körper ist ein Eisklumpen. Ich sehe bei jedem Schritt meinen Atem vor mir. Weiße Wolken, die mich immer wieder darauf hinweisen, dass eine eisige Kälte herrscht. Nervig, wenn man seinen eigenen Atem so sieht. Endlich eine Bushaltestelle. Ich möchte nach Cham, die nächste große Stadt. Seltsamerweise fährt der Bus nicht dorthin. Eigenartig. Auf dem Plan an der Klinik stand diese Haltestelle, und so viele Busse fahren hier nicht?! Aber egal, es ist sowieso noch zu früh für den ersten Bus, es ist halb acht und neblig und dämmrig.

Auf der anderen Straßenseite räumt ein alter Herr irgendwelche Pakete oder Koffer in sein Auto. Seine Frau, zumindest scheint sie es zu sein, steht in der offenen Haustür und schaut zu. Ich gehe zu ihnen hinüber.

»Entschuldigung? Wissen Sie, ob das der einzige Bus ist, der hier fährt?« Ich zeige auf die Haltestelle. »Fährt der gar nicht nach Cham?«

»Ja ... das ist der einzige Bus, der hier fährt«, antwortet der Mann, nachdem er sich umgedreht hat und darüber erstaunt zu sein scheint, dass ihn um diese Uhrzeit jemand auf der Straße anspricht. »Der fährt nicht nach Cham, das ist die andere Richtung. Eine Bushaltestelle in diese Richtung kommt erst wieder ein ganzes Stück da runter«, ergänzt seine Frau freundlich und deutet in die Richtung, aus der ich gekommen bin. Hallo? Das kann doch jetzt nicht wahr sein? Ich bin zwei elende Stunden in die falsche Richtung gelaufen?! Wie doof von mir. Aber mein Gott, ich mach mir nichts draus, mit Busplänen hatte ich es noch nie. Auch in Köln nicht. Die sind ganz anders als Bahnpläne und ich steige da nun mal nicht durch, ich mag auch Busse nicht so gern, die sind nie pünktlich. Nach kurzer Zeit frage ich, ob der Mann vielleicht in die Richtung fährt, schließlich sieht es so aus, als packe er gerade sein Auto. Er bestätigt meine Annahme und will mich das Stück bis nach Cham mitnehmen, mit dem Auto sei das nicht so weit. Klar fahre ich mit. Ich bin genug gelaufen. Kalt und nervig und irgendwie öde, diese Lauferei. Und die Herrschaften scheinen nicht gerade irgendwelche perversen Kindermörder zu sein, auch wenn man das den Menschen vermutlich gar nicht ansieht. Nein, ich denke, dass die eher mich unheimlich finden. Abgesehen davon, schätze ich, würde ich mit einigem fertig. Manchmal habe ich richtig den Wunsch danach, dass mir jemand etwas Böses will, damit ich einen Grund habe, demjenigen etwas anzutun. Aus Notwehr. Irgendwen töten und dafür dann nicht ins Gefängnis müssen ... Jetzt muss das aber nicht sein, jetzt will ich einfach nur nach Cham. Der ältere Herr ist während der Fahrt nicht sehr gesprächig. Und die Fahrt dauert auch nicht so lange, wie ich angenommen hatte, ich bin wohl sehr langsam gegangen.

Ich bin in Cham und finde, dass es nun erst einmal Zeit für eine Zigarette ist. Ich überlege, wie man das in den Filmen inszeniert, wenn Zeit für eine Zigarette ist. Man stellt sich lässig an eine Mauer, kramt in seinen Sachen herum, kneift die Augen leicht zusammen, steckt sich die »Fluppe« zwischen die Lippen und zündet sie an, während man total desinteressiert und rebellisch wirkend die Augenbrauen zusammenzieht. Ich bemühe mich, das genauso hinzubekommen, scheitere aber. Macht ja nichts, ich muss das ja nicht können, ist sowieso die vorvorletzte Zigarette, die ich rauchen werde. Und abgesehen davon bin ich leider Gottes auch kein Kerl, da wirkt das Ganze sowieso schon weniger cool. Ich sehe mich in dem Ort um und laufe die Straßen ab, um rauszubekommen, wo der Bahnhof ist. Ein Bahnhof wäre nämlich wirklich gut. Da kann ich schauen, wohin ich von hier aus komme. Ich drücke die Zigarette aus. Höchstens zur Hälfte hab ich sie »gepafft«. Es schmeckt widerlich. So wie Bier, Zigaretten und Alkohol. Weiß der Teufel, warum so viele Leute Gefallen daran haben.

Ich komme aus der Schule nach Hause, wo mich Karl erwartet. »Hast du früher Schluss gemacht?«, frage ich erfreut, aber sein Gesicht sagt mir sofort, dass er eine schlechte Nachricht hat.

»Ich wollte dich nicht in der Schule anrufen, ich hatte Angst, du würdest sonst noch einen Unfall bauen …«

»Was ist los?« Ich weiß gar nicht, was ich mir vorstellen soll. »Ist etwas mit Meike?«

»Reg dich bitte nicht auf, es ist ja noch nichts passiert, aber sie ist aus der Klinik verschwunden … die Polizei hat mich in der Firma angerufen.«

Mir verschlägt es die Sprache. Ich setze mich aufs Sofa. Ich habe es gewusst. Ich habe es beim Abschied gewusst. Meike war viel zu ausgeglichen. So als hätte sie in einer anderen Sphäre geschwebt. Was hat sie vor? Was macht sie?

»Die Klinik hat es der Polizeidienststelle mitgeteilt. Als sie nicht zum Frühstück erschienen ist, haben sie noch gewartet, aber am Mittag haben sie es dann gemeldet.«

»Zum Frühstück? Aber was hat sie denn seit heute früh gemacht, es ist doch eiskalt dort? Und sie wissen dann ja gar nicht, seit wann sie fort ist! Da muss es ja noch dunkel gewesen sein!« Ich versuche, mir vorzustellen, was Meike gerade macht. Ich bin auch öfter von zu Hause ausgerissen. Wenn es mir unerträglich war, im Klassenzimmer eingesperrt zu sein, während der Himmel blau strahlte. Und ich war immer vorsichtig. Ich habe nie Kontakt zu Fremden gesucht. Meike ist auch nicht leichtsinnig. Aber dann trifft mich der Gedanke mit einer Wucht, dass es mir die Luft wegnimmt. »Und die vermisste junge Frau? Karl, sie war der gleiche Typ wie Meike!« Das macht mir Angst. Das liegt nicht in Meikes Hand, wenn ein Fremder es auf sie abgesehen hat.

Karl nickt. »Das ist auch das große Problem für die Polizei«, sagt er mit belegter Stimme. »Darum machen sie sich besondere Sorgen. Teenager reißen schon mal aus, aber im Zusammenhang mit dieser Sache …« Er verstummt.

»Ja, und jetzt?«

»Sie haben gebeten, dass wir sie sofort benachrichtigen, wenn wir etwas von Meike hören?«

»Ja, aber das ist doch klar«, meine ängstliche Ratlosigkeit sucht ihren Weg in die Ungeduld, »ich meine, was machen die?«

»Die suchen natürlich nach ihr. Ich musste sie beschreiben und habe ihnen ein Foto gefaxt.«

Ich sinke zurück ins Sofa. Das ist alles unfassbar. Kaum gebe ich die Verantwortung für mein Kind ab, geht es schief. Meike ist verschwunden, sie wird gesucht. Ich versuche, nicht in Panik zu geraten. »Ich werde Anna und Jonas anrufen. Vielleicht meldet sie sich bei ihnen.« Zu den Eltern zurückgehen war für mich damals immer das Schwierigste, und es erschien mir zudem sinnlos. Denn ich wollte doch gerade einen anderen Wege finden. Meine Sorge wäre nicht so groß, wenn es die Vermisstenanzeige nicht gäbe. Ich weiß, dass Meike nicht ohne irgendein Zeichen aus unserem Leben verschwinden würde … aber die Vermisstenanzeige macht mich verrückt. Direkt hinter dem Ort fängt ein unübersichtliches Waldgebiet an, das bis in die Tschechei hineinführt. Und die Vorstellung von diesem Gebiet, in dem man niemand wiederfinden würde, macht mir Angst. Ich versuche, nicht daran zu denken. Ich weiß, wie ich mich in die Angst um meine Kinder hineinsteigern kann. Als Anna nach einer Fete morgens nicht in ihrem Bett lag, bin ich beinahe durchgedreht. Ich wusste, dass sie mit ihren Freunden am Pilzberg im Park feiern wollte, und meine Fantasie drängte mir Bilder von ihren Leichen auf und ich radelte in aller Herrgottsfrühe zu dem Jugendtreffpunkt. Dort war natürlich niemand mehr. Dann klapperte ich die Adressen ihrer engsten Freunde ab. Als Letztes die von dem Geburtstagskind. Als ich klingelte, erschien der verschlafene Kopf der Mutter am Fenster. »Anna? Ich weiß nicht, da sind noch einige gekommen, um hier weiterzufeiern. Mal schauen, ob sie noch da ist.« Kurze Zeit später polterte es im Treppenhaus. Annas Augen funkelten, als sie zerknautscht in der Haustür stand. »Mama, ich bin jetzt achtzehn. Die Sorgen hättest du dir mal früher machen sollen!«

»Es ist nie zu spät!«, antwortete ich.

Na ja, eigentlich vertraute ich meinen Kindern, aber hin- und wieder überfielen mich Grauenszenarien, denn schreckliche Dinge geschahen nun einmal.

Ich rufe Anna an. Sie reagiert besorgt. Sie liebt ihre kleine Schwester über alles und weiß, dass sie zurzeit gar nicht gut zurechtkommt. Anna fand die Idee mit der Klinik auch gut. »Klar, Mama, ich sage dir direkt Bescheid, wenn ich etwas höre. Soll ich nicht besser zu euch kommen?«

Nein. Ich weiß, dass Anna viel zu tun hat. Sie arbeitet und besucht die Abendschule und liegt oft im Clinch mit ihrem »Traummann«. Ich will auch nicht so einen Warteraum, in dem man sich gegenseitig in der Nervosität aufschaukelt. Und was, wenn Meike wirklich zu ihr will? Dann muss sie zu Hause sein.

»Also gut, melde dich bitte, wenn ich irgendetwas tun kann … Mama … ich hab dich lieb.«

Meike

Keine Ahnung, wo ich hin soll. Aber ich bin erleichtert. Weg von der Waage. Das war mein Ziel, das hab ich erreicht. Aber was nun? Zurück nach Köln? Nach Hause will ich nicht. Ich weiß überhaupt nicht, was ich jetzt machen soll. Ich entscheide mich dennoch dafür, nach Köln zu fahren, da kenne ich mich immerhin besser aus. Und die Zugfahrt ist lang. Ich könnte mein ganzes Leben im Zug verbringen. Sitzen und Musik hören oder nachdenken, lesen, zeichnen. Im Zug. In Bewegung. Irgendwohin. Nach vorn. Nachdem ich mir die Tickets und ein Croissant gekauft habe, setze ich mich in den Zug. Jetzt hab ich erst mal etwas Ruhe. Wärme und Musik. Was will man mehr …

Ich bin schon fast in Köln angekommen. Schwimmen gehen würde mir jetzt gefallen! Ich will schwimmen! Die Vorstellung ins Wasser zu springen und zu tauchen ist wunderbar! Ich würde gern auf der Stelle schwimmen gehen. Aber ich sitze noch im Zug. Und ich hab auch gar keinen Badeanzug dabei. Und nicht mehr genug Geld, um mir einen zu kaufen. Mist! Ich will jetzt ins Wasser, Mann! Im Rhein schwimmen? Stell ich mir dann doch verdammt kalt vor um diese Jahreszeit. Aber immerhin wüsste ich dann, was ich mache, wenn ich in Köln bin. Erst mal eine Runde im Rhein schwimmen.

Am Kölner Hauptbahnhof ist es wie immer. Es hat sich in den drei Wochen nichts verändert. Ich gebe auf. Ich beschließe, nicht schwimmen zu gehen. Schon im Zug habe ich eingesehen, dass es viel zu kalt wäre. Ich gehe zu meiner Schwester. Ich will nicht länger darüber nachdenken, wo ich sonst hin kann, wo meine Eltern mich nicht finden und ich mehr oder weniger gut aufgehoben bin. Wie oft habe ich mir darüber schon Gedanken gemacht. Und immer ohne Erfolg. Ich bin schon oft von zu Hause weg, für kurze Zeit. Ich dachte, ich könnte auf der Straße leben. Aber ich mag dieses Straßenleben gar nicht, und ich mag auch die Leute nicht, die auf der Straße leben. Mit dem ganzen Alkohol und den Drogen. Schwache Menschen, die immer wieder so ein Zeug konsumieren. Wie gesagt, ich hätte lieber starke Menschen um mich herum, weil ich selbst schon schwach genug für zehn bin. Ich gehe also zu meiner Schwester. Jawohl. Da weiß ich auch, wie ich hinkomme. Meine Schwester wird mich auch nicht verpetzen, wenn ich das nicht will, das weiß ich. Ich kann ihr vertrauen.

Anja

»Meike ist bei mir.«

Eine bessere SMS habe ich in meinem Leben nicht gelesen. Ich könnte singen, tanzen, heulen. Weiter steht da noch, dass wir uns keine Sorgen machen sollen, aber dass Meike nicht weiß, dass Anna uns Bescheid gegeben hat. Karl und ich nehmen uns in den Arm. Eine ganze Weile stehen wir so da. Dann rufen wir die Polizeidienststelle an. Herr Bremmer ist uns nahezu vertraut geworden. In regelmäßigen Abständen hat er angerufen. Die Sorge mit uns geteilt und gehofft, dass wir mehr wüssten als er. Als Karl erzählt, dass Meike bei ihrer Schwester gelandet ist, hört man den Stein, der ihm in Bayern vom Herzen fällt. Er hat eine Enkelin in Meikes Alter. Sein Mitgefühl und seine Besorgnis spürte man durchs Telefon.

Gleichgültig, wann Meike sich entschließt, mit uns Kontakt aufzunehmen, Hauptsache, ihr geht es gut. Wie froh ich bin! Endlich können wir auch wieder gewöhnliche Dinge tun, ohne dieses Gefühl, das alles um einen herum mit einem Film überzogen scheint, der einen von der normalen Welt trennt. Und ich denke an die Menschen, in deren Leben der Albtraum nicht aufhört, und bin dankbar, dass mir das erspart bleibt. Ich verliere völlig mein Zeitgefühl und werde von dem Geräusch unserer Türklingel überrascht. Als Meike vor uns steht, sieht sie schon wieder verändert aus. Ihre Haare sind streichholzkurz, sie wirkt zugleich verlegen und selbstbewusst. Mir fehlen die Worte und ich nehme sie einfach in den Arm. Ich lasse sie nur los, damit auch Karl sie drücken kann. »Seid ihr nicht sauer auf mich?«, fragt sie. Karl schüttelt den Kopf. »Wir sind glücklich, dass du wieder da bist«, sagt er. »Aber ich mache euch doch nur Ärger«, wendet sie ein. »Aber wir lieben dich doch«, sage ich.

7. KAPITEL

Meikes Tagebuch

Die Klasse

Carina: *Sie ist komisch, aufbrausend, nett, witzig, zickig, ironisch, vertrauenswürdig, noch vieles mehr und meine beste Freundin. An sie möchte ich hier als Erstes meine Grüße aussprechen, da sie wohl eine der Wenigen ist, mit denen ich klarkomme und die obendrein auch mit mir klarkommt.*

Merkwürdiges: *Sie hat manchmal so Phasen, da verwendet sie seltsame Ausdrücke oder benutzt einen eigenartigen Dialekt, es bringt jedoch nicht viel, sich sonderlich darüber zu wundern, da diese Phänomene sogar für sie selbst nicht zu erklären sind. Gerade weil ihre Erscheinung eher nett ist und sie zurückhaltend wirkt, haben sich schon so manche sehr gewundert, wenn Carina sie mal richtig angemotzt hat, wobei sie auch bei Lehrern keine Ausnahmen macht. Carina ist also wieder mal ein Beweis dafür, dass Schein nicht immer gleich Sein ist.*

Abschließend: *Ich kenne Carina schon aus dem Sandkasten und bin sehr glücklich darüber, ich möchte sie nicht missen müssen, und freue mich deshalb, dass ich mit ihr jeden Schultag gesund überstehen darf.*

Also viele Grüße an fAAAAAAAAAn!!!!!!

Meike ist wieder zu Hause und alles läuft normal unnormal (oder unnormal normal?). Meike weiß, dass eine Klinik nichts für sie ist, zumindest nicht, wie sie es erlebt hat. Sie weiß aber auch, dass sie es allein nicht schafft, vor allem können Karl und ich ihr nicht helfen. Aber das haben wir schon vor Waldmünchen kapiert. Warum ist die Schule für Meike nur so schlimm? Ich überlege, wie es bei mir selbst war. Irgendwann, ich war allerdings etwas älter als Meike, war mein Kopf nicht mehr bereit, die Dinge aufzunehmen, die in der Schule verkündet wurden. Es war, als ob die Gefühle als dicker Teernebel den Kopf dichtgemacht hatten. Warum lernen, wenn sich die Eltern immer nur streiten? Warum lernen, wenn mein Bruder nicht einmal laufen kann? Warum lernen, wenn es so etwas wie Vietnam gibt? Warum kümmern wir uns nicht um die wichtigeren Dinge? Ehrlich miteinander umgehen, dafür sorgen, dass schreckliche Waffen niemals mehr Kinderkörper zerreißen? Wenn diese wichtigen Dinge getan sind, können wir alle besser denken, unsere Köpfe werden klar sein und für eine gute Zukunft des Menschengeschlechts auf Erden sorgen. Jemand, der Hunger hat und dem man sein Land streitig macht, der kann das nicht. Mütter, denen die Kinder im Arm verhungern, interessieren sich nicht für die Mondlandung. Und darum verstehe ich Meikes Nebel im Kopf, aber ich kann ihn nicht vertreiben. Von meiner Freundin, die als Lehrerin in der Klinikschule der Jugendpsychiatrie arbeitet, erhalten wir die Adresse einer Gesprächstherapeutin, die eine hohe Erfolgsquote in der Behandlung von Jugendlichen hat. Meike nimmt einen Vorgesprächstermin mit uns wahr. Sie versucht, ihren Überdruck loszuwerden, indem sie Wandgemälde erstellt. Ein schwarzer Engel in Lebensgröße mit dem Schriftzug *Furialis* überzeugt mich einmal mehr von Meikes künstlerischem Talent, aber zugleich spüre ich die wütende Kraft, die dahintersteckt, und denke, wo um Himmels willen soll mein Kind die lassen.

Meike

Ich dachte, es wäre besser, wieder zu Hause zu sein. Besser als in dieser dämlichen Klinik, die sowieso nichts bringt. Aber ich wäre lieber in einer Klinik, oder besser gesagt in einer Klapse. Ich will nicht in einem Zimmer mit Tisch, Fernseher, Fenster und Bad auf meinem Bett sitzen. Ich will auf dem Boden einer absolut weißen Zelle kauern, so weiß, dass es in den Augen weh tut. Und wenn die Tür geschlossen wird, dann wird es schwarz, stockdunkel. Und die Tür ist die meiste Zeit geschlossen. Da will ich sein. Irgendwo, wo es ein bisschen so ist wie tot zu sein. Ich will mich nicht mehr um mich kümmern. Wenn ich mich um mich kümmern muss, dann kann ich es nur darauf anlegen, mich kaputtzumachen. Ich hätte gern die Kraft, mich umzubringen. Dem allen hier ein Ende zu setzen. Aber das kann ich nicht, und genau aus diesem Grund bin ich verzweifelt. Man will gehen und kann es nicht. Das ist scheiße. Also würde ich gern gegangen werden, wie man so schön sagt. Und wenn mich das vorerst in eine dumme Zelle führt, dann ist das besser, als versuchen zu müssen, mein Leben in den Griff zu bekommen. Aber na ja, meine Eltern haben jetzt erst einmal vorgeschlagen, dass ich zu einer anderen Psychologin gehe. Eine ambulante Behandlung beginne, in der intensiv geredet wird (seufz). Aber okay, warum nicht, ich kann es ausprobieren. Ich rede nicht gern, daher hat es vielleicht nicht so viel Sinn, wenn ich dort rumsitze und die Wand anstarre, aber meinetwegen. Einige von den Leuten im Chat oder Leute in irgendwelchen Filmen erzählen ihren Psychologen irgendeinen Mist. Das ist doch unnötig. Ich würde reden, wenn ich es könnte, aber ich bin des Redens müde. Wie oft habe ich meinen Eltern versucht klarzumachen, wie es in mir aussieht. Ich habe so oft durch Gerede und durch Handlungen versucht zu zeigen, wie es mir geht und was mich stört. Aber niemand sieht das, niemand versteht meine absolut klaren und deutlichen Aussagen, das macht fertig, das macht leer und einsam und bringt mich zur Verzweiflung und ich bin nahe daran zu resignieren und zu sagen: »Okay, ich mache nicht mehr mit, ich gebe auf und setze mich in eine Ecke, um nie wieder aufzustehen und mit leeren Augen vor mich hin zu starren.«

Eine sehr schöne, ruhige, sehr entspannende Vorstellung. Aber dennoch kann ich das nicht, noch kann ich das irgendwie nicht. Ich werde mal abwarten, wie es mit der Psychologin ist, vielleicht hat sie mehr Ahnung von allem, vielleicht hat sie mehr Ahnung als ich. Ist aber eher nicht zu erwarten, weil Erwachsene im Großen und Ganzen nicht mehr auf ihre Gefühle hören, Erwachsene haben nicht mehr so intensive Gefühle oder sie zeigen sie einfach nicht. Und wer seine Gefühle nicht zulässt, der kann Gefühle nicht verstehen und hat keine Ahnung. Verstand bringt keine Ahnung. Vernunft bringt auch nichts, außer vermeintlicher Struktur und Ordnung. Ich hätte zugegebenermaßen oft lieber dieses Erwachsenendenken. Ich wäre gern durch meinen Kopf bestimmt. Durch meinen Verstand, Rationalität, Vernunft. Aber so bin ich leider nicht. Das würde alles viel leichter machen, keine Gefühle mehr haben. Dann wäre ich erwachsen und würde nicht mehr spüren, wie das Leben und die Welt wirklich ist. Dann würde ich keine Ahnung mehr haben. Und was ich nicht weiß, macht mich nicht heiß. So sagt man doch. Aber gut. Ich lasse mich überraschen. Mir zuliebe und meinen Eltern zuliebe werde ich mal schauen, ob die Therapie nicht doch hilft.

Die Klasse

Lena: *Sie ist ebenfalls eine sehr gute Freundin von mir, und deswegen möchte ich sie hier natürlich auch erwähnen. Sie ist sehr fantasievoll und kreativ, was bei uns wahrscheinlich einen großen Teil dessen ausmacht, weswegen wir uns so gut verstehen.*

Merkwürdiges: *Wie Carina beherrscht sie die Kunst, komische Worte zu erfinden. Allerdings setzt sie diese in ihrem Alltag bevorzugt ein. Auch hier wurden die Gründe dieser anscheinenden Erkrankung noch nicht wirklich geklärt. Mit der Zeit gewöhnt man sich daran, und es fällt fast kaum noch auf, so halten wir es auch nicht für nötig, in dieser Sache weitere Nachforschungen anzustellen.*

Lena hätte viel zu sagen, tut es aber meistens nicht, sei es, um andere nicht zu verletzen, oder aus anderen Gründen. Meiner Meinung nach sollte sie sich öfter überwinden, sie muss ja nicht in ähnliche Übertreibungen verfallen, wie ich es von Zeit zu Zeit vorziehe.

Abschließend: *Ich kenne Lena schon seit der Grundschule, und wie schon erwähnt, verstehen wir uns sehr gut. Wegen ihrer Art jedoch, wie sie sich nach außen hin zeigt, ziehen wir es wohl vor, uns in anderen Gesellschaftskreisen aufzuhalten. Trotzdem finden wir oft wieder zueinander, was ich auch bestimmt nicht bereue.*

Und somit auch schöne Grüße an Lena!!!!

»Wahnsinn, Meike hat sich ja entwickelt.« Conny, Lenas Mutter, treffe ich meist vorm Supermarkt. Wir nehmen uns immer vor, uns noch mal gemütlich zusammenzusetzen, aber irgendwie finden wir nicht die Zeit. Deshalb tauschen wir die letzten Ereignisse schnell vor dem Laden aus.

»Letztens saß ich in der Bahn und es steigt ein Teenager ein, streichholzkurzes Haar, aufrechte Haltung und eine Präsenz … und dann erkenne ich erst Meike.«

Connys Bewunderung ist ehrlich gemeint. Ja, ich finde auch, dass Meike nach dem Klinikaufenthalt anders ist, der Versuch war auf jeden Fall richtig, aber ich weiß, dass wir noch einen weiten Weg vor uns haben. Ich erzähle Conny, dass der Gang zur Schule nach wie vor ein Canossagang für Meike ist, aber dass wir große Hoffnung auf Frau Hendricks, Meikes Therapeutin, setzen. Meike mag sie, das spüre ich, aber ob die Therapie hilft, steht in den Sternen. Ich merke Conny an, dass sie mit ihren Gedanken woanders ist, sie sieht auch abgespannt aus. Ich frage, was sie denn beschäftigt. Und sie erzählt, dass ihr Sohn »gemobbt« wird. Conny sagt das zögerlich. Tobias besucht das gleiche Gymnasium wie Meike und Lena, er ist nur zwei Stufen unter ihnen. »Wie wird er denn gemobbt?«, frage ich.

»Zuerst waren es nur verbale Angriffe. Es gibt da einen Jungen in der Klasse, Pascal, der ist wie seine Eltern ein richtiger Großkotz, muss immer den Ton angeben. Nach einem Fußballspiel im Sportunterricht reichten ihm die Verletzungen mit Worten wohl nicht mehr aus …« Conny steigen die Tränen in die Augen. »Tobias Mannschaft hatte gewonnen, und Pascal hat ihm nach dem Spiel von hinten so heftig gegen das Bein getreten, dass Tobias eingeknickt ist und sich ein Band im Knie verletzte. Er muss nun für längere Zeit eine

Schiene tragen. Nichts mit Fußball vorläufig, und das, wo er sich doch für ein Trainingslager qualifiziert hatte, das in den Ferien stattfand. Tobias ist noch immer am Boden zerstört.«

»Und was ist passiert?«, frage ich. »Wurde Pascal zur Rechenschaft gezogen?«

»Nein, das ist es ja!« Conny schießen erneut Tränen in die Augen. »Ich habe Pascals Eltern angerufen, dass Pascal sich doch zumindest entschuldigen müsste. Und weißt du, was die Mutter gesagt hat? Jungens wären eben wild, und mit so etwas müsse man doch rechnen beim Fußball, und manche seien dafür eben geeigneter als andere … Ich solle sie endlich in Ruhe lassen mit der Angelegenheit.«

Ich blicke Conny ungläubig an.

»Ich habe schon mal darüber nachgedacht, ob ich mit der Sache zum Anwalt gehen soll«, sagt sie leise, »aber eigentlich finde ich es dumm, wenn man private Auseinandersetzungen nicht selbst regeln kann.«

»Du hast vollkommen recht, wenn es sich um Lappalien handelt und die Parteien sich einsichtig zeigen. Aber das ist hier doch ganz und gar nicht der Fall«, sage ich aufgebracht. »Du musst etwas tun, das ist wichtig für Tobias und für Pascal! Die Idee mit dem Anwalt ist gut. Mache das!«

Conny schüttelt unsicher den Kopf. »Tobias wirkt, als hätte er jeden Lebensmut verloren.«

»Das ist doch klar! Bitte unternimm etwas, und nächstes Mal, wenn wir uns treffen, hast du das erledigt, versprich mir das!«

Wir umarmen uns. Conny versichert noch einmal, dass sie handeln wird. »Ich ruf dich an«, sage ich, und Conny wischt sich die Tränen aus den Augen und kann lächeln und sagt: »Jetzt unternehme ich bestimmt etwas.«

Meikes Tagebuch

Verhasst

Nun, ich habe beschlossen, ab heute, sofern es in meiner Macht steht, immer wieder Leute (Lehrer von meiner Schule) auszuwählen, die ich nicht leiden kann. Seien es Lehrer, die ich nicht ertragen, oder jene, die ich nur im Moment nicht leiden kann. Hier werden sie bald alle stehen.

Es ist der 9. November 2003, und am heutigen Tag wollen wir Frau K., meine Klassenlehrerin, zum »Hassobjekt« küren. So überreiche ich feierlich die Schärpe an Frau K., eine genauso unwissende Person wie schlechte Erdkunde- und Biologielehrerin. Mit ihrem überschäumenden Mutterinstinkt schwingt sie sich häufig dazu auf, anderen helfen zu wollen, dabei macht sie meist alles nur noch schlimmer. Ihre Söhne, so bemerke man, dürfen im Alter von siebzehn und vierzehn Jahren nicht einmal übers Wochenende allein zu Hause bleiben. (Wir werden den Jungs eine Mitleidskarte zukommen lassen.)

Frau K. ist sehr schlecht im Organisieren. Ihr Chaos schiebt sie meist anderen beteiligten Personen in die Schuhe. Frau K. ist eine unfähige Lehrerin, man fragt sich ständig, warum sie unterrichten darf, hat die Schule einen Mangel an Lehrern, dass man jeden Nächstbesten von der Straße aufliest?! Oder erweckte Frau K. Mitleid und verschaffte sich so diese Stelle!? Es wird sich wohl auch kein Schuldiger finden lassen, denn wer möchte für solch einen Fehler verantwortlich gemacht werden.

Zum Abschluss nur ein Gruß an unsere Klassenlehrerin Frau K. und viel Glück für sie, da sie von Komplexen besessen zu sein scheint, denen nicht einmal meine Wenigkeit ausgesetzt ist.

Meike

Menschen machen mich nervös. Meine Lehrer machen mich nervös. Meine Familie macht mich nervös, Verwandte machen mich nervös. Ich sitze in meinem Zimmer und könnte wahnsinnig werden. Ich muss die anderen weder sehen noch hören, es reicht, dass ich weiß, dass sie da sind, und ich bin angespannt. Ich will Zeit für mich. Ich will meine Ruhe. Ich will verdammt noch mal meine Ruhe. Ich will irgendwohin, wo niemand ist. Meinetwegen auch in eine Psychoklinik, in der man mich mit Medikamenten vollstopft, bis ich mir immerhin einbilden kann, absolut allein zu sein. Ich möchte weggebracht werden oder weggehen. Raus aus diesem, wie man so schön sagt, Taubenschlag. Dieser widerlichen lebhaften Wohnung, in der mir jeder, vor allem meine Mutter, verwehrt, für mich allein zu sein. Mich kotzt das alles an.

An meinem PC kann ich in eine andere Welt fliehen. In den Chats gibt es auch Menschen, klar, aber die sind eben nicht so beängstigend. Sie kennen mich nicht, ich kenne sie nicht, es gibt keinerlei Anlass, dass ich mir Gedanken darüber machen müsste, wie ich wirke.

Anja

Ich bin sehr beschäftigt. Mache ich zu viel? Aber es ist doch alles wichtig … Job … Zwischenmenschliches … Schreiben … Und daneben Meike im Auge behalten … Dabei bin ich ständig hin- und hergerissen zwischen der Anforderung an mich selbst, ihr einerseits zu vertrauen, ihr etwas zuzutrauen, sie darin zu bestärken, dass sie ihr Leben bewältigt, und andererseits der Angst, dass sie sich etwas antun könnte und ich es nicht verhindern kann. Sie isoliert sich, sie wirkt angespannt, ihre

Haut ist weiß, ihre Hände kalt. Statt sich mit Freunden zu treffen und rauszugehen, sitzt sie meist nur noch vor dem Computer und chattet. Ist sie auf einer dieser Pro-Ana-Webseiten, auf denen Mädchen ihre Essstörungen verklären und sich gegenseitig anfeuern, noch dünner zu werden? Trifft sie Verabredungen zum Selbstmord? Hat sie Kontakt zu Satanisten? Wenn ich in ihr Zimmer gehe, wird sie aggressiv.

»Was willst du? Spionierst du mir hinterher? Willst du sehen, was auf dem Monitor ist?«

Eigentlich will ich nicht sehen, was auf dem Monitor ist, ich komme aus völlig anderen Gründen zu ihr, aber ihre Unterstellung macht mich misstrauisch. Ich will ihre Privatsphäre wahren und habe Angst, dass das ein Fehler ist. Ich will stark sein und merke, wie ich immer mehr abbaue. Ich habe mich sogar an eine Therapeutin gewandt. Aber es war anscheinend nicht die richtige. Ich halte es nicht gut aus, wenn jemand hinter mir sitzt und kaum redet. Ich hatte nicht das Gefühl, dass mir die Sitzungen irgendetwas gebracht haben. Ich würde am liebsten mit Meikes Therapeutin reden, die ist mir sympathisch, aber sie ist Jugendtherapeutin. Meike fährt regelmäßig hin. Manchmal will sie nicht, aber meistens nimmt sie den Termin wahr.

Bei den unregelmäßigen Gesprächen, die Meike, Karl und ich gemeinsam mit Frau Hendricks führen, fühle ich mich wohl. Sie strahlt eine Gelassenheit aus, die den Raum füllt. Bei ihr scheinen die Uhren still zu stehen, und das tut gut. Ob Meike wirklich Fortschritte macht, kann ich nicht beurteilen. Es geht ständig auf und ab, habe ich den Eindruck. Ich komme nach Hause und alles ist gut, oder ich komme nach Hause und die Hölle ist los. Meike kann ohne Übergang vom freundlichen Engel zum wutschnaubenden Teufel wechseln. Und ich stehe fortwährend in dem Zwiespalt zwischen Verständnis und Strenge. Wenn ich Meike maßregele, kann sich die Auseinandersetzung, die das nach sich zieht, zu einem regelrechten Zweikampf auswachsen. Wir brüllen uns an und schlagen die Türen. Meikes Zimmertür ist schon völlig aus dem Leim. Karl möchte immer, dass ich mich zurückhalte, denn das bringt doch nichts, meint er. Aber kann man einem Kind jedes Benehmen durchgehen lassen? Selbst wenn es sich schlecht fühlt?

Meike

Ich chatte viel. Es stört mich nicht, mit Menschen zu reden, solange sich die Gespräche auf den Monitor meines PCs beschränken. PC aus. Menschen weg. Kein Problem. Ich will andere Menschen nicht sehen und ich will auch nicht, dass sie mich sehen. Aber vielleicht hat meine Mutter doch recht damit, wenn sie meint, dass man in Isolation verrückt wird. Sich mit anderen auszutauschen ist vielleicht doch besser, als allein mit seinen Gedanken zu sein. Immerhin chatte ich nicht in irgendwelchen dummen Chats, in denen doofe Spackojungen blöde Spackotussis suchen. Das ist so was von dämlich! Und es gibt viel zu viele von diesen »Hi, bin fünfzehn und dumm und suche w, vierzehn, auch dumm«-Laberchats. Viel zu viele! Und verschwindend wenige gute Chats. Chat666. Wunderbar, das ich den gefunden habe! Ich bin kein Satanist oder so, auch wenn diese Zahl immer damit in Verbindung gebracht wird. Ich trage gern Schwarz, find die Welt scheiße und denke daher, dass ich zu diesen Leuten noch am ehesten einen Draht habe, wenn überhaupt zu irgendwem. Ich bin kein Grufti, ich hasse es auch, wenn andere Leute denken, ich sei einer. Ich finde Punks und Gruftis doof, ich finde alles doof, was die Gesellschaft verhöhnt und dabei doch eine eigene, ebenso dumme Gesellschaft darstellt. Die Punkszene hat ihre Normen und Werte und die Gruftiszene ebenso. Da heißt es nur nicht: »Ey, so schwarz gekleidet kannst du hier aber nicht rein, das ist viel zu gruselig!«, sondern: »Ey, mit den bunten Klamotten kommst du hier schon mal gar nicht rein, viel zu kindisch.« Absolut das Gleiche! Beides schwachsinnig! Ich will nirgendwo zugehören. Ich will einfach nur tragen, was ich schön finde, und machen, was mir gefällt, und sagen, was ich richtig finde, und damit eine eigenständige Person sein. Keine Gesellschaft. Jedenfalls habe ich jetzt endlich einen Chat mit einem größeren Prozentsatz an Leuten gefunden, mit denen ich quatschen kann. Mit allen versteht man sich natürlich nicht, aber meist ist es lustig. Ich sitze oft bis zwei Uhr morgens am PC und tausche mich mit irgendwelchen Leuten über alles Mögliche aus. Manchmal auch über oberflächlichen Mist.

Anja

O Mann, wann in meinem Leben hört das eigentlich auf, immer beinahe durchzudrehen, aber so zu tun, als hätte man alles im Griff? Die anderen erleben mich immer so, als ob ich alles am besten wüsste, dabei bekäme ich manchmal selbst gern einen Rat. Karl weiß ein Lied davon zu singen, er kennt meine Anfälle. Am häufigsten hat er wohl gehört: »Ich schaffe das nicht.« Vor allem meine Panik vor Prüfungen hab ich nicht im Griff. Vor jeder Lehrprobe dasselbe Theater wie früher in der Schule und wie in der Uni. Chaotische Planung, schlaflose Nächte. Ich habe gute Ideen, aber weil sie mir nicht perfekt erscheinen, bastle ich so lange daran herum, dass ich viel zu wenig Schlaf bekomme. Außerdem hasse ich formale Vorschriften, und Lehrproben strotzen vor Formalität. Eine gute Unterrichtsstunde halten ist kein Problem, aber den gewünschten Verlaufsplan mit den genau vorgeschriebenen Sequenzen und Fachwörtern, igitt! Warum tue ich mir das im fortgeschrittenen Alter noch einmal an? Die volle Lehramtsprüfung. Und niemand merkt mir an, dass ich eigentlich völlig k. o. bin. Das begleitet mich wie ein Segen oder ein Fluch, ganz wie man es nimmt. In der Regel ist man eher froh, wenn sich nicht jede Anstrengung auf dem Gesicht abzeichnet, aber wenn man down ist und die anderen sagen: »Gut siehst du heute aus«, das kann einem auch auf die Nerven gehen. Ich weiß noch genau, wie mir beim Einkaufen eine Nachbarin sagte: »Na, du musst ja auf Rosen gebettet sein, so wie du immer strahlst.« Ich war völlig überrascht, denn da hatten wir gerade die Talsohle in der Krise mit Marvin erreicht. Ich frage mich oft, was ich ausstrahle. Meine Mundwinkel schienen immer nach oben zu zeigen. Kein Wunder, dass niemand meine Probleme ernst nimmt. »Mama, dass du immer fröhlich guckst, das ist doch nicht normal«, hat Meike kürzlich gesagt. Was soll ich machen? Eine Maske aufsetzen, mit so einem traurigen Clownsgesicht?

Meike

Ich kann diese Erwachsenensprüche nicht mehr hören! »Ja, ich versteh dich, ich war auch in der Pubertät, da fand ich auch alles scheiße.« Ja … und dann?, frag ich mich. Was war dann? Dann hat die Gesellschaft sich geändert und alles war gut? Nein! Dann hast DU DICH ANGEPASST und alles war gut. Ich will nicht erwachsen werden. Ich will nicht SO werden. Ich will nicht resignieren. Etwas anderes haben Erwachsene meiner Meinung nach nicht gemacht. Anders kann ich mir nicht erklären, dass sie die Gesellschaft so wenig kritisieren. Anders kann ich mir nicht erklären, dass sie sich jetzt einfach eingefügt haben, nachdem sie in ihrer Jugend doch angeblich auch so viele Probleme mit diesem Scheißsystem hatten. Oder glauben sie jetzt, sie waren im Unrecht? Sie waren aber nicht im Unrecht. Das System ist ein stinkender Haufen Mist. Die Gesellschaft ist scheiße. Die Menschheit ist scheiße. Man muss zur Schule gehen und irgendwelche Fächer machen, die einen nicht interessieren. Die Gesellschaft ist doch nur darauf ausgelegt, dass man sich schlecht fühlt. Man wird mit Anforderungen überhäuft, von denen jeder weiß, dass sie zu hoch sind, und dann fühlt man sich schlecht, weil man die erwünschte Leistung nicht erbringt. Und die ganzen kleinen Fettwänste, die sich dieses System ausgedacht haben, sitzen irgendwo herum und kichern sich ins Fäustchen. Die Gesellschaft ist da, weil sie den Menschen, der in ihr lebt, zerstören will. Wenn das nicht ihr Ziel sein sollte, dann frage ich mich, wieso sie es sonst tut. Warum gibt es so viele Durchgedrehte, Essgestörte, Depressive. Wenn es das Ziel ist, ein freudiges Miteinander zu ermöglichen, dann frage ich mich, wieso die Gesellschaft nicht auf dieses Ziel hinarbeitet? Wieso tut sie alles nur Erdenkliche, um dem Menschen das Leben zur Hölle zu machen? Und wieso, verdammt noch mal, wehrt der Mensch sich nicht? Die Menschen werden von ihrer eigenen Erfindung zerstört. Ach, wie lustig. Toll gemacht, Mensch!

Ich werde nicht mehr dazugehören. Ich steige aus. Aber es ist schwer, sich aus einer Gesellschaft herauszuziehen. Es gibt so viele widerliche Parasiten. Vielleicht ist doch der Tod der einzige Weg nach draußen. Die einzige Chance, aus diesem Scheißleben herauszukommen. Ich will einfach verrecken. Manchmal halte ich die Luft an, mit der Absicht, nie wieder einzuatmen. Aber das geht nicht, das würde schon ziemlich viel Disziplin erfordern, sich so umzubringen. Ich habe in Gedanken schon ein paar Selbstmordmethoden durchgespielt. Aber so komme ich nicht weiter. Irgendwo herunterzuspringen ist nicht mein Ding. Obwohl es mir gleichgültig sein könnte, möchte ich nicht völlig zermatscht am Boden liegen. Das wäre mir peinlich. Ich wünsche mir einen stilvolleren Tod. Mit einer Pistole. Ich hab aber keine. Und woher soll ich eine bekommen? Immer, wenn ein Polizist an mir vorbeigehen, denke ich, ich sollte versuchen, eine Waffe zu stehlen. Aber das wird nicht so einfach funktionieren. Und da ich meistens keinem Polizisten in einsamen Gassen begegne, in denen ich das Moment der Überraschung ausnutzen könnte, um ihn niederzuschlagen und ihm die Waffe zu rauben, bleibt die Wahrscheinlichkeit gering, dass ich mal eine Waffe haben werde. Wahrscheinlich würde ich mich auch gar nicht trauen, einen anderen Menschen zusammenzuschlagen. Nachher werde ich noch ausgelacht, weil ich es nicht geschafft habe. Das muss ja nicht sein.

Anja

Ich finde es tough von Meike, dass sie mit zur Weihnachtsfeier der Klasse geht, die für Schüler und Eltern veranstaltet wird, obwohl sie eine Abneigung gegen große Ansammlungen von Menschen hat. Einer der Väter führt eine Bistrokette und stellt die Räumlichkeiten zur Verfügung, auch für Essen und Trinken ist gesorgt. Die Klinik hat anscheinend doch etwas gebracht. Bei Schülern und Eltern, mit denen wir von jeher mehr zu tun hatten, merkt man deutlich die Freude, dass wir dabei sind. Mir fällt auf, dass Conny wesentlich besser aussieht als bei unserem letzten Zusammentreffen, und tatsächlich, sie hat etwas unternommen. Pascals Familie musste Schmerzensgeld an Tobias zahlen. Tobias geht es seitdem wieder besser, und die Situation in seiner Klasse hat sich auch positiv verändert, was den Umgang miteinander betrifft. Conny und ich umarmen uns, diesmal vor Freude. »Dass ich dich damals getroffen habe«, meint sie noch, »nur weil du mir so zugeredet hast, habe ich das gemacht.« Ich glaube es nicht. Mein Einfluss auf andere Menschen überrascht mich immer wieder. Und ich denke, warum kann ich es für uns selbst nicht so gut einrichten? Warum liegen mir die Lösungen für meine eigenen Probleme nicht auf der Hand?

Meikes Tagebuch

Die Klasse

Marco: *Marco erfreut mich nun schon seit der siebten Klasse mit seiner Anwesenheit. Wir sitzen nicht nur in der Klasse nebeneinander, wir hatten auch das Glück, gemeinsam den Konfirmationsunterricht besuchen zu dürfen.*

Neben seiner zuweilen etwas herablassenden und eigenwilligen Art habe ich mit äußerster Überraschung festgestellt, dass man mit ihm durchaus bessere Gespräche führen kann als mit den meisten Menschen, die auf diesem Planeten vor sich hin vegetieren.

Merkwürdiges: *Selbst als es Marco gelang, sich durch seine miesen Mobbingaktionen bei Lehrern wie auch einigen Klassenkameraden und Eltern endgültig unbeliebt zu machen, bewahrte er Haltung, und die Sache schien/scheint ihn nicht wirklich zu stören. (Im Gegenteil, er wagte sogar, sich darüber zu amüsieren, was ihm bei weitem keine besseren Aussichten verspricht.) Marco kümmert sich also überdurchschnittlich wenig um das Gefasel anderer. Meine Hochachtung, der beste Weg zur Unabhängigkeit von unserer traurigen und ebenso peinlichen Gesellschaft.*

Wichtiges: *Marco, zwischenzeitlich schien es nicht gerade so, als würden wir gut miteinander auskommen, ich hatte eher das Gefühl, du hättest mit der Zeit so etwas wie Hass und Abwertung gegen mich entwickelt. Da sich das, so wie ich es sehe, aber wieder gelegt hat, werde ich darauf auch nicht weiter eingehen. Ich hoffe nur, dass so etwas nicht noch mal vorkommt, da ich das doch ehrlich gesagt schade fände.*

Abschließend: *Trotz unserer immer wiederkehrenden Meinungsverschiedenheiten, schaffen wir es doch sehr gut, miteinander auszukommen *wunder*. Also meine ich jetzt, dir befehlen zu können, auch nach deinem Schulwechsel dein dummes ICQ zu behalten.*

Viele Grüße also an dat Marco. (hähähä, hrhrhr)!

Anja

Es ist neuerdings Mode unter den Schülern, ihr Tagebuch im Internet zu führen. Das heißt, statt in geheimen Briefchen steht jetzt schon mal auf ihrer Homepage, was sie voneinander halten. Das ist fatal, denn nicht nur die Eingeweihten, sondern alle Welt hat Zugang dazu. Und so brachte eine beleidigte Schülerin Marcos Worte zur Anklage: »Wenn Nadine einen IQ-Punkt weniger hätte, wäre sie dann eine Topfpflanze?« Meikes Klasselehrerin Frau K. führte nun regelrecht Prozess gegen Marco, der nicht unbedingt zu ihren Lieblingsschülern zählt, wie ich von Meike weiß. Die Angelegenheit war Tagesordnungspunkt der nächsten Klassenpflegschaftssitzung. Einige Eltern, auch ich, hatten Marcos Homepage betrachtet und wagten vorsichtig einzuflechten, dass sich darauf ziemlich intelligente Texte befänden, was natürlich die Beleidigung anderer Personen nicht rechtfertige. Aber können die Kinder nicht miteinander reden, sich entschuldigen und versprechen, auf die besondere Empfindlichkeit anderer im Zweifelsfall Rücksicht zu nehmen? Nein, das geht nicht. Frau König und die Lobby der Beleidigten verlangt Genugtuung. Klassenkonferenz und Pipapo.

Meike hat nichts gegen Nadine. Aber sie mag Marco. Mit ihm kann sie gut reden. Schade, dass er mit seiner Familie umzieht. Inzwischen kann ich dem Internet auch gute Seiten abgewinnen. Meike geht wenig raus, aber sie hat Kontakt zu einigen Klassenkameraden über ICQ.

8. KAPITEL

Meikes Tagebuch

Die Schule schafft mich. Ich schaffe die Schule nicht. Haha. Gar nicht zum Lachen! Der arme Marco und diese Putzi-Nadine. Mimt auf hilfsbedürftig, und schon flattert Frau K. um sie herum. Kotz! Die Schule ist schrecklich, und meine Mitmenschen sind es auch. Der Tag war schlimm. Ich fühle mich schlecht, ich fühle mich zum Kotzen. Es ist spät und ich will nur noch ins Bett und schlafen, aber ich kann nicht. Heute geht anscheinend gar nichts. Ich hab den ganzen Tag nichts Sinnvolles gemacht. Gemäßigt zu essen habe ich natürlich auch nicht geschafft. Die Schule nervt. Mit anderen Menschen komme ich nicht zurecht. Wieso muss ich Dinge tun, die ich nicht kann? Ich setze mich aufs Bett. Meine Eltern sind im Wohnzimmer. Wäre es ruhig, könnte ich bloß den Fernseher hören. Aber es ist nicht ruhig. In meinem Kopf ist es nicht ruhig, und mein Herz ist erst recht nicht still. Es schlägt und schlägt. Als wolle es raus. Und aus meinem Kopf will nichts raus. »Ich bin scheiße. Ich bin zu nichts nutze. Ich packe das alles nicht. Ich verzweifle an der beschissenen Schule, weil ich zu blöd bin für alles.« Eins nach dem anderen. Ohne Pause. Mein Hirn macht mich verrückt. Und mein Herz dazu. Alles unruhig, alles zitternd, alles viel zu stark. Ich kann so nicht schlafen! Aber ich will doch. Ich will doch nur schlafen. Schlafen und nicht mehr aufwachen. Die Hoffnung stirbt zuletzt! »Geh schlafen, Meike, und wenn du Glück hast, wachst du nicht mehr auf.« Aber ich kann nicht schlafen. Ich gehe ins Bad. Keine

Ahnung, wo ich die Rasierklingen gelassen habe, aber ich werd schon neue finden. Ich weiß gar nicht, wozu mein Vater diese losen, offenen Rasierklingen überhaupt hatte. Was soll es, es sind keine mehr zu finden. Es war so klar! Wenn man etwas dringend braucht, ist es nicht da. Es gibt nur den Kopf des Rasierers, klar, sind da Klingen drin. Die müsste ich bloß erst mal rausbekommen. Ich gehe in die Küche und hole eine Schere. Ich setze mich an meinen Schreibtisch, schneide die Seiten des Rasierkopfes auf und trenne die Bänder zwischen den Klingen. Dumme Arbeit. Echt nervig. Man kann diese Teile gar nicht Klingen nennen. Es sind vielmehr schmale, an einer Seite immerhin scharfe Streifen. Ich setze mich wieder auf mein Bett, die Rasierstreifen lege ich auf meine Beine. Ich lehne meinen Rücken an die Wand, nehme dann eine Rasierklinge in meine rechte Hand, der linke Unterarm liegt ruhig auf meinem Oberschenkel. Ich balle die linke Hand zur Faust und setze mit der Rasierklinge an, ich ziehe sie schräg über meinen Unterarm zu mir hin. Leicht. Ein blasser, dann roter dünner Streifen. Atmen. Endlich atmen. Richtig atmen. Tief einatmen, wieder ausatmen. Das tut so gut. Mein Herz schlägt schneller. Schneller. Keine Angst, keine Verzweiflung. Sondern Aufregung, Vorfreude, Erwartung, mein Herz schlägt erwartungsvoll. Ich greife die Rasierklinge fester. Setze wieder an. Ich ziehe die Rasierklinge über meinen Arm. Stärker. Der Streifen ist weiß. Es sieht aus, als habe die Haut nur auf einen Einschnitt gewartet, um ihre Spannung zu lösen, sie klafft bereitwillig auseinander. Dazwischen dieser weiße Streifen. Ein weißer Streifen, mit Struktur, wie man sich Gewebe so vorstellt. Gewebt. Durch kleine, vermeintliche Löcher und Spalten tritt das Rot aus. Der Schnitt füllt sich mit Blut, bis es über seine Kanten hinausquillt. Ganz sanft. Langsam. Dunkelrot. Wieder atmen. Richtig atmen. Noch ein Schnitt. Wieder atmen. Frei atmen. Noch ein Schnitt. Und mit jedem Atemzug wird mein Herz wieder ruhiger. Nicht mehr so viel Blut zu pumpen. Nicht mehr dieses rote Leben durch den sterben wollenden Körper zum todwünschenden Hirn pumpen. Es wird ruhiger. Mein Arm blutet. Blutet. Das erwarte ich gar nicht. So viel Blut. Bei den paar Schnitten. Ich suche Taschentücher. Eins finde ich. Drücke es auf meinen Arm. Es färbt sich rot. Durchweicht. Ich öffne die Zimmertür leise und schleiche schnell in die Küche. Schaue nur, ob nicht ein Tropfen zu Boden fällt. So viel Blut, aus so kleinen Wunden. Ich nehme mir einige Küchentücher und haste zurück in mein Zimmer. Die Wohnzimmertür bleibt geschlossen. Das Blut läuft meinen Arm hinab. Es kribbelt, es kitzelt und fühlt sich so gut an. Durch die Schnitte aus meinem Körper hinaus über meine Hand läuft das Blut. Ich umwickle meinen Arm mit einigen Tüchern und ziehe meinen Pullover an. Ich sitze auf meinem Bett. Ich mach das Licht aus und lege mich hin. Meinen Arm dicht an meinen Körper gepresst. Ein leichter Schmerz, ein leichtes Gefühl. Ich schlafe ein. Mir ist egal, ob ich morgen aufwache.

Anja

Machen wir das richtig? Immer wieder signalisiert Meike, dass sie auch mal allein sein will, dass unsere ständige Gegenwart ihr auf die Nerven geht. Der Teil in mir, der sich selbst regelmäßig nach Ruhe sehnt, nimmt Meikes Worte für bare Münze. Aber der andere Teil in mir vermeint zu spüren, dass Meike doch nicht wirklich allein sein will, der ist misstrauisch und vermutet, dass Meike nur mit ihrem inneren Monster allein sein will.

Darum üben Karl und ich jetzt Abwesenheit. In dem Westerwald-Hunsrück-Sommer hatten wir ein verfallenes Häuschen entdeckt, das für kleines Geld zu haben war, sodass es im Rahmen unserer Möglichkeiten lag. Es war nicht das alte

Haus, das uns besonders faszinierte, sondern das riesige Gartengrundstück mit Blick auf das idyllische Dorf. Und dorthin fahren Karl und ich an den Wochenenden nun öfter und bauen und renovieren. Mit Luftmatratzen im trockensten Raum machen wir die Hütte bewohnbar. Wir lieben das beide. Meike war auch schon mal mit und hat Wände verputzt, aber sie macht keinen Hehl daraus, dass sie das alte Haus völlig daneben findet. Aber uns tut es gut, wir haben die Möglichkeit, dem Alltag zu entfliehen, ich komme raus aus der Kopfarbeit und dem Gefühlswirrwarr und Karl aus der Fremdbestimmtheit durch seine Chefs. Und ich denke, Meike ist sechzehn geworden, da will man die Eltern nicht ständig um sich herum haben. Ich hoffe nur, sie merkt nicht mein beklommenes Gefühl, denn ich weiß, dass ihr Selbstbild immer noch verzerrt ist, trotz der Disziplin, die sie sich auferlegt, um das zweite Halbjahr der zehnten Klasse durchzustehen.

Meike

Es ist egal. Es ist egal, wenn ich nicht gleich alles wegräume, was ich benutze, wenn ich mal nicht dusche und wie der letzte Idiot rumlaufe, wenn ich zu viel esse oder sonst was. Niemand ist da. Daher ist es egal. Wo kein Richter, da kein Henker. Wenn meine Eltern am Wochenende nicht da sind, bin ich viel entspannter, ich kann einfach machen, was ich möchte. Ich kann mir den Tag einteilen, wie ich will. Ich kann Chaos produzieren, wie ich will. Ich kann gleichzeitig im Wohnzimmer den Fernseher angeschaltet haben und in meinem Zimmer, wenn dann noch die Suppenschüssel auf der Spüle steht und das Brettchen mit Messer auf dem Tisch liegt und ich trotz der zwei angeschalteten Fernseher vor dem PC sitze, beschwert sich niemand. Das gefällt mir. Ich habe wenigstens für das Wochenende keine Verpflichtung. Niemand schaut, was ich mache, und niemand bewertet und beurteilt, was ich tue oder wie ich etwas tue. Dadurch bin ich nicht so angespannt. Ich finde gut, dass meine Eltern dieses Haus gekauft haben, nicht, weil es schön ist, denn das ist es nicht, sondern, weil ich dann mal allein sein kann. Ich kann wirklich meine Ruhe haben. Es ist etwas anderes, wenn jemand im Zimmer nebenan sitzt, selbst wenn er schweigt, als wenn man allein in der Wohnung ist. Das ist ein riesengroßer Unterschied. Ich bin viel entspannter. Hinzu kommt, dass ich am Wochenende auch nicht rausgehen muss, wenn ich nicht mag. Ich kann die ganzen zwei Tage in der Wohnung hocken und niemand beschwert sich darüber. Wenn ich in der Schulzeit aus dem Haus muss, stresst mich das. Wenn ich am Abend daran denke, am nächsten Tag erneut rausgehen zu müssen, macht mich das fertig, die Schule nervt. An den Wochentagen muss ich viel mehr darauf achten, was ich esse. Am Wochenende ist es nicht ganz so schlimm. Dann habe ich auch nicht so viele Scheißgedanken, die mir im Kopf rumspuken. Ich muss an nichts denken, weil ich keinerlei Verpflichtungen habe, weil keinerlei Anforderungen an mich gestellt werden. Ich kann einfach tun, was ich will. Meistens schaffe ich dann viel mehr.

Anja

Meike sagt, sie ist froh allein zu sein. Einerseits. Andererseits ruft sie uns häufig auf dem Handy an. Wegen Nichtigkeiten, aber manchmal auch aus Verzweiflung. Wie es ihr geht? Schlecht. Und ich fühle die kalte Einsamkeit durchs Telefon. Wenn wir nach Hause kommen, sieht es oft chaotisch in unserer Wohnung aus. Wenn wir Meike darauf aufmerksam machen, wird sie wütend. Oder sie schweigt. Dieser Wechsel von wutschnaubender Hitze zu kühler Einsamkeit und Isolationssucht macht mich fertig. Wenn ich als Jugendliche allein sein wollte, dann um herumzugammeln, aber ich fühlte mich danach meist nicht gut. Es hat das Gefühl des Alleinseins und nicht verstanden zu werden eher verstärkt. Anna wollte schon mit siebzehn unerwartet ausziehen. Damals haben wir ihr einen Riegel davorgeschoben, Karl und ich. Anna wollte ohne Kontrolle sein, aber sie war mit sich noch nicht fertig. Als sie mit neunzehn auszog, war sie auch noch nicht fertig (wann ist man das schon?), doch sie war in ihren Zielsetzungen klarer.

Meike hat mit zwölf Jahren an einem Schüleraustausch teilgenommen und war für einige Wochen in England. Heute käme das für sie nicht mehr infrage. Fremde Menschen sind ihr ein Gräuel. Alleinsein kann nicht die Lösung von Meikes Problemen sein. Aber Kontrolle ist es auch nicht. Herrgott, warum ist das alles nur so kompliziert?

Meikes Tagebuch

Fragen
Ihr wundert euch, wenn ich schreie,
wundert euch, wenn ich beiße,
wundert euch, wenn ich voll Wut jedes Kleidungsstück zerreiße.
Ihr fragt euch, weshalb ich kratze, fragt euch, weshalb ich schlage,
fragt euch, weshalb ich mich zu widersetzen wage.
Ich sage euch, weswegen ich mich so gebe.
Ich gebe mich so, weil ich euch nicht verstehe.
Ich gebe mich so, um euch klarzumachen, ihr sollt mir eure
Gründe verständlich machen, gebe mich so, damit ihr seht, dass
der Mensch noch lebt, der unter euch steht.

Es ist geschafft. Das Schuljahr ist geschafft. Ich weiß, dass es für Meike hart war. Wie soll es jetzt weitergehen? Die Oberstufe absolvieren oder eine Ausbildung? Meike hat keine Idee, was sie interessieren könnte. Die Ausbildungsberufe, die mir durch den Kopf gehen, scheinen mir irgendwie falsch für Meike. Wenn ich sie Meike aufzähle, ist sie ratlos. Sie ist müde. Und ich denke, Ferien tun erst mal gut. Ich stecke noch immer in meinem Referendariat und muss nach Weihnachten die Examensarbeit abgeben. Während des Schuljahres geht nicht viel, also muss ich in den Sommerferien daran arbeiten. Wenigstens schon mal die Eckdaten und die Struktur schaffen. Ferien im Hunsrück. Meike möchte etwas Zeit mit uns verbringen und etwas Zeit allein. Karl hat weniger Urlaub als ich, darum verbringe ich eine Woche mit Meike und Carina in unserem halbfertigen Häuschen.

Unseren guten Freunden, den Eltern von Carina, geht es schlecht. Die Firma, für die vor allem Nasif federführend war, ist pleitegegangen. Ulla hatte dort mitgearbeitet. Sie ist ein Organisationstalent, sie ist fleißig, aber das alles hilft nicht, wenn ein Riesenapparat zusammenbricht und alle, die in den guten Jahren gern profitiert haben, in Windeseile das sinkende Schiff verlassen. Und das hatte gravierende gesundheitliche Folgen, sowohl für Ulla als auch für Nasif, für den seine Gesundheit von je her nicht auf der Prioritätenliste stand. Karl und ich sind bestürzt, aber bei einer Katastrophe von solchem Ausmaß können wir kaum helfen. Den freundschaftlichen Kontakt halten, aber was nutzt das schon. Unsere Freunde stehen vor dem Bankrott ihres Lebens, und ich wundere mich über Carina. Sie ist immer noch das freundliche, zu Scherzen aufgelegte Mädchen, die als Einzige den

Zugang zu Meike behält. Sie wird das nächste Schuljahr in Amerika verbringen. Das ist gut für Carina, aber was wird Meike machen? Da weder Meike noch uns in den Ferien die Erleuchtung kommt, was ihre weitere Ausbildung betrifft, will sie nun erst einmal die elfte Jahrgangsstufe besuchen.

Meike

Meine Eltern hatten mir VERSPROCHEN, dass ich nicht mehr in die Schule gehen muss. Und was ist jetzt? »Willst du die Elf nicht doch versuchen?«, fragte mich meine Mutter in den Ferien. In den Ferien findet man die Schule nicht so schlimm, da ist man ja in sicherer Entfernung. Also habe ich dann irgendwann eingewilligt, damit sie aufhört zu nerven. Wie blöd kann man nur sein! Jetzt muss ich wieder zur Schule. Und diesmal auch zu dem beschissenen Sportunterricht. Im zweiten Halbjahr der zehnten Klasse hatte ich ein Attest und brauchte am Sportunterricht nicht teilzunehmen. Und jetzt geht das alles wieder von vorn los. Ich hasse Schulsport, ich hasse es, in Sportsachen vor anderen Leuten herumzulaufen, dann fühle ich mich nackt und widerlich. Wenn ich mich umziehen muss, ist es genauso schrecklich, aber dann die zwei Stunden mit diesen vielen Menschen in einer Halle nur in Sporthose und T-Shirt herumzuspringen, finde ich grauenhaft. Im Klassenzimmer kann ich wenigstens auf meinem Stuhl am Tisch sitzen. Geschützt von Stuhl und Tisch, das ist erträglich. Aber sich vor anderen zu bewegen, das geht gar nicht. Für die Elf habe ich kein Attest mehr. Meine Mutter, meine idiotische Mutter meint, ich solle weiter Sport machen, das sei sonst ungesund und ungut und so weiter. Klar! »Wenn ich weiß, dass ich am nächsten Tag in der Schule Sport machen muss, dann werde ich am Abend vorher nur kotzen«, habe ich ihr gesagt. Ich habe das nicht gesagt, weil ich sie provozieren wollte, sondern weil es der Wahrheit entspricht und es tatsächlich unumgänglich ist. Aber das interessiert sie anscheinend nicht. Deshalb habe ich aufgehört, mit ihr darüber zu diskutieren. Ich werde letzten Endes einfach nicht beim Sport mitmachen, wenn ich es nicht kann.

Der Sport ist aber nur die eine Sache. Ich frage mich, wie gesagt, wie meine Eltern überhaupt auf die Idee kommen konnten, mir nahezulegen wieder in die Schule zu gehen. Ich fühle mich verarscht. Verarscht. Als hätten sie nie vorgehabt, mir die elfte Klasse zu ersparen. Und ich habe auch noch eingewilligt. Meine Mutter meint, dass Schule doch allein wegen der Klassenkameraden ein Grund wäre hinzugehen. Das ist so dämlich. Das war bei mir wohl fast seit der fünften Klasse kein Grund mehr hinzugehen und ab der acht dann eher ein Grund dagegen. Meine Klassenkameraden sind mir gleichgültig. Ich habe keine Ahnung, wer sie sind. Ich habe nichts mit ihnen zu tun. Sie interessieren mich nicht. Außerdem sind jetzt viele von fremden Schulen dazugekommen, dass es ohnehin unmöglich ist, irgendeinen Einstieg zu finden. Ich kann eben keine sozialen Kontakte knüpfen, und es macht mich unsicher und sogar wütend zu sehen, wie andere Menschen einfach ohne Probleme miteinander ins Gespräch kommen. Ich kann das nicht. Ich will es nicht, aber können tue ich es auch nicht. Ich kann nicht einfach mit anderen Leuten reden. Ich fühle mich dann unsicher und ausgeliefert und werde nervös. Darauf habe ich keinen Bock. Ich werde also dabei bleiben und meine Mitschüler schlichtweg als Fremde betrachten.

Meikes Tagebuch

Gebt mir eine Welt,
in der ich,
ich,
sein kann.

Ich finde mich,
widerlich.

Ich wünschte, ich könnte mir die Haut vom Leibe reißen und jede einzelne Fettschicht darunter abziehen. Schicht für Schicht für Schicht, mich meiner Ekelhaftigkeit entledigen. Ich wünschte, ich könnte mir mein widerliches Gesicht zerschneiden, es ist einfach missgebildet. Die Augen sind schief und klein und werden von Haut verschlungen, die sich bei jedem Lächeln und Lachen um sie wölbt, sie verschlingt von oben und unten, die kleinen, ekelhaften Schweinsäuglein, sie werden so klein dabei, dass man sie ausstechen möchte, sie hinausreißen, mit ihnen die Adern und Nerven, die würden dann wie Wolle aus toten Augenhöhlen hängen und würden womöglich vorteilhaft einen Teil der widerwärtigen Visage verdecken. Ich wünschte, ich könnte mir meine kranken, abstoßenden Fettwangen aus dem Gesicht schneiden. Sie sind, wie die Augen, schief. Sie stehen in verschiedene Richtungen ab und sind durchzogen von tiefen Furchen, die breite, wulstige Berge stehen lassen, wodurch die Fettleibigkeit schon im Gesicht deutlich wird. Widerlich. Und selbst wenn man diese Wangen gänzlich aus diesem Gesicht entfernen könnte, diese schwabbelige, deformierte, falsch geknetete Masse, so würden unter ihnen doch nur die verwachsenen Knochen zum Vorschein kommen.

Ich kann meinen Anblick einfach nicht ertragen. Ich kann nicht ertragen, dass ich so ein Monster bin. Und ich könnte sie alle tö-

ten, wenn sie sagen, dass ich das falsch sähe. Sie haben bloß Angst. Bloß Angst, dass ich, würde ich die Wahrheit über mich erfahren, ausrasten und sie alle umbringen könnte. Ich würde es vielleicht tun. Hätte ich immer die hundertprozentige Gewissheit, würde ich sie möglicherweise alle abschlachten. Ich würde sie verstümmeln, ihnen zeigen, wie es ist, wenn man keine menschliche Gestalt hat, wie es ist, wenn man sich abartig fühlt. Und auch jetzt verspüre ich oft genug den Drang ihnen zuzuschreien, was ich von ihrer Heuchelei denke. Aber ich tue es nicht. Ich bleibe für mich, einsam. In einer Welt, in der nur ich zugeben kann, was für ein abartiges Wesen ich bin. Das macht mich einsam. Verlassen. Unverstanden.

Anja

Meike ist eine tickende Zeitbombe. Sie rastet mir gegenüber völlig aus. Sie ist von Wut besetzt. Wenn ihr die Worte fehlen, rennt sie auf mich zu, als wollte sie mich schlagen. Alle Fassung, die vor den Ferien gewonnen war, ist verloren. Der bildliche Ausdruck wird mir richtig klar, wenn ich Meike sehe. Eine Fassung ist etwas, wo etwas anderes hineinpasst. Fassungslos, außer Fassung. Meike hat ihre Fassung verloren. Wie sagte noch irgendein Schriftsteller: »Ich fühle mich wie ein Koffer, der nicht mehr zugeht.« Das ist ja noch harmlos, da er noch seine Fassung hat. Über die eigenen Ufer treten, keinen vernünftigen Rand seiner selbst mehr fühlen, das habe ich selbst gespürt als junger Mensch, und man wünscht sich jemanden, der einem die Fassung zurückgibt, aber es gibt ihn nicht. Und ich kann es nicht bei Meike leisten und Karl nicht und Frau Hendricks, die Therapeutin, offensichtlich auch nicht.

Es ist alles beschissen. Es ist alles scheiße! Die Welt ist scheiße, das Leben ist scheiße und vor allem ich bin scheiße! Ich widere mich an. Ich könnte kotzen, wenn ich daran denke, wie ich aussehe, wie ich mich verhalte, wie ich lebe, wie ich einfach nur bin. Ich hasse mich. Ich kann nichts und sollte das einsehen. Einsicht ist so schwer, wenn sie schmerzt, es tut so weh, zu spüren, dass man selbst so wertlos und zu nichts zu gebrauchen ist. Es ist ein beschissenes, grauenhaftes Gefühl, wenn man merkt, dass man mit jeder verkackten Faser seines Körpers nicht da sein sollte, weil man es nicht wert, ist da zu sein.

Mir tut nichts weh.

Außer mein Herz, bei jedem Schlag schmerzt es so sehr. Es will nicht mehr schlagen! Es will keine Arbeit leisten, um weiter das zu ertragen, was es durch meine Sinne von dieser grauenhaften Außenwelt erfährt! Es ist müde und kaputt und kann nicht mehr. Ich fühle mich schwach und elend und bin wütend auf die Welt. Sie tut meinem Herzen nicht gut, das Leben tut meinem Herzen nicht gut und bringt es dazu, Angst zu haben. Und mit meinem ganzen Körper muss ich diese Angst spüren, mein ganzer Körper zieht sich im Rhythmus meines krampfenden Herzens ebenso schmerzhaft zusammen und reißt daraufhin ein Stückchen auf, zieht sich wieder zusammen und scheint wieder zu zerspringen.

Ich bin so wütend, ich will diesen Schmerz nicht, und ich will mich nicht. Hätte ich nicht mich, gäbe es auch diese schrecklichen Gefühle nicht. Ich kann als Monster nicht leben, weil die Menschen mir mein Leben zur Hölle machen! Ich bin ein schreckliches Monster unter all diesen Puppen. Ich kann nicht in den Spiegel sehen, ohne angeekelt zu sein, wie ich aussehe! Wie eine Missgeburt! Und dann denke ich daran, was andere Menschen denken müssen, wenn sie mich sehen, und hasse sie dafür, dass sie so gut schauspielern können und nicht gleich bei diesem Anblick das Gesicht verziehen. Ich hasse sie, weil sie mir nicht die Wahrheit über mich sagen! Ich hasse meine Mutter, weil sie mir nicht die Wahrheit sagt, weil sie nicht zugeben will, dass ich eine dreckige Missgeburt bin und nur aus Mitleid akzeptiert werde, sich insgeheim aber jeder wünscht, dass ich verrecke, sich jeder wünscht, mir eine Kugel in den Kopf zu schießen und darüber zu lachen. Lauthals zu lachen über das erlegte Monster, das nun niemandem mehr Angst einjagen kann. Wieso muss ich diesen verfickten Weg der Erkenntnis ganz allein gehen! Wieso stimmt mir niemand zu, dass ich so widerwärtig bin, wie ich mich sehe. Das würde dem Ganzen ein dennoch schmerzvolles, aber immerhin schnelleres Ende setzen. Ich kann mich nicht töten, solange ich noch zweifle.

Ich will mein Spiegelbild heute nicht sehen. Der Tag war die Hölle. Ich kann mich selbst nicht mehr ertragen. Ich musste doch die ganze Zeit schon die Welt ertragen, ich will mich nicht noch mit mir auseinandersetzen müssen. Der Spiegel lehnt an der Wand hinter meiner Tür. Ich mache die Tür auf, gehe hinein, schaue nach links und sehe mein Spiegelbild. Es ist so. Ich könnte auch nach rechts blicken, aber ich gucke in den Spiegel, automatisch. Obwohl ich weiß, dass es nicht gut ist. Der Spiegel macht mich krank. Genau wie eine Waage. Und selbst meine Mutter meint, dass meine Oma gesagt hätte, dass zu viel in den Spiegel gucken dumm macht. Ich fühle mich dadurch aber nicht dümmer, nur schlechter. Ich blicke einen Moment in den Spiegel und hasse mich für diese kurze Zeit. Ich sehe länger hinein und hasse mich die ganze Weile. Ich stelle mich näher an den Spiegel heran, vielleicht in der Hoffnung irgendetwas zu finden, was nicht hassenswert ist, was mich selbst beschwichtigt. Aber was an einer Missgeburt könnte nicht abstoßend sein? Ich will mein Spiegelbild nicht sehen! Ich will mich nicht sehen! Ich will nicht, dass dieser Spiegel mir mein grauenhaftes Abbild zeigt, weil ich es hasse, weil ich mich hasse, weil ich weiß, dass ich tot sein und kein Spiegelbild haben sollte!

Scherben. Ich muss nicht mehr stehen. Ich setze mich. Vor die Scherben. Zu den Scherben. Ich mag Scherben, Scherben bringen Glück! Scherben bringen mir Ruhe, ich könnte mich mit ihnen schneiden. Ich hebe eine der Scherben auf. Stumpf. Recht stumpf. Immer wieder das Gleiche. Auf Scherben müsse man achten, man kann sich leicht schneiden. Dumme Menschheit! An Scherben schneidet sich nur der, der nicht geschnitten werden will! Ich habe schon so viel zerbrochenes Glas anfassen müssen, ich habe schon so viele Scherben anfassen müssen, und ich habe mich kein Mal geschnitten! Und dabei wäre es mir doch recht gewesen. Ein Schnitt. Was ist ein Schnitt? Man stirbt nicht daran. An einem kleinen Schnitt. Ich sterbe nicht daran, wenn ich mir meine Arme aufritze. Eine Klassenkameradin sagte, dass man schon ganz schön ordentlich an seinen Armen rumschlachten müsse, bis man dadurch verblute. Stimmt wahrscheinlich. Ich ritze mich und bin davon noch nicht sehr oft gestorben. Ich bin dadurch nur lebendig geworden. Wenn es das ist, was der tote, vor sich hindümpelnde Zombiemensch, diese Zombiegesellschaft meint, wenn sie sterben sagt, dann kann ich sagen: »Ja, ich sterbe vom Ritzen. Wieder und wieder sterbe ich. Und der Tod tut so gut.«

Anja

Als ich nach Hause komme, weiß ich sofort, es ist etwas passiert. Meikes Zimmertür ist geschlossen, aber sie ist da, das spüre ich. Jeder kennt das, Stille ohne Menschen hört sich völlig anders an als Stille mit Menschen.

Es ist die Stille mit einem Menschen: Meike. Und zum wiederholten Mal ist Meikes Stille schwarz. Ich habe Angst. Nach Waldmünchen, dem Abschluss der zehnten Klasse, den Ferien … der Versuch, das elfte Schuljahr anzugehen, misslingt. Von Anfang an ist alles wieder da … der Krampf … die Kopfschmerzen … die Abwehr … die Traurigkeit … und die Wut. Ich habe Angst, weil ich den Eindruck habe, es gibt immer noch eine Steigerung. Von allem. Ich hatte so gehofft, dass Meike die Kurve bekommt. Heute morgen war sie mit mir zusammen aus dem Haus gegangen. Hatte sie mir die Zuversicht vorgespielt? Ich hatte gedacht, über das Stadium seien wir hinaus. Meikes Zimmertür zu öffnen ist immer anders. Es herrscht Chaos. Es herrscht Ordnung. Es stinkt nach ihren Tieren. Es duftet nach Heu. Meike schaut erfreut auf. Sie starrt vor sich hin. Sie dreht sich weg. Sie schläft … Ich schaue an die Decke und wünsche mir, dass sie auch heute schläft. Dann könnte auch ich mich erst einmal ausruhen. Es ist alles so viel zurzeit.

Ich schaue an die Decke und weiß, die schwarze Stille lässt nicht zu, dass ich mich ausruhe. Ich stelle meine Tasche ab und tappe langsam durch die Diele. Leise klopfe ich. Nichts. Vorsichtig drücke ich die Klinke von Meikes Zimmertür hinunter. Ich öffne die Tür einen Spalt und lasse entsetzt die Klinke los. Meike sitzt zwischen Spiegelscherben und Blut. Ich bekomme keine Luft mehr. Ich weiß nicht, was passiert ist. Hat Meike mit jemandem gekämpft? Sie sitzt weiß und starr zwischen den Scherben. Am Bein klafft eine Wunde, wie ich sie noch nie gesehen habe, das Laminat ist blutverschmiert und übersät von Spiegelscherben, und eine Rasierklinge liegt zwischen Meikes blutigen Beinen. Mir schießen die Tränen in die Augen. Ich knie mich neben sie, ich nehme sie in den Arm. Ich frage nicht warum, denn ich weiß, dass Meike die Antwort nicht weiß. Sie lehnt sich gegen mich und sagt: »Spiegelscherben sind scheiße.«

III. TEIL

NOTAUSGANG

Der Mensch ist ein Mikrokosmos, er ist ein Gewächs, organisch wie eine Frucht, er hat Farbe, Zerbrechlichkeit und Süße. Ihn zu manipulieren, zu konditionieren, bedeutet ihn in ein mechanisches Objekt zu verwandeln – eine Uhrwerk-Orange.

(Anthony Burgess, Uhrwerk Orange)

»Fuck!« Du bist depressiv, oft wütend und ein Pessimist, wie er im Buche steht. Andererseits hast du dir eine interessante Art angeeignet, dich auszudrücken. Zitat: »Fuck! Fuck, fuck, fuck!«

Mein inneres Kind ist SECHZEHN Jahre alt! Das Leben ist nicht fair! Ich weiß, dass es das nie gewesen ist, aber während die Erwachsenen das mittlerweile akzeptiert haben, muss ich etwas ändern! Und das wird es, sobald ich erwachsen genug dazu bin und die nötige Macht dazu habe! Du bist ein Brutalo, der alle kontrolliert. Aber überleg mal, ob du Freunde hast. Nein? Ich wusste es. Vielleicht solltest du nicht so viele verprügeln.

Du bist geisteskrank, verrückt und völlig irre … willkommen in unserer Organisation!

(Meike)

9. KAPITEL

Meike

»Meike, wir müssen mal reden. Ganz in Ruhe«, sagt meine Mutter. »Wenn du nicht mehr zur Schule willst, dann müssen wir uns etwas anderes überlegen.«

Im ersten Moment versuche ich auszuweichen, aber ich weiß, dass sie recht hat. Ich kann nicht nichts tun. Aber was soll ich tun? Einen Job suchen, arbeiten gehen? Arbeiten ist sicher besser als Schule. Und arbeiten ist sicher auch besser als zu Hause zu hocken und sich zu langweilen. Ich kann mit Langeweile nicht umgehen. Dann mach ich immer nur dummes Zeug, zu viel essen oder die Sache mit dem Spiegel …

Meine Mutter räuspert sich. »Ich hätte eine Idee, aber ich weiß nicht, wie du sie findest.«

Sie hat eine Idee? Sie zeigt mir diesmal nicht das Ende der Sackgasse, in der ich stecke, sondern hat eine Idee, daraus fortzukommen? Ich bin gespannt. Und ich bin skeptisch.

»Du könntest ein Praktikum machen, bei einem Bestatter …«

Ein Praktikum bei einem Bestatter!

»Wäre das vielleicht etwas für dich?«

Ja! Und ob! Ich bin dabei!, denke ich, kann im ersten Moment aber nur nicken, so überrascht bin ich.

Ich dachte immer, dass meine Mutter meine schwarze Kleidung nicht gern sieht und dass sie mich von den Themen, die mit dem Tod zu tun haben, fernhalten will. Aber sie hat tatsächlich vorgeschlagen, dass ich ein Praktikum bei einem Bestatter machen soll. Krass! Der beste Vorschlag aller Zeiten.

»Ich weiß nicht, wie ich darauf gekommen bin, vielleicht ist es auch gar nichts für dich –«

»Doch! Klar! Das ist eine super Idee! Ich würde gern beim Bestatter arbeiten. Das ist bestimmt interessant.« Mir gefällt der Gedanke, etwas zu machen, was nicht jeder tut. Und es ist sicher keine Arbeit, bei der man grinsend dastehen muss und den Leuten dabei zustimmen darf, wie schön das Leben doch ist! Kunden eines Bestatters sind bestimmt alles andere als fröhlich, und damit komme ich besser zurecht. Und die anderen Menschen, mit denen ich dort zu tun habe, sind tot. Tote müssen ziemlich angenehme Zeitgenossen sein. Die reden nicht, die schweigen einfach. Schweigen. Schweigen, so wie sich das gehört. Als ob sie verstanden hätten, dass es zu der ganzen gruseligen Menschheitsmisere sowieso nichts Gescheites zu sagen gäbe. Ich freue mich. Ich freue mich, dass meine Mutter meint, ich könne in einem Bestattungsunternehmen arbeiten.

Anja

Meike tut, als seien Geburtstag und Weihnachten für sie zusammengefallen. Die Idee, ein Praktikum bei einem Bestatter zu machen, begeistert sie. So hab ich mein Kind lange nicht mehr erlebt.

Nach dem Gespräch muss ich doch noch einmal daran denken, welch ein Gräuel die Schule für sie darstellen muss! Die Schule ist *der* Ort, an dem junge Menschen in besonderem Maße die Gelegenheit gegeben werden soll, ihr Wissen, ihre soziale Kompetenz, ihre Denkfähigkeit, eben ihren gesamten Horizont zu erweitern. Aber löst sie das auch ein? Gibt es nicht viel zu viele Beispiele dafür, dass unsere Schulen nicht so ein Ort sind?

»Schau über deinen Tellerrand« war mal so eine Devise zur Förderung der Mitmenschlichkeit und Toleranz. Der Tellerrand an Gymnasien scheint mir so hoch, dass man nur sehr schwer hinüberschauen kann und vor allem Gefahr läuft, in seiner Suppe zu ertrinken. Vom Gymnasium unseres Schulzentrums hat sich kurz vor meiner Einstellung an der Gemeinschafts-Hauptschule ein Schüler umgebracht. Als ich in meiner Klasse darüber sprach, weil eine Schülerin den Jungen näher kannte und das dramatische Geschehen immer noch in ihr arbeitete, fragte ich die Jugendlichen, wie sie mit Problemen umgehen, die sie belasten. Ich nannte auch noch einmal eindringlich alle Anlaufstellen, die zur Verfügung stehen, wenn man einmal nicht weiterweiß. Die Bemerkung eines Schülers, die große Zustimmung in der Klasse fand, blieb mir haften. »Aber Frau Abens, umbringen tun sich nur die Gymnasiasten, wir sind doch Hauptschüler.«

Wenn das stimmt, womit hat das zu tun? Dass die Anforderungen anders sind? Dass die Schüler an unserer Schulform ihre Probleme extrovertierter zum Ausdruck bringen? Dass Kinder, die kopflastiger sind, mehr grübeln? Na, dann hätte die Armada der Schulpsychologen erst mal ins Gymnasium einfallen sollen, um sich dann bis in die Hauptschule fortzusetzen.

Ich weiß noch, wie Jonas mir völlig fertig von einem ehemaligen Klassenkameraden erzählte. »Mama«, sagte er, »ausgerechnet Flip. Wir alle haben gedacht, er ist unser Überflieger. Immer nur Einser, immer zielbewusst. Ich habe gedacht, der ist stark, so würde ich auch gern sein. Und jetzt? Jetzt hat er sich umgebracht, in Berlin. Dabei studierte er doch erfolgreich Architektur. Ich fass es nicht.«

Jonas wollte immer ein harter Bursche sein, seine eigene Empfindlichkeit hat ihn aufgeregt. Der Verlust eines Kameraden, den er für einen solchen toughen Kerl gehalten hatte, traf ihn bis ins Mark.

So, und jetzt ist für Meike die Aussicht darauf, der Schule den Rücken zuzukehren, der Himmel auf Erden. Überrascht mich das wirklich? Nein. Ich hatte einfach gehofft, wir könnten ihr zu der Dickfelligkeit verhelfen, die dazu gehört, ein solches System zu durchlaufen. Aber dieses Gen liegt wohl nicht in unserer Familie.

Wie kommt man aber jetzt an solch einen Praktikums- oder Ausbildungsplatz beim Bestatter heran, die Bewerbungsphasen sind lange vorbei, das neue Ausbildungsjahr hat bereits angefangen. Meike ist hochmotiviert, sie will zunächst die Bestatter in unserem Viertel abklappern.

Meike

Es gibt einige Bestattungsunternehmen in der Nähe. Aber ich habe voll den Horror, mein Anliegen vorzubringen, ohne dass mich einer danach fragt. Für andere könnte ich mich erkundigen, aber nicht für mich selbst. Bei zwei Unternehmen habe ich mir das Fenster angeschaut, aber mich dann doch nicht getraut hineinzugehen. Bei dem dritten hing ein Plakat im Ladenfenster mit Rufnummern und einer Adresse in Brühl. Das Unternehmen hat in unserem Viertel nur eine kleine Filiale. Die Informationen habe ich mir notiert.

Meine Eltern meinen, ich soll zuerst anrufen. Ich habe aber Schiss. Meine Mutter will jedoch nicht warten, und darüber bin ich ausnahmsweise mal froh. Ich möchte auch am liebsten sofort einen Job. Als ich mich immer noch nicht überwinden kann, wählt meine Mutter die Nummer in Brühl. Zu unserer Überraschung kann ich gleich am nächsten Tag zu einem Vorstellungsgespräch vorbeikommen.

Ich bin aufgeregt wegen des Vorstellungsgesprächs. Ich habe mich bisher nur einmal für ein Schülerpraktikum in einem Kindergarten vorgestellt, und ich kannte die Kindergärtnerin, weil ich dort früher selbst Kindergartenkind war und den Hort besucht habe. Mit fremden Menschen zu sprechen ist eine Qual für mich. Das vermeide ich möglichst, ich gehe nicht mal zum Bäcker oder zum Kiosk. Manchmal zum Supermarkt, aber nur wenn es sein muss. Dabei muss man im Supermarkt gar nicht sagen, was man will: Man nimmt sich, was man braucht, geht zur Kasse, gibt das entsprechende Geld und verschwindet. Wenn ich eine Ausbildung anfangen möchte, werde ich mich wahrscheinlich daran gewöhnen müssen, mehr mit Menschen zu reden als bisher. Aber okay, wenn ich dafür nicht in die Schule muss, dann werde ich das schon schaffen. Bei einem Bestatter gibt es aber sicher nicht so viele Gesprächsanlässe. Tote sprechen nicht, Tote fordern nichts.

Morgen fahre ich also mit meiner Mutter nach Brühl zum Bestattungsunternehmen Kuckensiel.

Anja

Nicht zu glauben. Also in dieser Hinsicht haben die Mitglieder unserer Familie den goldenen Helm auf. Alle bekommen immer sofort den Job, für den sie sich bewerben. Ob das gut ist, bleibt dahingestellt, denn wir erfüllen von jeher äußerst pflicht- und verantwortungsbewusst alle Anforderungen und fragen uns sehr spät, ob wir es nicht auch noch an für uns geeigneteren Aufgabengebieten versuchen sollten. Raus aus einer Tretmühle ist nicht das Einfachste, denn sie bedeutet nicht zuletzt Sicherheit. Na, zuerst einmal ist man auf jeden Fall glücklich. So auch Meike.

Das Vorstellungsgespräch verläuft völlig ungezwungen. Herr Kuckensiel ist nur am Anfang etwas skeptisch, weil Meike erst sechzehn ist. Interessiert schaut er ihr Zeugnis an. Deutsch und Englisch gut, Latein befriedigend.

»Also, an deinen Leistungen kann es ja nicht liegen, dass du die Schule verlässt?«

Meike schüttelt den Kopf. »Ich möchte einfach arbeiten. Immer nur Theorie und Klausurendruck. Das will ich nicht mehr.«

»Und wie kommst du auf den Beruf des Bestatters? Entschuldigung, darf ich überhaupt ›du‹ sagen?« Meike nickt, und Herr Kuckensiel fährt fort. »Das ist nicht gerade die übliche Wahl für ein junges Mädchen.«

Ich bin froh, dass Meike ihre extravaganten Auffassungen nicht auf der Stirn geschrieben stehen. So in der Art: Das Leben ist finster und Heile-Welt-Jobs sind nichts für mich und hier kann ich wenigstens schwarze Klamotten tragen.

Meike verweist klugerweise auf ihr Großtante väterlicherseits, die ein Bestattungsunternehmen hat. Die lebt aber am Niederrhein, und Meike würde lieber in Köln bleiben.

Herr Kuckensiel nickt. »Es kann natürlich sein, dass du nach kurzer Zeit feststellst, das dieser Beruf nichts für dich ist, darum sollten wir erst ein Praktikum vereinbaren. Natürlich können wir dann auch von unserer Seite sehen, ob wir zusammenpassen.«

Verblüfft schauen wir ihn an. Das geht ja in einem rasanten Tempo.

Der Beerdigungsunternehmer bemerkt unsere Überraschung.

»Ja, Sie sind einfach zur rechten Zeit am rechten Ort. Eine Hilfskraft hat sich als sehr unzuverlässig erwiesen. Und der

Beruf des Bestatters ist gerade erst zum Ausbildungsberuf deklariert worden. Mein Sohn, der den Betrieb einmal übernehmen soll, ist einer der ersten Auszubildenden, die diesen Weg gehen. Dadurch ist er nun oft wochenweise weg. Es gibt nur zwei Berufsschulen, natürlich keine direkt in unserer Nähe, und der Unterricht findet im Block statt.«

Wir nicken verständig. Was Meike denkt, weiß ich nicht, aber ich höre erst mal nur »zur rechten Zeit am rechten Ort« und warte auf weitere Ausführungen.

»Wir sind ein Familienbetrieb. Da musst du entscheiden, ob dir das liegt. Außer meinem Sohn und mir gibt es zurzeit nur noch unsere langjährige Sekretärin, Frau Müller, die aber erst übernächste Woche aus ihrem Urlaub zurückkommt. Sie würde dich mit den Büroarbeiten vertraut machen, die in einem Geschäft wie dem unseren anfallen. Na ja, ich will jetzt nicht vorgreifen. Ich gebe dir den Vertrag mit, und du gibst mir bis Ende der Woche Bescheid, ob du das Praktikum absolvieren willst.«

Nach einer freundlichen Verabschiedung verlassen wir das Beerdigungsinstitut gemessenen Schrittes, dann rennen wir erst einmal ein Stück, um uns dann außer Sichtweise lachend in die Arme zu fallen.

»So was«, sage ich. »Jetzt kannst du schon nächsten Montag anfangen, wenn du willst.«

Meike nickt. Sie strahlt einen Optimismus aus wie lange nicht mehr.

Meike

Das Vorstellungsgespräch lief viel besser, als ich gedacht hatte. Dass ich bereits am nächsten Montag mit einem Praktikum beginnen kann, wenn ich es möchte … das ist so genial! Heute Morgen war ich ganz schön aufgeregt und nervös. Ich war aber froh, dass ich endlich mal zu einem Anlass schwarze Kleidung tragen konnte, ohne dass meine Mutter meckert, weil es so trist aussieht. Natürlich habe ich mir die Augen nicht ganz so stark umrandet wie sonst; ich habe meine schwarze Nadelstreifenhose und ein schwarzes, langärmliges Shirt angezogen. Und meine schwarz-weißen Chucks … die sind natürlich nicht ganz so toll, aber andere dunkle Schuhe habe ich nicht, immerhin habe ich vorher die Spikes rausgenommen, die ich reingeschraubt hatte.

Das Bestattungsinstitut ist recht klein, aber wie alle anderen hat es Urnen im Schaufenster stehen. Allein das ist toll. Urnen, Särge, Tote. Was will man mehr? Ich mag das Leben nicht und beim Bestatter bin ich sicher näher am Tod als manch anderer. Zwar nicht an dem eigenen, aber immerhin. Herr Kuckensiel hat mich gefragt, wie ich darauf komme, beim Bestatter anfangen zu wollen. Natürlich habe ich nicht erzählt, dass mir Tote weitaus lieber sind als Lebende, dass ich mit dem Tod nichts Negatives verbinde oder dass ich fasziniert von Särgen und Gruften bin oder dergleichen. Ich weiß nicht mehr genau, was ich gesagt habe. Manchmal vergesse ich Dinge, die ich sage, wenn ich besonders aufgeregt bin. Aber es war wohl in Ordnung, sonst hätte ich schließlich nicht das Angebot bekommen, mit einem Praktikum zu testen, ob mir der Job zusagt und ob ich mich überhaupt dafür eigne. Ich bin unglaublich froh darüber, dass es so schnell geklappt hat. Endlich ist diese grauenerregende Schulzeit vorbei und es hat ein Ende, dass meine Eltern und ich mich mit dem Gedanken rumschlagen müssen, was ich als Schulalternative tun könnte. Ich freue mich so sehr! Und dann auch noch beim Bestatter! Ich glaube, einen besseren Beruf gibt es für mich nicht.

Als ich Anna am Telefon von meinen Plänen erzähle, ist sie nicht sicher, ob ich wirklich damit klarkomme. Aber womit sollte ich nicht klarkommen? Mit dem Tod? Der Tod ist für viele etwas sehr Trauriges, das kann ich nachvollziehen. Aber verstehen kann ich es nicht. Der Tod gehört zum Leben dazu. Wenn es Zeit ist zu gehen, dann ist es eben Zeit. Es ist ja nichts Schlimmes tot zu sein, zumindest nicht für den, der tot ist. Ich glaube, das sehen die meisten Menschen nicht, dass der Tod nichts Schlimmes, sondern etwas Natürliches ist. Das wundert mich schon. Ich habe mit meiner Mutter mal darüber gesprochen, dass viele Menschen nicht gern über den Tod nachdenken, weder über den eigenen noch über den von anderen. Das finde ich seltsam. Der Tod ist doch interessant, er ist geheimnisvoll, auch wenn nach dem Tod das riesige Nichts kommt. Er ist mir lieber als das Leben. Ja, der Tod ist mir definitiv lieber als das Leben. Klar kann ich niemandem einen Vorwurf machen, dass er lieber lebt als tot ist oder lieber mit Lebenden zusammen ist als mit Toten, aber wirklich verstehen kann ich das nicht.

Anja

Es ist wie immer. Für Meike scheint nun zunächst der richtige Weg gefunden, da kommt es wieder von anderen Seiten hammerhart. Irgendwelche neuen Bestimmungen führen dazu, dass ein Vierteljahr vor der Lehrerabschlussprüfung beide Seminarleiter wechseln. In Deutsch habe ich noch Glück, die Neue ist eine ehemalige Schülerin des Leiters, der uns bisher begleitet hat. Das heißt, die Prioritäten und Anforderungen sind ähnlich gelagert. In Englisch ist es ein Grauen. Die neue Dame hat völlig andere Vorstellungen als ihr Vorgänger und will alles in drei Monaten ummodeln, denn ihr Konzept ist das Nonplusultra. Fünf meiner Mitstreiter verabschieden sich in der Zusammenarbeit mit ihr, werden krank, schieben auf, machen jedenfalls den Abschluss in diesem Durchgang nicht mehr, und das, obwohl es alles junge Leute sind. Mir drängt die Frau alle Erinnerungen an die Angst machenden Elemente meiner Schulzeit auf. Ich will es aber schaffen, ich schiebe die Panik bewusst zurück. Doch die Aufgaben des Seminars plus dreiundzwanzig Stunden Unterricht in der Schule bedeuten eigentlich nur Randzeiten für die Familie und zum Durchatmen. Dann hat sich noch ein Dokumentarfilmer, der sich freundlich und scheinbar empathisch an die Schüler und mich herangemacht hat, in meinen Schulalltag eingeschleust und versucht nun, ohne Rücksicht auf Schüler und Stundenplan, vor allem seine Interessen durchzusetzen. Unverschämt! Aber ich lerne nicht aus meinen Fehlern! Als mir eine Erkältung auf die Stimmbänder schlägt, bleibe ich nicht zu Hause, um mich zu kurieren, nein, ich gebe stummen Unterricht. Es fällt mir äußerst schwer, mich krankschreiben zu lassen. Ich gehöre zu denen, die stolz sind, nicht ein Mal zu fehlen, egal was abgeht. Das ist irgendwie krank, das gebe ich zu, aber ich kann nicht aus meiner Haut. Zum Fehlen bringen mich nur Notoperationen und absolute Bettlägerigkeit. Ich kann meine Grenzen nicht gut erkennen. Und merke, wie ich in der Freizeit nur noch Kraft sammle, um wieder arbeiten zu können. »Das ist nicht gut«, sagt meine Kollegin, »wenn du nur noch schläfst, um wieder zu arbeiten, dann läuft etwas falsch.« Recht hat sie, aber wenn ich die Tiefs durchgestanden habe, denke ich: Hat doch geklappt!

Meike

Ich bin gespannt darauf wie es ist, eine Leiche anzufassen. Ich bin gespannt, ob ich die Ausbildung machen kann und ob ich vielleicht sogar an einen Sarg komme, den ich doch so gern schon hätte, bevor ich damit in die Erde eingelassen werde. Ja, ich wünsche mir einen Sarg. Ich bin kein Grufti und er soll nicht als Bett dienen, versteht sich, das stelle ich mir nicht sonderlich bequem vor. Aber als Dekoration. Als praktische Dekoration, in der man Krams verstauen kann, genau wie in einer Truhe eben. Meine Mutter ist nicht so begeistert von dieser Idee, aber das macht ja nichts … wenn ich Glück habe, kann ich vielleicht schon bald einen Sarg mein eigen nennen. Ich kann es kaum abwarten, dass Montag ist.

In der Bahn auf dem Weg nach Brühl bin ich aufgeregt. Und der erste Tag beim Bestatter enttäuscht mich nicht. Ich habe ein Holzkreuz mit den Buchstaben für den Namen eines Verstorbenen beklebt. Diese Kreuze werden auf die Gräber gestellt, bis der Grabstein fertig ist. Herr Kuckensiel hat mir gezeigt, wie man die Buchstaben aufklebt. Die Abstände zu den jeweiligen Kanten werden mit einem Lineal abgemessen, und der Abstand zwischen den Buchstaben sollte natürlich auch immer ungefähr gleich groß sein. Ich hab mich anfangs etwas schwergetan. Das tue ich immer, wenn ich etwas Neues lernen will, das mehr oder weniger wichtig ist. Wenn ich etwas machen muss, das nachher beurteilt wird, dann frage ich lieber ein paarmal öfter nach, ob ich es richtig verstanden habe, bevor ich mit einem Ergebnis ankomme, das nicht akzeptabel ist. Wahrscheinlich nervt meine Fragerei, mich jedenfalls nervt meine Fragerei, schließlich frage ich gar nicht gern, ich rede ja nicht mal gern. Aber ich frage lieber, als irgendwas falsch zu machen. Das wäre natürlich schlimmer. Wenn ich einen Buchstaben falsch aufklebe, kann ich ihn ab und zu auch wieder ganz abziehen und erneut aufkleben. Wenn der Buchstabe aber schon festklebt, geht er zwar ab, ist aber nachher nicht mehr zu gebrauchen. Ich lass mir also lieber etwas Zeit dabei. Herr Kuckensiel meint, dass ich es gar nicht schlecht mache und dass es mit der Zeit dann sicher schneller gehen werde. Ich habe ihm einfach mal zugestimmt, wobei ich natürlich für nichts garantieren kann.

Anfangs waren wir zu zweit im Laden, der Sohn von Herrn Kuckensiel kam erst am Nachmittag. Wenn man nur zu zweit ist und es angebracht ist zu reden, dann muss ich auch reden. Aber ich weiß nie, was, wie viel und ob ich überhaupt reden soll. Aber es ging heute besser als erwartet, und es wird mit der Zeit sicher auch leichter, wenn man sich besser kennt.

Anja

Alles klappt, bis es zusammenklappt. Nachdem ich in heftiger Aufregung meine Examensarbeit persönlich in Siegburg abgegeben habe, baue ich auf der Rückfahrt einen Autounfall. Vor lauter Freude nach Hause zu kommen und mit Karl zu feiern, dass jetzt zumindest die Schreiberei für den Abschluss ein Ende hat, habe ich die Autobahnauffahrt zu schnell genommen und den Wagen vor die Leitplanke gesetzt. Ein verdreckter, nasser Untergrund hatte das Seinige zu meiner Rutschpartie beigetragen. Alle um mich herum sind hilfsbereit. Ein Lkw-Fahrer hält den Verkehr auf und erledigt die notwendigen Telefongespräche. Ich bin völlig fertig und froh, dass es die Polizei und den ADAC gibt.

Karl und Meike sind erleichtert, dass mir nichts passiert ist, aber ich brauche wohl noch ein paar Tage, bis ich den Schrecken überwunden habe. Es entlastet mich immerhin, dass Meike zurzeit konsequent ihren Weg geht. Was sie alles macht: Todesanzeigen entwerfen, Trauerfeiern vorbereiten, Verstorbene abholen, Amtsbesuche erledigen. Jetzt fragt sie mich, ob sie zu Hause bleiben soll, wegen meines blöden

Unfalls. »Quatsch, das ist nicht nötig.« Meike will nämlich zu einer Party, was in ihrem Leben nach wie vor Seltenheitswert hat. Ich tue, was ich in letzter Zeit am Wochenende meistens tue, wenn ich nicht arbeiten muss, schlafen.

Meike

Partys sind einfach nichts für mich. Ich war auf der Geburtstagsfeier von Marco. Ich habe ihm zwar gesagt, dass ich Feiern nicht mag, aber letztlich hat er mich überzeugt, dennoch zu kommen. Schließlich mag ich ihn, und außerdem waren noch zwei andere ehemalige Mitschüler eingeladen, die ich in Ordnung fand.

Es war letzten Endes aber doch eher kacke, um es mal freundlich zu sagen. Ich habe versucht, möglichst vorurteilsfrei zur Party zu gehen. Aber es fing natürlich mit Alkohol an und Musik, die ich nicht mag. Irgendein Punk-Alternativ-Kack. Das soll Musik sein? Ich mag dieses Rumgekreische von angeblich männlichen Sängern überhaupt nicht, ich mag diese Tonlage nicht, ich höre lieber Musik, in denen die Stimmen der Sänger oder Sängerinnen möglichst dunkel sind. Ich höre lieber Metal, möglichst dunkel und nicht so hektisch und chaotisch. Ich trinke keinen Alkohol, ich trinke Wasser und es ist bescheuert, zwischen Angetrunkenen und nach und nach sinnlos Betrunkenen herumzusitzen, während man selbst stocknüchtern ist. Alberne betrunkene Jungs, die Scheiße labern, und dumme Tussis mit zu kurzen Röcken. Ich hätte gar nicht gedacht, dass Marco so peinliche Freunde hat. Diese Punktussis finde ich übel, und die eine bemerkt nicht einmal, dass sie für den kurzen Rock und das T-Shirt zu fett ist. Dazu streckt sie ihren Hintern »versehentlich, weil sie stolpert« jedem Typen ins Gesicht. Marco hat nur einen

Freund, der ebenfalls keinen Alkohol trinkt und nichts von Partys hält, noch weniger als ich.

»Weiß auch nicht, wieso ich hergekommen bin, einfach wegen Marco, glaube ich«, schreit er gegen die Musik an.

»Geht mir auch so«, schreie ich zurück. »Eigentlich wollt ich gar nicht. Aber Marco ist mein bester Freund, ich hab mich belabern lassen.«

»Was machst du denn so?«

Ich zucke die Schultern. »Nicht viel. Chatten … Musik hören … Lesen …«

Marcos Freund rückt interessiert näher, aber dann stürzt ein betrunkener Exklassenkamerad zwischen uns auf den Boden und fängt an, mich vollzulabern. Ich habe kein Wort verstanden. Marcos Freund ist auf einmal weg. Und ich würde auch gern gehen, aber ich kenne den Weg zum Bahnhof nicht. Ursprünglich wollte ich mit einigen anderen bei Marco übernachten, aber dann halte ich das Herumstehen und Wassertrinken nicht mehr aus. Ich wühle mich durch die besoffenen Partygäste, bis ich endlich Marco gefunden habe.

»Ist mir peinlich«, sage ich, »aber ich möchte nach Hause.«

»Willst du doch nicht übernachten?«

Ich schüttele bestimmt den Kopf.

»Okay. Ich bring dich zum Bahnhof.« Marco schaut mich an und guckt richtig lieb, obwohl ich ja voll die Umstände mache.

»Ich freu mich, dass du überhaupt gekommen bist. Ich weiß ja, wie du Partys hasst.«

Ich bin Marco sehr dankbar und rechne ihm hoch an, dass er mich zum Bahnhof bringt. Der Abend hat mir mal wieder bestätigt, dass ich Feten einfach nichts abgewinnen kann, und das bleibt sicherlich auch in Zukunft so.

Begeistert war Meike nicht von der Party. Aber enttäuscht auch nicht. Es war, als wäre sie nur in einem Urteil bestätigt worden. Außerdem fand sie es sehr nett von Marco, dass er sie noch mit dem Roller zum Bahnhof gebracht hat. Wie viel er getrunken hatte, hab ich lieber nicht gefragt. Aber vielleicht legt er gar keinen Wert auf Alkohol. Meike ist da sehr kategorisch. Sich besaufen findet sie unmöglich. Karl und ich trinken nicht viel. Dazu muss gesagt sein, dass uns auch schon ein, zwei Gläschen reichen, um in ausgelassene Stimmung zu kommen. Manchmal denke ich, Meike ist zu diszipliniert, und ich versuche, ihr nahezubringen, dass sich hin und wieder etwas gehen lassen auch gut tun kann. Einfach mal locker sein, das braucht doch jeder.

Ich finde Sport ein sehr gutes Mittel, um aufgestaute Gefühle loszuwerden. Oder eine Aufgabe, die einen so fasziniert, dass man seine ganze Kraft hineingibt. Mit dem Sport ging es bei Meike so lange gut, wie sie keine Probleme hatten, sich anderen in Sportzeug zu zeigen. Nach wie vor ist es mir ein Rätsel, wodurch dieses falsche Selbstbild entstanden ist. Das hässliche Bild von sich selbst. Und ich denke, Meikes Explosionen kamen nicht von ungefähr. Weder die Wutanfälle noch die Sache mit dem Schneiden, wo sonst hatte sie ein Ventil, um alles rauszulassen, was sie bedrängte? Sie hat sich keines erlaubt … und klar ihrer Verachtung Ausdruck gegeben über Menschen, die sich nicht im Griff haben, egal auf welchem Gebiet. Sie verabscheut Schwäche und bewundert Stärke. Aber diese Stärke muss in jeder Hinsicht makellos sein. Und sie glaubt nicht, dass es so jemanden gibt. Na ja, ich fürchte, da hat sie recht. Wie Menschen Stärke und Macht ausüben, zeugt viel zu oft nicht von moralischer Größe. Was uns vorgemacht wird von Politikern, Wirtschaftsträgern und anderen VIPs entspricht wenig einer Ethik, die wir unseren Kindern nahebringen wollen und sollen. Haben die Jugendlichen nicht recht, wenn sie den Eindruck haben, die Menschheit sei es nicht wert?

Meike

Meine erste Leiche. U-hu.

Heute fahre ich mit Herrn Kuckensiel zum Krankenhaus, um »jemanden« abzuholen. Die Autofahrt ist in Ordnung, obwohl mir die Wahl des Musiksenders eher nicht passt, aber meine Güte, man kann nicht alles haben. Wir unterhalten uns, aber es ist nicht so beklemmend, wie ich es erwartet habe, vielleicht weil ich weiß, dass ich mich über einen längeren Zeitraum damit arrangieren muss, wenn ich das Praktikum zu Ende machen möchte. Außerdem ist Herr Kuckensiel nett, er wirkt recht locker und freundlich. Ein wenig streng allerdings auch. Solange er mich nicht für Dinge anmotzt, für die ich nichts kann, ist das in Ordnung.

Ich bin gespannt, ob es mir tatsächlich leichtfällt, einen Toten anzufassen. In der Vorstellung ist es doch etwas anderes. Vielleicht habe ich doch Berührungsängste. Schätze ich mich richtig ein? Als wir am Krankenhaus halten, zeigt mir Herr Kuckensiel, wo im Auto die Handschuhe liegen. Es sind diese Einweghandschuhe, sehr cool, ich mag das, mit diesen Handschuhen fühlt man sich wichtig, wie ein Arzt oder so. Ich habe mir vorher gar keine Gedanken über Handschuhe gemacht, doch es macht Sinn, bei solch einem Einsatz Handschuhe zu tragen, zumindest mit Blick auf die Gesellschaft. Für mich nicht unbedingt. Klar, wenn der Tote Krankheiten oder sonst etwas hatte oder irgendwas gefährlich ist, dann sollte man Handschuhe tragen. Aber wenn einfach jemand gestorben ist? Einerseits macht es den Eindruck, als würde man sich vor dem Kontakt mit dem Verstorbenen ekeln, das ist diesem gegenüber beleidigend. Andererseits ist es natürlich respektvoller, eine Leiche mit Handschuhen anzufassen. Im Grunde kommt es auf die Person des Toten selbst an, welche Sichtweise sie bevorzugt, aber das können wir schlecht in Erfahrung bringen. Also finde ich mich mit den Handschuhen ab.

Der Tote ist ein sehr alter Mann, oder zumindest sieht er sehr alt aus. Alt und dünn, mit fast ganz weißem Haar. Gemeinsam legen Herr Kuckensiel und ich den Toten in den Sarg, den wir zuvor aus dem Auto geschafft haben. Der alte Mann ist gar nicht schwer, das erleichtert mich etwas. Ich denke zwar nicht, dass ich schwach bin, aber übermäßig stark bin ich auch nicht. Irgendwie finde ich es schon schade, einen Toten nicht so mit bloßen Händen berühren zu können, ich frage mich, wie sich das anfühlt. Mehr frage ich mich in dem Moment nicht. Mein Gefühl hat mich nicht getrogen, es macht mir kein Problem, tote Menschen zu sehen oder anzufassen, warum auch? Ich verstehe nicht, wieso andere Menschen damit Probleme haben. Nachdem wir den Sarg in das Auto zurückgeschoben haben, desinfizieren wir unsere Hände. Diese Desinfizierkästchen gibt es scheinbar in allen Leichenhallen und Krankenhäusern. Der Desinfizierungsakt ist für mich ein Beleg dafür, dass die Handschuhe wohl eher zu unserem Sauberkeitsgefühl und unserer Sicherheit da sind und gar nichts mit Respekt vor dem Toten zu tun haben. Was soll's, ich kann nicht erwarten, dass alle Menschen natürliche Dinge so selbstverständlich hinnehmen wie ich.

Anja

Meike macht sich sehr gut im Praktikum. Ihr Perfektionismus kommt gut an bei Herrn Kuckensiel. Was sie alles erzählt … es ist spannend, und viele Dinge sind auch für Karl und mich neu. Sie wird sogar auf eine Fortbildung geschickt. Es gibt ein neues Grafikprogramm für den Entwurf von Traueranzeigen, und mit dem Computer kann Meike gut umgehen. Aber dass sie auch Verstorbene abholen muss. Meike scheint das nicht zu stören. Ihre Freizeit verbringt sie vorwiegend am PC. Jetzt möchte sie, dass uns ein Mädchen besucht, dass sie in irgendeinem der virtuellen Chaträume kennen gelernt hat.

»Mama, stört es euch, wenn Miriam mich besuchen kommt?«

»Miriam?«

»Ja, ich habe doch von ihr erzählt … das Mädchen aus Bayern.«

»Und wann? Es sind doch gar keine Ferien.«

»Ja, nur zum Wochenende. Sie würde gern Köln kennen lernen und mich halt persönlich treffen.«

Mir kommt das etwas seltsam vor, so eine weite Reise nur für ein Wochenende, aber Karl und mich freut es, dass Meike wieder kontaktfreudiger ist, also stimmen wir zu.

Meike

Miriam scheint ganz nett zu sein. Und ein bisschen verzweifelt. Ich kenne sie noch nicht lange, ein, zwei Wochen vielleicht, und das auch nur übers Internet. Also kenne ich sie im Grunde gar nicht. Aber sie will weg. Weg von zu Hause. Ich kenne dieses Gefühl, wenn man fort will und nicht weiß, wohin. Ich würde ihr gern helfen. Ich kann sie bis jetzt natürlich nur sehr oberflächlich beurteilen, aber ich habe den Eindruck, sie ist eher schüchtern und ängstlich. Sie wirkt nicht wie ich, wenn ich es nicht mehr aushalte. Ich motze dann immer herum und erkläre, wieso ich wegwill. Miriam scheint nicht aggressiv zu sein, sie scheint nicht so wütend zu sein, sondern eher ängstlich. Aus welchen Gründen auch immer sie von zu Hause fort will. Wenn man wegwill, dann hat das seine Gründe und dann sollte man die Möglichkeit bekommen, fortgehen zu können. Diese Möglichkeit möchte ich ihr gern geben. Ich frage meine Eltern, ob sie vorbeikommen kann. Dass sie von zu Hause weg will, weil sie Stress mit ihren Eltern hat und so, das erzähl ich meinen Eltern erst mal nicht. Die würden mir wahrscheinlich irgendwelche Moralpredigten halten und mit ihr telefonieren wollen und versuchen, das alles durch Miteinanderreden zu klären. Das geht aber oft nicht. Quatschen nutzt nichts, wenn man sich wünscht, woanders zu sein.

Anja

Ja, das hatte ich mir doch gedacht, da steckte eine Menge mehr hinter dem Besuch von Miriam, als Meike erzählt hat. Ein Mädchen, das mit seinen Eltern zurzeit gar nicht klarkommt. Erst hatten sich die beiden im Netz nur über Miriams Verhältnis zum Essen ausgetauscht, bis dann der ganze Rattenschwanz kam, wieso, warum überhaupt. Und dass Miriams Vater das Problem zu lösen sucht, indem er sie zwingt, das Fleisch zu essen, das vor ihr auf dem Teller liegt. Hier bei uns kann ich gar nicht feststellen, dass Miriam ein gestörtes Verhältnis zum Essen hat. Natürlich haben wir gefragt, was sie mag, weil Meike ihre Schwierigkeiten angedeutet hatte.

Aber Miriam sagte, sie mag alles, und das stimmt tatsächlich. Wirklich. Sie isst frohgemut und mit Appetit. Erst war ich etwas misstrauisch, ob sie vielleicht Bulimie habe, aber da gab es keine Anzeichen. Meike und Miriam sind mit ganz anderen Dingen beschäftigt. Sie wollen Miriams Problem lösen! Schließlich rückten sie auch deshalb mir und Karl gegenüber mit der Wahrheit heraus. Es wird ganz klar, dass Miriam die Situation zu Hause den Appetit verdirbt. Miriam soll Anforderungen in der Schule erfüllen, damit sie dann den Gärtnereibetrieb ihres Vaters übernehmen kann. Der Vater bestimmt sehr autoritär über Miriams Tagesablauf und ihre Lebensplanung, und die Mutter hat dem nichts entgegenzusetzen. Den Sohn hatte die Familie auf diese Weise schon vergrault. Jetzt liegen alle Hoffnungen auf Miriam. Ja, und Miriam ist nun zu Meike abgehauen. Meike, die jede soziale Ader in sich verleugnet, aber es selbstverständlich findet, anderen zu helfen, soweit sie es vermag. Jetzt wissen die beiden nicht wirklich weiter, und ich sage, gleichgültig, was passiert ist, Miriam muss ihren Eltern mitteilen, wo sie steckt. Miriam hat eine Höllenangst, retour geschickt zu werden, aber ich sage, dass das eine mit dem anderen nichts zu tun hat und erkläre mich bereit, mit der Mutter zu sprechen.

Meike

Miriam scheint es bei uns ganz gut zu gehen. Aber sie ist wirklich verdammt dünn. Hier isst sie immerhin normal – ich frage mich, ob sie das nur tut, um zu verhindern, dass man sie dazu anhält mehr zu essen und ihr damit auf die Nerven geht. Meine Eltern sind zur Arbeit. Weil ich noch einige Tage gut hatte, konnte ich für Miriam zwei Tage frei bekommen. Herr Kuckensiel hätte aber bestimmt nicht zugestimmt, wenn gerade Stress im Institut gewesen wäre. Also Glück für mich und Miriam. Meine Mutter hat versprochen, dass wir heute Mittag in Ruhe darüber reden, wie es weitergehen soll. Sie meint, wichtig sei erst einmal, dass Miriams Eltern wissen, dass es ihr gut geht. Vielleicht hat sie recht, aber die sollen sich ruhig mal Sorgen um Miriam machen, so wie die sie immer behandeln.

Miriam und ich spielen *Mensch ärgere Dich nicht*. Im Grunde kein besonders spannendes Spiel, aber wenn man sich dabei unterhalten möchte und das Spiel nur Nebenbeschäftigung ist, dann ist es in Ordnung. Als es klingelt, bin ich erstaunt. Ich öffne erst nur die Korridortür, es könnten die Freunde meiner Eltern sein, die gleich in der Wohnung gegenüber wohnen. Aber auf dem Flur ist niemand. Ich drücke auf den Schalter, der die Haustür öffnet, und gucke zwischen dem Geländer die Treppen hinunter, wie wir es immer machen, wenn wir nicht wissen, wer da kommt. Zwei Polizisten! Ich kann die Uniformen erkennen. Was wollen die hier? Die beiden Männer gucken mich unfreundlich an, als sie oben angekommen sind.

»Wir suchen Miriam Weiler«, sagt der jüngere Mann in barschem Ton, »sie soll hier bei euch sein. Wenn das stimmt, hole sie bitte an die Tür, sonst müssen wir reinkommen.« Der Polizist ist unhöflich. Dreist. Fordernd. Ich hasse solch einen Ton. Denken die, sie könnten sich erlauben, so mit mir zu sprechen, nur weil sie Uniformen tragen? Oder noch schlimmer: Denken die, sie könnten sich erlauben, so mit mir zu sprechen, nur weil sie erwachsen sind und ich nicht? Natürlich sage ich das nicht.

»Ja, sie ist hier.« Ich bemühe mich um einen freundlichen Ton. Das muss ich machen, sonst werden sie wahrscheinlich noch laut. Ich halte es für besser, ihnen das Gefühl zu geben, dass ich ihren Anweisungen Folge leisten werde und mich nicht gegen sie auflehnen will. Tatsächlich wird ihr Ton nun höflicher.

»Könnten wir bitte mit ihr sprechen?«

Ich bin irgendwie verwirrt. »Einen Moment bitte«, sage ich deshalb und trete zurück in die Wohnung, um Miriam zu holen. Sie steht bereits in der Wohnzimmertür. Ich versichere ihr, dass es in Ordnung ist und ich schon aufpassen werde, dass die Polizisten sie nicht einfach mitnehmen. Miriam folgt mir an die Tür. Ich stelle mich so vor Miriam, dass die Polizisten sie nicht am Arm packen und mitnehmen können, bleibe aber freundlich. Sie fragen Miriam, wieso sie von zu Hause weggelaufen ist. Ich nicke Miriam zu, dass sie ruhig antworten soll. Ich antworte nicht für sie, wenn es nicht notwendig ist. Ich antworte auf Fragen an uns beide. Ich bin angespannt und aufgeregt und nervös, wobei ich nicht glaube, dass die beiden Beamten davon irgendwas merken. Miriam erzählt glaubhaft, warum sie es zu Hause nicht mehr ausgehalten hat.

»Können wir nicht mit meinen Eltern besprechen, wie es weitergehen soll?«, frage ich anschließend. »Meine Mutter hat doch mit Miriams Mutter schon telefoniert und es so verabredet.«

Die Polizisten schauen sich an. »In Ordnung«, sagt der ältere dann, »aber nur, wenn ihr heute Nachmittag auf dem Revier erscheint und uns erklärt, wie es weitergehen soll, damit wir Miriams Eltern ausführlich Bescheid geben können.«

Mann, da bin ich aber platt, dass das jetzt so locker geht. Wir machen vier Uhr aus. Erleichtert schließe ich die Tür und wir fallen uns um den Hals.

»Die Polizei war da!«, platzt Meike heraus, noch bevor ich meine Tasche abgestellt habe.

»Was?«

Die Mädchen erzählen mir, was sie gerade eben erlebt haben, und ich bin erstaunt. Ich hatte doch mit Miriams Mutter sehr ausführlich gesprochen, und sie selbst hatte mit Miriam geredet, um zu hören, ob es ihrer Tochter wirklich gut gehe. Miriam war allerdings sehr kurz angebunden, und mit ihrem Vater wollte sie keinesfalls reden. Ich hatte den Eltern unsere Adresse und Telefonnummer gegeben, damit sie sicher waren, dass alles seine Richtigkeit hat – und als Ergebnis schicken sie uns die Polizei vorbei. Im ersten Moment bin ich ziemlich aufgebracht und denke, was ist denn das für eine Kommunikation, aber dann überlege ich mir, dass ich selbst vielleicht auch auf Nummer sicher gegangen wäre. Auf jeden Fall bin ich stolz, wie die Mädchen die Situation gemeistert haben. Immerhin konnten sich die Polizisten überzeugen, dass es Miriam gut geht, und das war vermutlich, was die Beamten herausfinden wollten. Trotzdem bleibt das Hauptproblem bestehen: Miriam will nicht nach Hause. Aber sie kann auch nicht für immer bei uns bleiben. Schließlich telefoniere ich mit dem Jugendamt und frage, wie man sich nun am besten weiter verhält. Man vermittelt mich mit der für Miriam in Süddeutschland zuständigen Stelle. Und da erschließt sich für mich eine Welt zuständiger Kompetenz, wie ich sie hier bei uns zum Schluss mit Marvin gar nicht mehr erlebt habe. Ich schildere der Frau, wie groß Miriams Angst ist, allein auf ihre Eltern zu treffen. Sie versichert sich darüber auch noch bei Miriam selbst. Dann bittet sie um etwas Bedenkzeit, um zu sehen, wie die Situation am besten zu lösen sei. Sie müsse sich auch mit Miriams Eltern in Verbindung setzen. Als ich den Hörer auflege, bin ich erleichtert. Ich habe das Gefühl, das Problem in die Hände von jemandem gelegt zu haben, der verantwortungsvoll und umsichtig handelt, und das ist ein gutes Gefühl.

Bei den Mädchen stoße ich nicht gleich auf Gegenliebe mit der ganzen Aktion, Miriam hat eine tiefe Angst vor der Rückkehr nach Hause und Meike steht natürlich hinter ihr. Aber dass sie nun zur Polizei gehen können mit der Nachricht, dass wir das Jugendamt eingeschaltet haben und mit der Rufnummer von Frau Liefen, so heißt die zuständige Dame, und dass so nun alles eine gewisse Ordnung hat, erfüllt sie mit etwas Zuversicht. Bei Miriam merkt man deutlich, dass es ihr sofort besser geht, wenn man sie in Entscheidungen einbezieht, wenn sie merkt, nichts geschieht über ihren Kopf hinweg, und ich denke, da wird wohl der Hund begraben sein bei ihr zu Hause.

Ehe ich weiter darüber spekulieren kann, klingelt schon wieder das Telefon.

Frau Liefen berichtet, dass Miriams Eltern ziemlich verärgert, um nicht zu sagen wütend sind darüber, dass das Jugendamt eingeschaltet wurde – vor allem Miriams Vater. Aber sie wollen eben auf jeden Fall, dass Miriam zurückkommt, und mit dieser Aussicht konnte Frau Liefen sie schließlich beschwichtigen. Sie hat den Eltern klargemacht, dass Miriam nicht nach Hause will, wenn alles so bleibt, wie es ist.

»Ja, aber was soll sich ändern?«, frage ich ratlos.

Und Frau Liefen hat einfach nur gute Ideen. Sie erklärt, dass sie außer Miriam natürlich noch in andere Fälle eingebunden ist, die sie zeitlich einschränken, aber wenn wir es hinbekommen könnten, dass Miriam dann und dann in München ankommt, könnte sie persönlich am Bahnhof sein und mit Miriam alles durchsprechen. Sie hätte sogar eine Unterbringungsmöglichkeit, damit sie nicht sofort in ihre Familie zurückkehren müsse.

Ich bin platt. Wenn ich bedenke, mit welchen Amtsmühlen wir schon gekämpft haben. Aber diese Geschwindigkeit ist mir auch unheimlich. Ich denke, wenn Frau Liefen doch nur im Sinne von Miriams Eltern handelt und Miriam einfach zurückgebracht wird, dann können wir von Köln aus nichts machen … Vor allem Miriams Vater ist mir nicht geheuer, denn er hatte alle Abmachungen, die ich mit Miriams Mutter getroffen hatte, in den Wind geschossen und vermutlich sogar seine Frau so weit manipuliert, dass sie uns beim zweiten Telefongespräch nur Vorwürfe machte. Ich hörte genau den Vater: »Miriam hat hier zu sein, zu gehorchen und sonst nichts!«

Wenn er Frau Liefen beeinflusste … Und bestimmt gibt es Familien, in denen es noch ganz anders zugeht, Kinderheime und Straßen sind ja voll von Kindern aus schwierigen Verhältnissen …

Ich schildere Frau Liefen meine Sorge. Ich möchte das Vertrauen, das Miriam zu Meike und uns gefasst hat, nicht enttäuschen, das wäre ja grauenhaft.

Frau Liefen beruhigt mich. Nein, nichts wird gegen Miriams Willen geschehen, und Miriam kann uns doch gleich anrufen von München aus, dass alles so ist, wie Frau Liefen es versprochen hat.

Meike

Das geht gar nicht. Miriam soll schon morgen zurückfahren. Die Frau vom Amt macht uns bestimmt nur etwas vor. Das denkt Miriam auch, und sie hat den absoluten Horror. Sie will schon wieder abhauen und ganz woanders hinfahren, Hauptsache nicht nach Hause. Sie weint, weil sie dachte, sie könnte noch bei uns bleiben. Wieso ist sich Mama nur so sicher, dass alles mit rechten Dingen zugeht? Dass alles in Miriams Sinn ablaufen wird? Ich weiß gar nicht, was ich machen soll. Miriam liegt auf meinem Bett und heult sich die Augen aus dem Kopf. Sie ist ganz anders als ich. Sie spricht wenig und leise. Ich schrei immer gleich herum, wenn mir etwas nicht passt. Meine Mutter ermahnt mich dann, ich soll ordentlich reden, aber das kann ich manchmal einfach nicht. Wenn ich wütend bin oder ich mich im Recht fühle und meine Mutter das nicht einsieht, platzt der Ärger ungefiltert aus mir heraus. Frau Hendricks meint, ich hätte früher nicht gelernt, meinen Unmut oder mein Traurigsein auszudrücken, und deshalb äußere ich diese Gefühle heute oft noch unangemessen. Ich finde das schwierig, wenn man sich nicht unter Kontrolle hat. Miriam hat das wohl auch nicht gelernt zu sagen, was ihr nicht passt, aber sie spricht so, dass man fast nichts hört. Ich bin beinah froh, dass es an der Tür klopft (sonst nervt mich das meistens). »Herein«, sage ich, und meine Mutter kommt ins Zimmer.

»Darf ich mal mit Miriam sprechen?«, fragt sie vorsichtig. Miriam setzt sich auf und wischt sich die Tränen ab. Sie nickt.

Anja

Mein Gott, das war nicht leicht, Miriam zu überzeugen, dass es alle gut mit ihr meinen. Meine einzige Angst ist jetzt, mich in Frau Liefen getäuscht zu haben. Aber ich habe Miriam fest versprochen, dass wir zu ihr kommen, wenn man uns belogen hat. Natürlich hoffe ich, dass das nicht nötig ist. Und ich glaube es auch nicht. Ich vertraue Frau Liefen. Miriam wird ihren Eltern nicht allein gegenüberstehen, und sie wird auch nicht gezwungen werden, mit ihnen nach Hause zu gehen, wenn sie es nicht will. Daran glaube ich, als wir Miriam verabschieden. Ich nehme sie zum Abschied fest in den Arm. Als die Mädchen sich umarmen, haben sie beide Tränen in den Augen. Ich bin froh, dass ich zur Schule muss, denn wir werden erst heute Nachmittag erfahren, wie es wirklich ausgeht.

Meikes Tagebuch

Verräter

Es gibt so viele Menschen, die einmal – oder auch mehrmals – in ihrem Leben an einen Punkt kommen, an dem sie nicht weiterwissen, an dem sie nicht weiterkönnen. Sie verzweifeln an der Gesellschaft und dem System, das sie erschaffen hat. Sie hoffen auf Veränderungen und auf Hilfe, hinaus aus der Ungewissheit und den Schmerzen. Neben ihrer Verzweiflung sammelt sich Hass, Hass auf jene, die diese Regeln gemacht haben, und auf jene, die dafür sorgen, dass sie bestehen bleiben. Er ist da, dieser unglaubliche Hass und diese brennende Wut. Sie beginnen sich aufzulehnen, versuchen, die Dinge zu ändern. Doch sie befinden sich in einem Zustand der Schwäche, der Zerbrechlichkeit. Sie wissen, dass etwas geändert werden MUSS, doch sie können nichts ausrichten. Manche kommen über diese Krise nicht hinweg, bleiben stecken, einige suchen ihre Ruhe im Tod. Die aber, die es schaffen, die diese Zeiten überstehen, machen es nicht besser. Ihre Vorwürfe sind wie weggeblasen. Sie gliedern sich ein in dieses unmenschliche System, als hätten sie niemals Leid erfahren. Sie kümmern sich nicht mehr um das, was war. Sie haben nun das erreicht, was sie wollten, haben ihr eigenes kleines Leben gerettet, das reicht ihnen. Dass andere dieses Schicksal ebenso ertragen müssen, wie sie es mussten, ist ihnen gleichgültig … letztendlich ist es nur eine Phase, die man nun einmal zu bewältigen hat; diejenigen aber, die daran zugrunde gehen, werden nicht beachtet oder gelten als besonders labil. Jene Menschen also (nicht ALLE), die die schlechten Zeiten überwunden haben, scheren sich nicht um die ehemaligen Leidensgenossen. Sie spucken ihnen noch ins Gesicht … und verschwinden in der Masse, die sich so unmenschlich präsentiert …

Anja

Alles ist so geschehen, wie Frau Liefen es versprochen hat. Sie hat Miriam abgeholt. Sie hat mit den Eltern gesprochen. Für Miriam ist eine Familienhilfe geplant, die sie begleitet, die hilft, dass Miriam sich in ihrer Familie wieder wohlfühlt. Und bis diese Begleitung feststeht, ist Frau Liefen Miriams Ansprechpartnerin, an die sie sich jederzeit wenden kann. Ich bin so dankbar, dass mein Gefühl mich nicht getrogen hat. Frau Liefen ist genau so verlässlich, wie sie von Anfang an gewirkt hat. Meike ist sichtlich erleichtert nach Miriams Anruf. Sie hatte solche Angst davor, dass alles nur Gerede war.

10. KAPITEL

Meike

O Mann. Heute war es so gruselig! Gruselig! Meine Klamotten müssen erst mal ordentlich gewaschen werden. Mann, das war gar nicht schön. Christoph, der Sohn von Herrn Kuckensiel, und ich mussten einen Verstorbenen abholen. Der hatte aber schon zwei Wochen in seiner Wohnung gelegen und boah, das roch gar nicht gut, im Gegenteil, bestialisch gestunken hat es. Man sagt, dass dieser Leichengeruch unverkennbar ist. Und ja, ich glaube, das kann man so sagen, etwas Vergleichbares habe ich noch nicht gerochen. Der ältere Herr lag auf dem Fußboden seiner völlig unaufgeräumten Wohnung, und es sah nicht so aus, als wäre er allzu friedlich aus dem Leben gegangen. Besonders traurig fand ich, dass erst zwei Wochen nach seinem Tod jemand nachgeforscht hatte, was hier los war. Aber nicht, weil derjenige den Mann vermisst hatte, sondern weil der Todesgeruch in der Luft lag.

Beim Anblick des Leichnams grauste mir für einen Moment, man konnte das Gesicht gar nicht mehr erkennen, an manchen Stellen war der Körper schwarz verfärbt und an anderen wirkte er aufgedunsen. Je länger ich den Toten betrachtete, fand ich es weniger schrecklich, aber ein trauriger Anblick blieb es. Wir haben von einem Polizisten, der auch vor Ort war, Schuhe zum Überziehen bekommen, damit wir in die Wohnung und zu dem Leichnam gehen konnten, der fast schon ein bisschen glitschig war. Das wusste ich bis dahin nicht, dass Leichen tatsächlich Feuchtigkeit absondern. Wir bekamen den toten Körper kaum zu packen. Ein paarmal entglitt er uns, bevor wir ihn auf die Trage gehoben hatten.

Nachdem es endlich geschafft war und wir durch das Treppenhaus endlich das Auto erreicht hatten, mussten wir erst einmal tief durchatmen. Als wir die Leiche abgeliefert hatten, waren wir froh. Nur der Geruch im Auto wollte sich nicht verziehen und Christoph meinte, dass das wohl auch die nächsten zwei, drei Tage noch anhalten würde. Nichtsdestotrotz war ich zufrieden, als ich nach dem Arbeitstag nach Hause kam. Ich hatte etwas Außergewöhnliches erlebt, hatte eine völlig neue Situation gut gemeistert. Es war bereichernd, und jetzt weiß ich, wie es kommt, dass die ganzen Kriminalleute im TV immer sagen können, dass sie schon »ahnen, was los ist« – sie erkennen den Tod am Geruch.

Anja

Also, was Meike heute erlebt hat, fand ich bedenklich. Allerdings hat Herr Kuckensiel mich auch gleich angerufen und sich entschuldigt. Mit Unfallopfern und Leichen, die schon in Verwesung übergegangen waren, sollte Meike im Praktikum eigentlich nicht konfrontiert werden. Aber mit diesem Fall hatte Herr Kuckensiel nicht gerechnet; ein alter Mensch, der unter der Kategorie ›betreutes Wohnen‹ geführt war, in einem solchen Zustand. Dem Bestattungsunternehmer tat es leid, dass Meike damit so früh und ohne vorheriges Gespräch damit konfrontiert worden war. Meike war an diesem Abend auffällig blass nach Hause gekommen. Sie sagte aber, genau besehen gehöre es eben dazu, dass ein Verstorbener mal nicht mit gefalteten Händen und wie schlafend in seinem Bett liege, das müsse doch jedem klar sein.

Ich staune, was Meike wegsteckt. Später kommt sie noch mal aus ihrem Zimmer.

»Mit Miriam ist jetzt auch alles gut«, meint sie. »Seitdem sie diese Betreuerin aus dem Jugendamt hat, klappt alles viel besser. Sogar mit dem Vater kann sie wieder reden.«

»Na, das ist ja toll!« Ich bin wirklich froh, dass diese Aktion ein gutes Ende genommen hat. Auch dank der Leute vom Jugendamt in Süddeutschland, die unglaublich schnell und konstruktiv gehandelt haben. Solche Institutionen stehen und fallen wirklich mit den Leuten, die dort arbeiten. Meike wünscht uns eine gute Nacht. In letzter Zeit wirkt sie nahezu ausgeglichen.

Meike

Die Trauerfeiern sind immer recht anstrengend. Ich scheue den Kontakt mit den Angehörigen der Verstorbenen, da ich nicht weiß, wie ich mich genau verhalten soll. Was soll man sagen?

Abgesehen von dieser psychischen Anspannung und Anstrengung muss ich bei den Trauerfeiern meist stehen, eine halbe Stunde, manchmal auch länger. Es fällt mir schwer, so lange stillzustehen. Und besonders spannend sind diese Feierlichkeiten auch nicht. Das hat nichts damit zu tun, dass ich die Verstorbenen nicht kenne, ich fand auch die Trauerfeier für meinen Onkel nicht spannend, aber darin liegt auch nicht der Sinn einer Trauerfeier. Trotzdem. Ich langweile mich bei dem Gerede oft, ähnlich wie an Weihnachten in der Kirche. Und ich muss gucken, welche Beschäftigung ich meinem Hirn gebe. Es ist nicht so, dass ich die ganze Zeit stumme Hassattacken gegen Gott oder Christen abfeuere und mich damit beschäftigen könnte. Ich habe generell gar nichts gegen Gläubige oder gegen die Kirche, solange sie mich nicht nerven. Viele Leute denken, ich hätte etwas gegen Gott, nur weil ich schwarze Sachen trage. Ich habe mich tatsächlich eine Zeit mit Satan auseinandergesetzt, aber nicht mit dem Hörnermonster, sondern mit dem Teufel als ein Gegenbild zu dem von Christen oft dargestellten Gott, der einen einschränkt und einem Aufgaben gibt, der einen bestraft und beurteilt. Ich fand einen Satan interessant, der einen dazu anhält, sich selbst zu bestimmen, die Augen zu öffnen und zu sehen, wie die Welt ist, anstatt sich führen zu lassen, blind und mit der Hoffnung darauf, dass schon alles glattgeht, solange man nur ein bisschen betet. Ich habe nichts gegen Gott, ich glaube aber nicht, dass es ihn im Sinne eines Gottes, wie die Christen ihn darstellen, gibt. Ich will und kann generell erst mal an gar keinen Gott glauben. Dennoch finde ich oft schön zu sehen, wie sich in der Kirche eine Gemeinschaft zusammenfindet. Mich berühren manche religiösen Riten und Äußerungen, aber nur dann, wenn sie Fragen aufwerfen, die mit dem Weltlichen zu tun haben. Auf Trauerfeiern wird aber meist das Gleiche erzählt, nach Schema F. Selten schaffen es die Pfarrer, einem bei der Ansprache etwas mitzugeben, was doch vor allem für die Angehörigen wichtig wäre. Denen muss es doch hohl vorkommen, wenn über den Verstorbenen nur Allgemeinplätze verkündet werden. Ich hoffe dann, dass die Rede schnell zum Ende kommt. Herr Kuckensiel muss natürlich immer mit den Angehörigen sprechen, irgendwann müsste ich diese Aufgabe auch einmal übernehmen, wenn ich die Ausbildung anfange. Ich spüre, ich kann das nicht. Oft müssen zwar nur Formalitäten geklärt werden, aber trotzdem weiß ich nicht, wie ich trauernden Menschen begegnen soll. Ich würde lieber immer nur Tote von A nach B fahren, Särge ausschlagen, beim Standesamt Beurkundungen abholen, Kreuze bekleben oder die ganzen Formulare ordnen. Aber das habe ich nun alles schon gemacht.

Jetzt ist es manchmal öde bei der Arbeit. Langweilig. Ich

sitz dann herum, warte darauf, dass etwas passiert, jemand stirbt. Die ersten Male konnte ich in dieser Wartezeit immer irgendwas sortieren und ordnen. Ich habe Frau Müller und Herrn Kuckensiel gefragt und durfte Ordnung in Schränke und Regale bringen. Das macht Spaß. Ordner anlegen, Blätter einheften, Stifte aussortieren und solch ein Kram. Aber da das Unternehmen nicht so riesig ist, hatte ich irgendwann alles in Ordnung gebracht, und seitdem langweilte ich mich immer häufiger. Eine Qual für mich. Ich half mir damit, Zeitschriften durchzuschauen, die Informationen für Bestatter und Trauernde enthielten, da gab es teils Interessantes zu erfahren. Zum Beispiel las ich in einem Artikel über eine neue Beerdigungsart, bei der man in einer Urne an den Wurzeln eines Baumes begraben wird. Friedwald nennt sich das, der Friedhof aus Bäumen. Die Vorstellung, an den Wurzeln eines Baumes begraben zu sein, gefällt mir. Ich studierte auch Ordner mit Bildern und Infos zu den verschiedenen Särgen, die es gibt, aber irgendwann gab es keine Ablenkung mehr, und die Langeweile blieb.

Meikes Tagebuch

Es ist nicht einfach wieder da. Ich suche es. Ich suche danach, wie ich früher war, ich suche dieses Gefühl von früher. Als würde ich es vermissen. Dieses Gefühl, in der Dunkelheit zu sitzen, seine Aggressionen zu haben und die Welt nicht an sich heranzulassen. Denn es gibt mir so viel mehr Sicherheit, als zu versuchen, auf meinen Beinen im Leben zu stehen. Vielleicht will ich zurück. Dahin, wo es dunkel ist und ich allein und sicher sein kann. Wo ich der einzige Mensch bin, dem ich irgendwas schuldig bin, nur mir Rechenschaft ablege und für mich bin.

Merkwürdig. Nachdem Meike bisher immer aufgekratzt von ihrer Arbeit erzählte, ist eine Sendepause eingetreten. Ich will nicht direkt das Schlimmste befürchten, aber irgendetwas stimmt nicht. Ich beruhige mich damit, dass schwierige emotionale Zeiten einen immer noch einmal einholen als schlechte Gefühle. Wellenweise, als erinnere sich das ganze System noch einmal. So war es bei mir auch. Aber mache ich nicht viel zu oft den Fehler, meine Mechanismen auch bei anderen anzunehmen? Wenn ich Meike direkt frage, betont sie, dass alles in Ordnung sei, was mich gerade misstrauisch macht. Ich möchte es so gern glauben. Denn zurzeit steht die Sorge um Karls Eltern im Vordergrund. Sein Vater war schon länger krank, aber meine Schwiegermutter und meine Schwägerin, die mit ihrem Lebensgefährten gleich in der Nachbarschaft wohnt, haben alles gut hinbekommen. Jetzt aber ist meine Schwiegermutter schwer erkrankt, und das System gerät außer Kontrolle. Beide Eltern hilfsbedürftig, wie soll das gehen? Wir fahren nun öfter hinunter an den Niederrhein, Karl noch häufiger als ich. Er berät sich mit seinen beiden Geschwistern, der ältere Bruder lebt noch weiter entfernt von den Eltern als wir.

Den Familienthemen widme ich mich nur halbherzig, mir platzt auch so beinahe der Kopf. Im Mai sind meine Abschlussprüfungen, meine Klasse steht ebenfalls kurz vor ihrem Abschluss, der Dokumentarfilmer, Herr Maurer, verlangt die unmöglichsten Sachen. Hätte ich mich doch niemals darauf eingelassen! Immer wenn sein Kamerateam gerade da ist, können wir keinen normalen Unterricht machen. Außerdem merke ich, dass er gar keine vorbildliche Hauptschulklasse zeigen möchte. Er will Sensationen, aufgewühlte Emotionen. Verständlich vom Filmerstandpunkt aus, aber völlig gegen die

Absichtserklärungen, die er zu Beginn der Dreharbeiten von sich gegeben hatte. Er wollte das Image der Hauptschule berichtigen. Das wäre mit meiner Klasse gut gegangen. Es ist eine wirklich nette Klasse. Abgesehen von den beiden Neulingen, die die Klassengemeinschaft aus den Fugen bringen wollen, aber die sind in Wirklichkeit gar nicht solche Störenfriede. Das bekämen wir schon hin, wenn nicht ein ambitionierter Filmer immer Öl aufs Feuer gießen würde. Die beiden merken, dass es Herrn Maurer gefällt, wenn sie auf den Putz hauen, und ich muss alles wieder ins Lot bringen.

Wenn jetzt auch noch Meike wieder anfängt, sich in ihr altes Leben zurückzuschweigen, wenn sich ihr Selbsthass wieder regt und das Essen und das Ritzen wieder von neuem beginnen, dann weiß ich nicht, was ich noch machen soll. Ich habe meine Reserven längst aufgebraucht.

Meike

Ich kann die Ausbildung zum Bestatter machen, wenn ich möchte, hat Herr Kuckensiel mir gestern gesagt. Aber ich bin mir unsicher. Es ist zu wenig Anspruch da. Außerdem müsste ich wieder in die Schule, drei Jahre Berufsschule. Und da steht kaufmännisches Rechnen sicher ganz oben auf dem Stundenplan. Das passt mir gar nicht. Aber noch weniger passt mir, dass ich den Beruf nicht mehr so erfüllend finde, wie ich anfangs annahm. Es war alles interessant und faszinierend, und jetzt ist es Routine, das einzig Neue, das noch kommen würde, sind die Trauergespräche, aber vor denen fürchte ich mich eher. Ich habe mir überlegt, wenn schon Schule, dann lieber die normale Schule, nach dem Abitur kann ich wenigstens studieren. In letzter Zeit will ich so gern studieren. Ich brauche Informationen für meinen Kopf. Da ist gar nichts mehr drin, ich habe nichts zum Denken, ich habe nichts, was ich begreifen oder neu lernen muss. Das Bestattungsunternehmen bietet keine Herausforderungen mehr, das ist unbefriedigend. Ich will mehr Wissen haben und Texte lesen und Zusammenhänge verstehen lernen. Ich will studieren. Definitiv. Dafür würde ich auch die drei Jahre in die Schule gehen. Definitiv lieber, als drei Jahre für einen im Endeffekt unbefriedigenden Beruf. Ich weiß nur nicht, wie ich das meinen Eltern beibringen soll. Erst mache ich ein Riesentheater, weil ich die Schule nicht aushalte, und jetzt will wieder hin?

Wie enttäuscht wird wohl Herr Kuckensiel sein? Ich wurde jeden Monat gut bezahlt und habe eine Uhr als Weihnachtsgeschenk bekommen. Er hofft bestimmt, dass ich bleibe … aber wenn ich mir vorstelle, ich muss drei Jahre lang das lernen, was ich nach diesen Wochen schon fast alles kann, o nein.

Meikes Tagebuch

Realität
Zwischen kalten Wänden, in Hallen aus Stein,
zwingst du mich nun bei dir zu sein.
Gefangen durch Ketten in deinen Mauern,
bringst du mich dazu, auf dem Boden zu kauern.
Du nimmst mir die Kraft, die Fantasie, den Verstand,
hast mich in deinen Kerker verbannt,
um mich zu foltern, gefügig zu machen,
bist jederzeit da, mich zu bewachen.

Eine Flucht ist unmöglich, aussichtslos,
du bist immer da. Deine Macht ist zu groß,
reicht bis in meine Gedanken hinein,

ich kann nirgends mehr alleine sein.
Ich flehe, ich bettle für mein Leben,
denn dieses kannst nur du mir geben,
doch du denkst nicht daran, es mir leichter zu machen,
ich höre dich grölen, ich höre dich lachen.
Ich bin so naiv, an deine Gnade zu denken,
daran, du könnest mir die Freiheit schenken.

Du wirst mich nur zur Verzweiflung treiben,
dann wird mir nur eine Möglichkeit bleiben,
der einzige Pfad, nach draußen ins Glück,
doch dann gibt es keinen Weg mehr zurück.
Soll ich ihn gehen, um dir zu entflieh'n?
Oder wirst du mich selbst aus dem Tod zurückzieh'n?
Ist deine Macht so unbegrenzt?
Dass du selbst den Tod nicht als Grenze kennst?
Doch für meine Freiheit würde ich sogar das noch versuchen,
bin ich dann frei, werd ich dich verfluchen,
denn noch kann ich sagen mit gutem Gewissen,
Realität, ich werde dich nicht vermissen!

Anja

Es ist gut. Alles ist gut mit Meike, da bin ich mir sicher. Sie ist wesentlich lockerer im Gespräch. Das verdanken wir den Kuckensiels. Es war so wichtig für Meike, Gesprächspartner außerhalb der Familie zu finden. Dinge von ganz anderen Seiten betrachten zu können. Und die Erfahrung zu machen, etwas zu schaffen. Sie hat Erfolgserlebnisse und bekommt über die Arbeit Bestätigung.

Die Kuckensiels jedenfalls sind Bestatter mit Leib und Seele und haben den dazugehörigen passenden schwarzen

Humor. Sie sind wie sie sind und wollen nichts anderes sein, und das gefällt Meike. Da sie ein Familienbetrieb sind und keinen Aufenthaltsraum haben oder Ähnliches, ist Meike auch zum Essen bei ihnen zu Hause eingeladen. Erst wollte Meike das natürlich nicht, dann ist sie der Einladung hin und wieder gefolgt, und sie findet das Familienleben dort wohl sehr amüsant. Na, Gott sei Dank. Hätte ja auch wieder etwas anderes sein können hinter den Fassaden. Nur, dass Meikes fröhliche Berichterstattungen seltener werden. Ich würde mich freuen, wenn der äußere Anschein die Realität wäre. Es gibt genug anderes um mich herum, das mich fordert, aber irgendwie bleibe ich in Habachtstellung Meike gegenüber.

Meike

Ich kann nicht mehr. Nicht, weil mir das alles so unglaublich viel wird, sondern eher, weil mir das alles zu wenig wird. Ich weiß nicht, wo ich mit mir hin soll. Es nervt, dass ich nichts zu tun habe, dass mein Hirn nichts hat, womit es sich beschäftigen kann, und dass ich scheinbar nicht in der Lage bin, in meiner Freizeit irgendwas Kreatives zu tun, solange ich nicht die entsprechenden Reize von außen bekomme. Es ist einfach bescheuert, das kann doch nicht wahr sein, dass es jetzt wieder losgeht. Ich hole meine Schmuckdose von der Fensterbank. Die Rasierklingen sind immer noch da. Ich hatte meiner Mutter gesagt, ich hätte sie weggetan. Aber ich habe mir gedacht: Man kann ja nie wissen! – Und habe sie behalten. Besser so. Ich fühle mich leer und unbrauchbar, und mich stresst der Gedanke, dass ich, je länger ich beim Bestatter arbeite, weniger mit den Toten und mehr mit den Lebenden zu tun bekäme. Ich will keine Trauergespräche führen und mich darum sorgen müssen, wie ich auf andere wirke. Trauernde sind zwar nicht so kritisch, weil sie sich gerade um ihre eigenen Sachen Gedanken machen müssen, aber sie sind vielleicht auch besonders empfindlich und ich müsste genau darauf achten, wie ich auf sie zugehen kann. Ich will aber gar nicht auf andere zugehen. Und ich will nicht die ganze Zeit gelangweilt im Büro sitzen und Menschen, die ich nicht kenne, den Tod wünschen müssen, damit ich aus meiner Langeweile erlöst werde. Ich lasse mich in meinen Schreibtischstuhl fallen. Ich bin einfach zu nichts zu gebrauchen. Scheißrasierklingen. Sie sind unscharf und dreckig. Ich habe mir bei ihrem Anblick schon oft gewünscht, dass ich mir beim Ritzen irgendeine Blutvergiftung zuziehe und endlich verrecke. In diesem Moment kommen die Gedanken wieder. Ich nehme eine der Klingen und schneide mir in den Unterarm, ein paarmal, dann in den Oberarm, etwas tiefer, und das Blut tropft erst träge aus den Wunden, dann fließt es schnell wie immer. Und ich sehe dabei zu. Aber ich empfinde keine Genugtuung mehr dabei. Ich bin wahrscheinlich schon so leer und erschöpft und müde, dass es nicht einmal mehr etwas bringt, wenn ich mich selbst verletze. Aber will ich denn überhaupt etwas rausschreien wie sonst? Ich horche. Ich horche ganz tief in mich hinein. Nein! Ich will nichts loswerden, ich will etwas bekommen. Ich will irgendeine Nahrung für mein Hirn. Verdammter Mist. Ich packe die Rasierklingen zurück in die Schmuckdose und stelle sie wieder auf die Fensterbank.

Anja

Meikes Stimmung verschlechtert sich irgendwie. Sie ist oft wieder blass und steif und starr. Eigentlich hatte sie das beinahe ganz verloren, es macht mich unruhig, dass es wieder da ist. Hin und wieder beklagt sie sich ja, dass ihr flau wird bei den Trauerfeiern und dass sie nicht so lange stehen kann, aber ich glaube nicht, dass das wirklich das Problem ist. Solange sie sagt, es ist alles in Ordnung, will ich das nicht anzweifeln. Ich muss ihr einfach trauen, und jede schlechte Stimmung hinterfragen ist idiotisch. Ich habe auch mal schlechte Laune und weiß nicht, warum.

Froh bin ich, dass wir im Familienkreis mit Meikes Schwierigkeiten offen umgehen. Als wir mit Karls Mutter mal im Krankenhauscafé sitzen, heftet sie ihren Blick auf Meikes Unterarm.

»Meike ging es sehr schlecht, nicht wahr?«

Ich nicke.

Karls Mutter nickt ebenfalls. »Das habe ich gewusst. Und wie ist es jetzt?«

»Besser, Oma«, antwortet Meike, und sie erzählt, wie gut es ihr getan hat, erst mal aus der Schule rauszukommen und in das Praktikum einzusteigen. Die Beschäftigung beim Bestatter wird von Karls Familie viel lockerer akzeptiert, kein Wunder bei er Berufstradition. Bei meinen Leuten merkte ich deutlich das Erstaunen, aber von Jonas Bemerkung »Die Kleidung passt immerhin schon« bis zum Kommentar meiner Mutter »Ein Bestatter in der Familie ist auch nicht das Schlechteste«, versuchen doch alle, dieser Entwicklung das Positive abzugewinnen. Sie freuen sich, dass Meike inzwischen offener geworden ist. Selbstverletzungen blenden meine Eltern aus. Wir sind zwar auch nicht in alle Einzelheiten gegangen, haben aber schon erklärt, wieso Meike letztes Jahr in der Klinik war und warum sie die Schule jetzt erst einmal verlässt. Aber ich habe den Eindruck, es kommen immer nur die positiven Botschaften an. Sie hat die mittlere Reife, jetzt macht sie erst mal eine Ausbildung … und nicht: Sie hat es nicht mehr ausgehalten und darum hat sie sich selbst Schaden zugefügt von Essstörungen bis Ritzen. Aber das finde ich nicht schlimm. Als Großeltern dürfen sie ruhig nur das Positive sehen, irgendwann muss es gut sein mit der Verantwortung.

Schlimmer fand ich, dass sie damals meine Not nicht wahrgenommen haben, als ich jugendlich war. Wie lange habe ich gebraucht, dieses Gefühl wieder zu verlieren, dieses Gefühl, allein auf der Welt zu sein, nichts wert zu sein und alles für alle regeln zu müssen.

Wie glücklich bin ich, dass ich mich inzwischen geborgen fühle. Mein Blick ruht auf einem Bild, einem Möbelstück, unserem Ausblick ins Grüne ... und ich fühle Geborgenheit. Die Welt, die ich mit Karl schaffen durfte, vermittelt mir das, und jetzt hoffe ich nur noch, dass auch unsere Kinder ihre Geborgenheit finden.

Meike

Herr Kuckensiel lässt mich nicht mehr früher gehen, wenn nichts zu tun ist. Ich muss dann einfach bis sechzehn, siebzehn Uhr meine Zeit absitzen. Das ist nervtötend, aber es ist eben so. Er meint, wenn ich hier richtig arbeiten würde, eine Ausbildung anfangen würde, dann müsste ich auch zu den festgelegten Arbeitszeiten anwesend sein. Einleuchtend, klar. Dennoch blöd. Herr Kuckensiel hat mir schon mehrmals gesagt, dass er mir den Ausbildungsplatz anbieten würde, ich könnte dann auch früher meinen Führerschein machen, schon mit siebzehn. Das wäre cool. Ich fahre unglaublich gern Auto. Und anfangs war der Gedanke daran sehr verlockend. Inzwischen arbeite ich gut fünf Monate bei Herrn Kuckensiel, und ich habe immer weniger Motivation, eine mögliche Ausbildung durchzuziehen. Letztens war ich mit meinem Vater in Wermelskirchen, wo die Berufsschule ist, die ich dann besuchen würde. Die Fahrt war lang und das Gebäude bedrückend. Es steht jetzt fest: Wenn ich noch einmal in so eine dumme Schule gehe, dann, um mein Abitur zu machen und anschließend zu studieren, nicht um eine Ausbildung hinter mich zu bringen, in der ich mich unterfordert und gelangweilt fühle. Ich muss das nur noch meinen Eltern erklären. Joker, mit dem ich häufig chatte, meint auch, dass ich meinen Eltern einfach sagen soll, was ich machen möchte und wo mein Problem mit der Ausbildung liegt. Er beharrt darauf, obwohl er den Grund für meine Bedenken nachvollziehen kann. Schließlich habe ich die Schule verlassen, um zu arbeiten. Und jetzt wieder zurück? Meine Eltern würden sich fragen, nach wie vielen Monaten ich wieder lieber arbeiten will. Joker versteht generell die meisten Dinge, die ich ihm erzähle. Und ich verstehe auch, was er so erzählt, zumindest glaube ich das. Das Gute dabei ist, dass wir beide weiter nichts von dem anderen wollen, als jemanden zu haben, in dem man sich irgendwie wiederfinden kann. Wir haben uns offen zu unserer Asexualität bekannt. Das ist echt super. Ich habe kein Interesse an Jungen oder Männern und auch nicht an Frauen. Die meisten Jugendlichen in meinem Alter empfinden das nicht so. Die Jungs wollen Mädchen, um zu wissen, wie Sex ist, oder um weiter welchen zu haben, wenn sie ihn bereits hatten. Und bei den Mädchen ist es das Gleiche. Das gehört wohl ins pubertäre Alter, dieses Bedürfnis, das lernt man ja so in der Schule. Aber ich habe das nicht. Und Joker hat das auch nicht, das macht uns ähnlicher. Wir denken, dass wir viel Gemeinsamkeiten haben, und trotzdem gibt es Einstellungen, in denen wir nicht übereinstimmen, das macht die Sache natürlich interessanter. Ich bin froh, mit Joker reden zu können und freue mich, dass er mir von sich und seinem Leben erzählt. Das Leben der meisten anderen Menschen interessiert mich reichlich wenig. Zugegebenermaßen fühlen wir uns beide recht elitär. Er will die Weltherrschaft, und ich will sie auch. Sein Wunsch nach der Macht ist aber politischer Natur, während ich einfach nur die Macht haben will, um alles nach meinen Wünschen zu gestalten, nach meinen spontanen Einfällen. Natürlich macht uns das neben Freunden auch zu Konkurrenten, und wir haben uns damit abgefunden, dass wir uns eines Tages gegenseitig eine Kugel durch den Kopf jagen werden. Ich sollte in diesem Zusammenhang meine Reaktionsfähigkeit verbessern, ich lass mir die Herrschaft über diesen dreckigen Planeten sicher nicht von so einem Politikerfritzen entreißen. Joker schmiedet auch schon Pläne. Wir dürfen also gespannt sein. Trotz dieser unterschwelligen Feindschaft führen wir den Kampf bis zu unserem Ziel gemeinsam. Wir sind zu zweit und die Menschheit ist allein, wir sind überlegen.

Da sitzen wir nun, meine Eltern und ich. Am großen Wohnzimmertisch, und ich fühle mich nicht sehr gut. Ich habe Angst vor der Reaktion meiner Eltern, wenn ich ihnen meine Pläne mitteile. Natürlich würden sie begründet überrascht und wütend reagieren, aber trotzdem habe ich keine Lust darauf. Grauenhaft, aber ich muss da durch.

»Lasst mich erst einmal reden, bevor ihr etwas dazu sagt, bitte, ich möchte erst mal zu Ende sprechen. Okay?« Ich muss mich versichern, dass sie mir nicht ins Wort fallen. Sie nicken beide.

»Ich möchte die Ausbildung beim Bestatter nicht machen. Ich habe mich jetzt wirklich, wirklich, wirklich entschieden. Ich möchte zurück an die Schule. Ich bin mir absolut sicher, ich möchte definitiv studieren, und dafür brauche ich mein Abitur. Beim Bestatter ist es langweilig, ich kann über nichts nachdenken, mein Kopf wird da nur leer, matschig und depressiv. Ich möchte mein Abitur machen, um anschließend studieren zu können.«

Meine Eltern schauen mich erst einmal nur an. Geschockt, erstaunt, überrascht?

»Aber du wolltest nie wieder zur Schule, wieso nun doch? Du warst doch so begeistert von der Vorstellung, die Ausbildung machen zu können. Den Führerschein … Du hast doch so davon geschwärmt und die Schule verflucht. Was ist jetzt los?«

Ich erkläre, dass ich tatsächlich nicht zur Schule wollte, aber dass ich das im Zuge der Ausbildung auch wieder müsste und dass an der Berufsschule sicher viele älter wären als ich und dass ich daher die Zeit, die ich sowieso in irgendeiner Schule verbringen muss, lieber für das Abitur nutzen möchte. Meine Mutter meint, sie würde verstehen, dass ich zu wenig für mein Gehirn bekäme, das hätte ich ihr ja bereits erzählt und sie hätte das sehr gut nachempfinden können. Dennoch scheint sie nicht sehr überzeugt; aber anstatt wütend zu werden, sieht sie nur nachdenklich aus. Mein Papa seufzt und wirkt etwas grummelig, aber er wartet generell immer lieber ab, was die Wortwechsel zwischen meiner Mutter und mir ergeben, bevor er seine Meinung kundtut. Nach längerem Hin und Her einigen meine Eltern und ich uns darauf, dass ich mir noch ein, zwei Tage Gedanken mache. Das ist in Ordnung, die ein, zwei Tage kriege ich auf die Reihe, kein Thema. Die Schule fängt ja blöderweise erst wieder im Sommer an, auch ein Grund, der für meine Mutter gegen einen Abbruch der Arbeit beim Bestatter spricht, ich hätte dann wieder mehrere Wochen Sendepause. Aber immerhin erklären sich meine Eltern nach meinen tausendmaligen Versicherungen und meiner Wiederholung aller möglicher Argumente, die für mich gegen die Ausbildung sprechen, dazu bereit, mir meinen Wunsch zu erfüllen, sofern ich ihn in ein paar Tagen noch haben sollte. Das erleichtert mich unglaublich. Nach dem anstrengenden Gespräch bleibe ich noch bei meinen Eltern sitzen und frage, ob sie noch was vorhätten oder ob meine Mutter vielleicht ein Spiel mit mir spielen möchte? Ich will ihnen nach ihrem Entgegenkommen auch ein bisschen etwas zurückgeben und mich für total glücklich-familiäres Programm offen zeigen, meine Mutter macht das immer froh, wenn die Familie zusammen etwas Schönes macht. Sie haben aber keine Zeit, daher gehe ich erst mal wieder an meinen PC und kann Joker direkt von meinem kleinen Erfolg berichten. Der freut sich natürlich riesig für mich.

Anja

Endlich ist es raus. Es ist ja so unglaublich. Meike war die ganze Zeit so niedergeschlagen, weil sie uns nicht sagen wollte, dass sie wieder in die Schule gehen möchte. Wie verrückt! Etwas Besseres könnte sie uns doch gar nicht erzählen. Dass der Ausflug ins Berufsleben ihr gezeigt hat, was sie wirklich will, toll!

Herrn Kuckensiel ihren Entschluss mitzuteilen wird ihr noch einmal einiges abverlangen. Er war wirklich wie ein zweiter Vater zu ihr, es wird eine herbe Enttäuschung für ihn sein, dass sie die Ausbildung nicht machen will. Puh, das finde ich auch am unangenehmsten an der ganzen Angelegenheit, aber das geht schließlich nicht, dass man einen falschen Weg einschlägt, um die Erwartung eines anderen zu erfüllen. Natürlich fragen wir nach, wie Meike sich das mit dem Klausurenstress jetzt vorstellt. Hat sich da wirklich etwas in ihrer Haltung geändert? Offensichtlich hat sie im Internet Gesprächspartner gefunden, mit denen sie sich über

Probleme aller Art austauscht, was auch ihren Blick auf die Schule etwas beeinflusst. Sie schätzt die Schwierigkeit ziemlich realistisch ein. Sie meint, dass da bestimmt wieder etwas auf sie zukommt an Ängsten, aber dass sie damit anders umgehen wird. Ich glaube ihr das. Sie soll sich nur ganz sicher sein und nichts überstürzen.

Meike

Ich brauche keine Bedenkzeit. Ich sage »Ja, ja, ja!« zur Schule. Natürlich habe ich meine alten Probleme. Kontakt zu anderen, bei der Schule vorsprechen. Igitt! Deshalb bin ich heilfroh, dass die erste Schule, an der ich mich bewerbe, mich für das neue Schuljahr annimmt. Ich wollte mich nur bei einer bewerben. Es ist eine Gesamtschule, die den Namen der Hexe von Köln trägt. Ich finde, das ist ein gutes Omen.

11. KAPITEL

Anja

Das hätte ich nicht gedacht. Hier sitzen wir nun zwischen einem Haufen schwadronierender Schüler, Schülerinnen und Eltern. Wir sitzen in der Mensa der Schule, die zum Anmeldungsraum für die Neuzugänge der Oberstufe umfunktioniert worden ist. Direktor, Oberstufenleiter und Vertrauenslehrerin heißen die Neuen und ihre Eltern willkommen. Dann kommt eine Menge Information für die Fächerkombinationen, die von den Jugendlichen gewählt werden müssen. Karl und ich machen nicht viel. Wir sitzen nur da und staunen, dass wir einfach nur wieder Eltern einer Schülerin sind. Meike sitzt da und nimmt jede Information konzentriert auf und amüsiert sich mit uns, wenn der Oberstufenleiter, der wie ein zerstreuter Professor wirkt, etwas verdrehte Anweisungen gibt. Nach der Begrüßung und den informativen Vorträgen füllen die Schüler ihre Wahlzettel aus. Dann stellen sie sich in die für sie zuständigen Warteschlangen, um ihre Unterlagen abzugeben und sich in Fragen beraten zu lassen, die sich bei der Fächerwahl möglicherweise für sie aufgetan haben. Ich muss an mich halten, weil Meike sich aus irgendwelchen Gründen immer wieder an den Schluss der Wartenden schieben lässt. Schließlich stehe ich auf. Karl schüttelt nur den Kopf. »Mutter Kontrolletti«, meint er und lässt mich ziehen.

Ich bin etwas aufgeregt, auch wenn heute nur die Anmeldung stattfindet. Meine Eltern sind beide mit zur Schule gekommen. Ich dachte erst, das wäre überflüssig, schließlich möchte ich mich für die Oberstufe und nicht für die Grundschule anmelden, aber es sind viele Eltern hier. Ich hatte schon ganz vergessen, wie es ist, wenn man Informationen bekommt, viele Informationen, die man sich merken und verarbeiten muss. Es ist angenehm, mal wieder etwas erzählt zu bekommen und nicht nur gedankenlos und hirnhohl irgendwo herumzusitzen.

Nach den langen Reden müssen wir unsere Formulare ausfüllen und abgeben. Ich möchte mich außerdem noch vergewissern, ob ich nun tatsächlich Physik anstelle von Französisch nehmen muss, das passt mir eigentlich nicht, mir liegt Physik nicht, und daher mag ich das Fach nicht besonders. Egal, falls es wirklich so sein sollte, werde ich es auch hinbekommen. Ich habe mir vorgenommen, einfach alles durchzuziehen, was sein muss, nicht nur, weil ich es muss, sondern weil ich mich wirklich dafür entschieden habe. Ich werde die Schule so gut machen, wie ich kann, danach bin ich dann frei oder zumindest freier. Die Schule ist und bleibt eben Mittel zum Zweck, aber das muss man erst mal realisieren. Die Schlange, an die ich mich anstellen muss, ist ganz schön lang, und immer wieder drängeln sich irgendwelche anderen Schüler vor … Was soll's, ich lass die einfach vor, wenn sie keine Zeit haben, meinetwegen. Ich habe alle Zeit der Welt, ich werde mich nicht beschweren, das führt nur zu negativer Aufmerksamkeit. Ich werde mir selbst einfach so wenig Hindernisse wie möglich in den Weg stellen und mein Ziel nicht aus den Augen verlieren. Mit einem Ziel vor Augen ist es viel leichter, das Gedränge an den Seiten zu ignorieren. Meine

Mutter findet es scheinbar nicht so toll, dass ich die ganze Drängelei einfach so über mich ergehen lasse, sie stürmt aufgebracht zu mir herüber und fragt: »Was ist los? Warum gibst du dein Blatt nicht ab?«

»Ich muss noch etwas fragen«, weiche ich aus.

»Aber das tun die anderen doch auch. Du stehst ja gleich als Allerletzte hier.«

»Ist das schlimm?« Ich blicke meiner Mutter fest in die Augen.

»Schlimm nicht, aber langsam wird es langweilig zu sitzen und zu warten, vor allem, wo du doch eben als eine der Ersten vorn warst.«

»Wollt ihr schon rausgehen?«

»Ist das in Ordnung für dich?«

»Na, klar.«

Ich bekomme das geregelt, auf meine Art.

Meikes Tagebuch

Liebes Leben

Gib mir Mut, gib mir Verstand.
Gib mir Weisheit an die Hand.

Lass mich die wirren Pfade lichten,
Lass mich die großen Schlachten schlichten,
mach mein Urteil recht und klar,
meine Stimme stark und wahr.

Gib mir Halt, gib mir Vertrauen,
gib mir Kraft nach vorn zu schauen.

Lass mich Verständnis in mir finden,
lass mich Unmut überwinden.
Mach meinen Willen gut und hart,
sodass er mir mein Herz bewahrt.

Denn dieses wird nicht lang bestehen,
eines Tages muss es gehen,
doch bis dieser Zeitpunkt eingekehrt,
will es leben, unbeschwert.

ANHANG

ÜBER SELBSTVERLETZUNGEN BEI JUGENDLICHEN

Wir mutmaßen, dass Selbstverletzer für gewöhnlich aggressive Gefühle und Impulse ablehnen. Schaffen sie es nicht, diese zu unterdrücken, richten sie diese gegen sich selbst:

Möglichkeiten, sich selbst zu verletzen (äußerlich):

- Schneiden
- Verbrennen
- Sich schlagen
- Die Wundheilung verhindern
- Haare ausreißen
- Knochen brechen

Eine Studie des Center for Suicide Research, Oxford University, berichtet, dass mehr als einer von zehn Jugendlichen sich freiwillig selbst verletzt. Diese Studie mit mehr als 6000 Schülern im Alter von 15 bis 16 Jahren zeigte, dass 10,3% Erfahrung mit autoaggressivem Verhalten (über 64% schneiden sich selbst) hatten.

In der Studie wurde herausgefunden, dass die Wahrscheinlichkeit, sich selbst zu verletzen, bei Schülern mit niedrigem Selbstbewusstsein, Angst oder Depression und jenen, die sich lieber im Zimmer einschließen als über Dinge zu sprechen, sowie jenen, die glauben, wenige Freunde zu haben, höher ist.

Mitunter schaffen es betroffene Mädchen und Frauen auch ohne therapeutische Maßnahmen, ihre selbstverletzenden Verhaltensweisen einzustellen. Dies ist aber eher selten.

Eltern (oder diejenigen, die herausfinden, dass ein Teenager sich selbst schadet, indem er sich verletzt) sollten versuchen Hilfe anzubieten und Einfühlungsvermögen zu zeigen, aber auch klar erkennen, dass sie wahrscheinlich die Letzten sein werden, denen sich das Kind anvertrauen möchte.

Ein schonungslos ehrlicher Bericht, der viele tief berühren wird

Timm Flemming
ICH – MEIN GRÖSSTER FEIND
Leben mit dem Borderline-Syndrom
Erfahrungen
304 Seiten
ISBN 978-3-404-61613-8

Borderline – damit wird eine Vielzahl von Verhaltensweisen und Gefühlen beschrieben. Timm Flemming bekam 2002 die Diagnose, durch die seine Ängste und Schmerzen endlich einen Namen erhielten. Von klein auf galt er als eigenwillig, seltsam, »anders«. Die Eltern nehmen sich beide das Leben, als er vierzehn ist. Seine Trauer schlägt sich in Depressionen, einer Essstörung und ersten Selbstverletzungen nieder. Es beginnt ein harter Weg mit mehreren Klinikaufenthalten. Heute hat Timm ein stabiles Leben aufgebaut und gelernt, Borderline nicht nur als Fluch, sondern auch als Segen zu betrachten, seine Kreativität auszuleben und seine extreme Sensibilität sinnvoll zu nutzen.

Bastei Lübbe Taschenbuch